U0819758

利益相关者会计与管理文丛

利益相关者视角的企业内部控制体系研究

赵爽 著

中国财经出版传媒集团
中国财政经济出版社

图书在版编目（CIP）数据

利益相关者视角的企业内部控制体系研究/赵爽著．—北京：中国财政经济出版社，2017.11
（利益相关者会计与管理文丛）
ISBN 978-7-5095-7821-6

Ⅰ.①利…　Ⅱ.①赵…　Ⅲ.①企业内部管理-研究
Ⅳ.①F272.3

中国版本图书馆CIP数据核字（2017）第266409号

责任编辑：温彦君　　　　责任校对：胡永立

中国财政经济出版社出版
URL：http：//www.cfeph.cn
E-mail：cfeph@cfeph.cn

社址：北京市海淀区阜成路甲28号　邮政编码：100142
营销中心电话：88190406　北京财经书店电话：64033436　84041336
北京财经印刷厂印刷　各地新华书店经销
880×1230毫米　32开　12.125印张　280 000字
2017年11月第1版　2017年11月北京第1次印刷
定价：59.00元
ISBN 978-7-5095-7821-6
（图书出现印装问题，本社负责调换）
本社质量投诉电话：010-88190744
打击盗版举报热线：010-88190414　QQ：447268889

中国海洋大学一流大学建设专项经费资助

《利益相关者会计与管理文丛》
编　委　会

总序

企业理论是会计理论、财务理论的基础。近年来，以股东或业主权益最大化为企业目标的传统企业理论的弊端日益明显，倡导合作共赢和可持续发展的利益相关者理论应运而生，利益相关者治理和管理的时代正快速向我们走来。利益相关者理论不仅对企业生存所处的环境、企业生产经营观念、企业文化、企业价值决定和价值创造机制等产生了深层次的影响，而且也必将对企业的治理结构、商业模式、管理体制等产生革命性的影响，并进一步推动以企业理论为基础的会计理论、财务理论等的创新和发展。

从利益相关者视角来看，企业是一种为其资本所有者创造价值的形式，是拥有物质资本、人力资本或社会资本的利益相关者基于自身利益进行集体选择的结果，企业的本质是利益相关者的集体选择（王竹泉等，2006），是企业契约选择者的集体选择达到的一种可接受的均衡状态。要使参与集体选择的利益相关者的个体理性和集体理性同时得到满足，其蕴含的基本思想是合作共赢。即：集体选择不仅增进了集体福利，而且增进了每一个参与者的个体福利。利益相关者合作企业的核心和生命力在于能否实现合作共赢（王竹泉等，2012）。

利益相关者理论改变了企业是由物质资本所有者独享所有权的状况，变为由多方利益相关者集体选择所形成的不特定的利益相关者单方或多方共享所有权。与此同时，公司治理将由企业股东单边治理转变为利益相关者共同治理，企业价值将由股东价值转变为利益相关者价值，企业财务管理目标将由股东价值最大化转变为内部利益相关者价值最大化，企业价值形成及创造机制也将由企业内部管理转向企业与外部利益相关者之间的合作共赢。

伴随着上述转变，利益相关者管理将成为企业价值的重要驱动因素。正如R. 爱德华·弗里曼所指出的，“我们必须把经济活动理解为一种为‘利益相关者创造价值’的工具”。当企业价值管理中加入利益相关者管理这一元素后，对不同种类利益相关者的关注大大拓展了企业管理的半径，企业管理不再是停留在对企业内部资源的管理，而是延伸到企业之外，根据关注的利益相关者不同形成了不同的管理分支和理论，如对企业下游顾客的管理需求产生了客户关系管理理论、对企业上游供应商的管理需求产生了供应链管理理论、对企业外部拥有关系资源的其他利益相关者管理的需求产生了社会资本管理等。

利益相关者理论为会计理论、财务理论的创新与发展提供了新的视角和理论支持，并催生了一系列新的研究分支：（1）企业分类治理和内部控制研究。每一个公司或企业都具有自己的个性，如何在公司或企业治理的研究中对公司或企业进行分类，利益相关者理论为我们提供了一个很好的分析框架。(2)企业业绩评价研究。不同的企业，由于其参与企业契约集体选择的利益相关者的不同而具有不同的所有权和目标追求，因此，对企业的业绩评价必须分别不同类型的企业而设置与其相适应的评价体系和评价指标。(3)企业价值管理研究。利益相关者集体选择的结果不仅决定了企业的所有权边界和企业的目标，而且也决定了企业的经营边界和商业模式，因此，不同类型企业其企业价值的衡量方法应该是不同的，而要实现企业价值增值的商业模式也会有差别。(4)企业社会责任研究。根据是否参与企业契约的集体选择可以将利益相关者划分为内部利益相关者和外部利益相关者，内部利益相关者即企业的所有者，增加内部利益相关者的价值是企业的经济责任，而外部利益相关者是独立于企业的社会主体，增加外部利益相关者的价值就是企业的社会责任。(5)企业财务报告改革研究。当企业的所有权为更多的利益相关者所分享时，财务报告的目标、权益理论和企业的收益计量等都会随之发生变化。(6)企业会计政策选择研究。企业会计核算的范围和会计政策的边界在哪里？谁应该成为企业会计政策选择的权力主体？企业会计政策选择需要满足的集体理性和个体理性条件各是怎样的？在不同类型的企业中，上述问题的答案是否会有差异？(7)企业财务理论创新研究。传统企业财务理论一直将由投资活动和筹资活动组成的理财活动作为研究重点，而对经营活动另行对待且较少关注。同时，其关注的资本形态主要是财务资本和物质资本，其所研究的财务主体也始终没有超出投资者和经营者的范围。利益相关者理论的出现为创建"以内部利益相关者为财务主体、以广义营业活动（包括投资活动、筹资活动和经营活动）为财务边界、以广义资本（包括财务资本、物质资本、知识资本、网络资本或社会资本）的配置和运用为研究对象”的新型企业财务理论奠定了理论基础。

基于上述认识，我们设立了《利益相关者会计与管理文丛》的出版计划，致力于推动利益相关者视角的企业理论、会计理论和财务理论等的创新与发展。入选系列丛书的书稿均为专注该领域研究的学术专著和博士学位论文，并经过了严格的“双盲”评审，基本反映了利益相关者会计与管理领域的发展前沿和中国海洋大学在该领域研究中形成的优势和特色。

衷心感谢中国海洋大学“985工程”海洋发展人文社会科学研究基地建设经费和中央高校基本科研业务费对本丛书出版的资助。感谢国家自然科学基金、教育部、中国会计学会、中国海洋大学等为该领域研究提供的支持。感谢丛书编委会各位编委以及中国财政经济出版社樊清玉编审和责任编辑对本丛书出版的无私帮助！他们的共同努力，才使得这套丛书得以问世！

《利益相关者会计与管理文丛》将随着研究的深入而不断增添新的内容，我们希望这套丛书的出版能够启迪本领域的后续研究，促进该领域的研究不断深入和发展。

王竹泉

2013年9月1日于青岛

序

随着世界经济环境的不断变化，内部控制的发展经历了从“内部牵制”发展到“内部控制系统”，进一步分化为“会计控制和管理控制”，继而推进到“内部控制结构”，最后定位到“内部控制要素”，在此基础上将其提升到“内部控制风险管理”。从“控制主体”的定位发展来看，内部控制经历了由“自发性内部控制（无意识）——自觉性内部控制（有主观目的性）——他律性内部控制（管制、规范要求）”的沿革；从“控制客体”的定位发展来看，内部控制则呈现出由“零散的内部控制——系统的内部控制——综合的内部控制”的演变过程；从“控制方式”的定位发展来看，内部控制表现出由“原始的内部控制——简单分工的内部控制——辅助工具的内部控制”的变化趋势。同时，“股东至上”的单边治理模式已经不再适应企业的发展，利益相关者理论的出现，在一定程度上缓解了企业与利益相关者之间的矛盾。此时，利益相关者理论与内部控制理论的交织和碰撞必将燃起新的火花。跳出企业原有的经营边界，站在利益相关者视角去研究企业风险控制活动，从不同的维度和层面剖析企业本质从而构建与之相适应的企业内部控制体系。

《利益相关者视角的企业内部控制体系研究》是一部从利益相关者视角探索研究企业内部控制体系的学术著作。作者将公司治理、管理控制、内部控制和风险管理四者进行整合统一为整体风险控制的企业内部控制体系，并将企业内部控制体系的内部控制边界拓展到利益相关者范围，实现了纵向延伸和横向整合。同时，在风险管理框架基础上重新整合企业内部控制体系的基本框架构成要素，即企业结构控制要素和企业文化控制要素，两个要素的构成体现了内部控制“硬控制”与“软控制”相得益彰、相映成辉。该部著作不仅丰富了利益相关者理论研究，也拓展了企业内部控制体系的理论研究，对于内部控制在企业的实践应用具有一定的促进作用。

本书是中国海洋大学资本效率与财务风险研究团队策划、中国财经出版传媒集团出版的“利益相关者会计与管理文丛”系列著作之一，由中国海洋大学中国混合所有制与资本管理研究院兼职研究员赵爽博士在博士学位论文基础上充实完善最终成稿。值此新书出版之际，以此为序，向广大读者特别推荐。

王竹泉

2017 年 9 月于中国海洋大学

前言

随着日益激烈的市场环境竞争，企业所面临的各种风险呈现出复杂性和多样性的趋势。内部控制是控制和防范企业经营风险和财务风险的基本保障，也是保证企业正常经营活动以及实现可持续发展的重要力量，内部控制的建立健全成为企业生产经营成败的关键。现阶段，国内外有关内部控制各个方面的研究层出不穷，更加说明了内部控制研究的必要性和重要性。现有的内部控制构建体系是否适应企业的正常运行，内部控制的有效性是研究内部控制体系构建的关键。构建以利益相关者为核心的企业内部控制体系不仅是利益相关者理论和内部控制理论发展完善的需要，更是企业正常运行和防止重大内部控制失败事件发生的重要保证。

本研究是在对国内外有关内部控制、风险管理、公司治理、管理控制和企业文化最新研究成果基础上，从利益相关者视角，融合企业集体选择理论，运用规范分析为主、案例分析为辅的研究方法，结合控制权资本形态划分的企业分类形式，构建了一套利益相关者视角的企业内部控制体系。

本研究沿着“国内外文献综述——企业内部控制体系概念——企业内部控制体系的控制边界——企业内部控制体系基本框架构成——控制权资本企业分类——单一形态企业内部控制体系构建——多种形态企业内部控制体系构建”这一脉络展开研究。首先，在借鉴利益相关者理论和集体选择理论有关企业边界理论的基础上，从利益相关者视角对企业内部控制体系概念进行了科学的重构，明确了企业内部控制体系的研究范围和功能定位。其次，将公司治理、管理控制、内部控制和风险管理框架进行整合，提出企业内部控制体系的基本框架是由基本控制要素和具体控制要素构成。再次，按照控制权资本形态对企业进行分类研究，使之为企业内部控制体系企业分类构建提供理论基础。最后，在企业分类的基础上分别构建单一形态的企业内部控制体系和多种形态的企业内部控制体系，最终形成以物质资本为控制权资本的企业、以人力资本为控制权资本的企业和以社会资本为控制权资本的企业的内部控制体系构建以及三种资本形态的两者组合和全员参与多种形态的企业内部控制体系构建。

本研究的结论如下：第一，将公司治理、管理控制、内部控制和风险管理四者进行整合统一为企业风险控制的企业内部控制体系，使之实现公司治理是基础灵魂，管理控制是具体操作，内部控制是穿插保证以及风险管理是整合框架。第二，从利益相关者视角重构企业内部控制概念体系，并将其描述为“企业内部控制体系是一个动态管理过程，它是由一个或多个控制主体即企业所有者或其代理人实施的，将企业结构控制和企业文化控制应用于企业内部控制边界内，旨在识别可能会影响控制主体的潜在风险事项，将风险控制在该控制主体的风险容量之内，并为以下控制主体目标的实现提供合理保证：企业所有者利益最大化和企业所有者与其他利益相关者关系最优化。”第三，将企业内部控制体系的内部控制边界拓展到利益相关者范围。在原有的内部控制范围的基础上进行了纵向延伸和横向整合，打破原有内部控制局限于经营管理层，而纵向延伸到公司治理结构的层面，将股东纳入到企业的控制边界内；站在利益相关者理论的高度，重新认识企业本质，从而确认企业控制主体使其横向拓展到利益相关者范围。企业本质是企业契约选择者的集体选择达到的一种可接受的均衡状态。第四，在风险管理框架基础上重新整合企业内部控制体系的基本框架构成要素。为使企业内部控制体系在利益相关者理论指导下实现企业控制结构和企业控制要素的有机结合，企业内部控制体系分为基本控制要素和具体控制要素两个部分。其中，基本控制要素包括：企业结构控制要素和企业文化控制要素，两个要素的构成体现了内部控制“硬控制”与“软控制”相得益彰、相映成辉。具体控制要素是在各个基本控制要素的基础上具体细分功能实现。第五，根据控制权资本形态的企业分类形式构建单一形态和多种形态的企业内部控制体系。按照控制权资本形态的企业分类实现了“人—控制权—对象”的有效对接。单一形态和多种形态的企业内部控制体系分别按照“企业所有者——企业目标——基本控制要素——具体控制要素”的研究思路，最终实现每种企业类型下的企业内部控制体系构建。

本研究的主要贡献体现在以下几个方面：第一，将公司治理、管理控制、内部控制和风险管理四者进行整合统一为企业风险控制的企业内部控制体系，使之实现公司治理是基础灵魂，管理控制是具体操作，内部控制是穿插保证以及风险管理是整合框架，并使四者应用于企业内部控制体系中。第二，将利益相关者理论与集体选择理论共同决定的企业边界理论运用到企业内部控制的研究之中，使得内部控制不再局限在“股东治理”层面，而是从利益相关者视角讨论企业目标、控制主体和企业内部控制体系的构建。第三，从利益相关者视角将企业文化作为企业内部控制体系的基本控制要素，作为内部控制的“软控制”对企业内部控制体系的结构控制要素“硬控制”起到很好的辅助作用。第四，按照控制权资本形态的企业分类实现了“人—控制权—对象”的有效对接。实现了“企业所有者——企业目标——基本控制要素——具体控制要素”单一形态和多种形态的企业内部控制体系的构建。

作者

2017年10月

目录

第1章 引 言

1.1 研究背景与研究意义

1.1.1 研究背景

本研究主要来源于实践的推动和理论的创新。随着日益激烈的市场环境竞争，企业所面临的各种风险呈现出复杂性和多样性的趋势。内部控制是控制和防范企业经营风险和财务风险的基本保障，也是保证企业正常经营活动以及实现可持续发展的重要力量，内部控制的建立、健全成为企业生产经营成败的关键。随着我国经济体制的不断改革和社会主义市场经济模式的不断完善，我国企业的治理结构和经营体制发生了翻天覆地的变化，这也给建立和完善企业内部控制体系带来了挑战。目前，国内外有关内部控制各个方面的研究层出不穷，更加说明了内部控制研究的必要性和重要性。内部控制对企业的有效性和适用性，都迫切需要内部控制体系的构建和完善。

（1）内部控制的发展和完善。随着我国现代企业制度改革推向深入，近年来因为内部控制缺失或无效导致的企业失败案例不断出现。上市公司内部控制的缺陷和失效被暴露出来，如安然、世通、三九、澳柯玛等一系列内部控制失败案例比比皆是，导致国内外相关机构都加快了内部控制的理论完善和实践建设。由于理论界和实务界都迫切需要内部控制的建立和完善，由此引发了全球对企业内部控制的关注热潮。内部控制被看成是提高企业经营管理水平和风险防范能力，维护经济秩序和社会公众利益，增强投资者对资本市场信心的重要机制（赵息、张西栓，2013）。

1992 年，美国虚假财务报告全国委员会后援组织委员会（Committee of Sponsoring Organization of the Treadway Committee，简称 COSO）发布了题为《内部控制：整体框架》的研究报告。2002 年，美国国会颁布的《萨班斯—奥克斯利法案》（Sarbanes - OxleyAct，即 SOX 法案），首次提出上市公司内部控制信息披露的强制性要求。结合《内部控制：整体框架》和 SOX 法案，COSO 于 2004 年发布了《企业风险管理——整体框架》。2010 年 9 月，COSO 又启动了《内部控制——整体框架》（IC - IF）审核与更新项目，并聘请普华永道会计师事务所作为项目的支持方，着手新框架的制订工作。2011 年 12 月，COSO 发布了《内部控制——整体框架》（IC - IF）的征求意见稿，公开征求意见。在借鉴 COSO 报告和 SOX 法案的基础上，我国财政部、证监会等五部委于 2008 年 6 月联合发布了《企业内部控制基本规范》。与 COSO 报告相比，该规范将控制环境和监督两个要素进一步限定为内部环境和内部监督，突出了内部控制的“内部”特征。2010 年 4 月，财政部、证监会等五部委发布了“关于印发企业内部控制配套指引的通知”，要求自2011年1月1日起在境内外同时上市的公司施行，自2012年1月1日起在上海证券交易所、深圳证券交易所主板上市公司施行；在此基础上，择机在中小板和创业板上市公司施行，鼓励非上市大中型企业提前执行。随着企业内部控制“应用+评价+审计”模式的构架，标志着适应我国企业实际并与国际接轨的企业内部控制体系基本形成，同时也是全面提升企业经营管理水平和应对国内外金融危机的内部控制规范体系的建立，对未来企业内部控制体系的深入研究具有理论意义和现实价值。

（2）利益相关者理论的发展。长久以来，“股东至上”的单边治理理论一直统领着人们的思想观和价值观。股东至上理论是指作为物质资本所有者的股东以实物资本投入企业，并以此承担企业风险，由此他们拥有企业剩余控制权和剩余索取权。同时，企业目标是实现股东财富最大化，管理者作为股东的代理者按照股东的利益行使控制权这是由公司治理结构的有效性得以保证的。随着市场经济、社会分工以及人力资本专有性的加强，那些具有较强专属性的人力资本也在企业的各项决策中承担风险，这与物质资本所有者承担的风险是对等的。如劳动技能专用性较强的员工，他们投入资金、精力、时间而成长起来的劳动力价值和企业命运紧密相连，若企业经营出现失败，那么，他们就可能面临价值降低甚至完全丧失的风险。由此可知，“股东至上”的单边治理存在着诸多实务中的矛盾，需要有更加适宜的理论随之产生。因此20世纪70年代，由弗里曼（Freeman）、多纳德逊（Donaldson）、布莱尔（Blair）、米切尔（Mitchell）等共同提出了利益相关者治理模式。他们认为企业目标不应仅满足股东的需求，而是应尽可能地满足更多的利益相关者的不同需求。在公司治理方面，股东单边决策权已不再适用，取而代之的是由各个利益相关者共同参与、共同承担风险、共同分享剩余的企业治理模式，该理论的出现似乎显示出更强的解释力。但是需要注意的是，利益相关者理论在操作性方面似乎逊于股东单边治理理论。一系列来自各方的质疑使得该理论的发展受到了制约，诸如此类的问题得不到解决将束缚利益相关者理论的前行。主要体现在：企业目标方面，利益相关者理论的企业目标由于其指向的模糊性和多元化，遭到了学术界的质疑，并导致了其现实中的不可操作性；企业控制方面，利益相关者理论倡导的共同治理企业的观点，对于企业的边界划分是模糊的，并非所有的利益相关者都要参与企业控制，只有那些关键的、对企业的决策有价值的利益相关者才与企业的控制有关。因此，如何确定利益相关者与企业关系是界定企业边界的关键问题。利益相关者的研究范围以及如何确定利益相关者理论视角下的企业边界是企业内部控制体系研究首要解决的理论问题。

（3）利益相关者理论与内部控制的结合研究。首先，公司治理、管理控制和内部控制都是风险控制过程，它们是从各自的视角——经济学、管理学和审计学——来对企业风险控制的过程加以研究。每一个研究视角都有对利益相关者理论的引入研究，其中，利益相关者视角的公司治理研究是公司治理、管理控制、内部控制与利益相关者理论结合较为紧密的方面。另一方面，随着美国 COSO 发布了《内部控制：整体框架》和《企业风险管理：整体框架》，以及各个国家也都颁布了类似的内部控制的规范与指引。从内部控制到风险管理框架的提升主要体现在：内部控制的结构从原来的管理层提升到了治理层，即风险管理的过程涵盖了企业治理层或企业运营的最终风险承担者及受益人，以及企业经营管理的全过程；从分配和履行情况看，内部控制更多是管理层的责任，治理层主要起监督作用，而企业风险管理则更多是治理层的责任，最终风险由出资人和利益相关者承担。因此，各个企业的内部控制也应进行相应的调整以适应企业发展的需要，从而实现公司治理、管理控制和内部控制三者结构范围的整合，以及内部控制与风险管理两者相互统一和协调。基于上述构想，是否能从一个新的视角对企业内部控制体系进行重构，利益相关者理论为企业内部控制体系的内部控制边界以及企业的分类控制研究提供了理论可能性。

1.1.2 理论意义和实际应用价值

本研究从回答内部控制研究所面临的各种质疑作为切入点，从利益相关者视角，按照控制权资本形式对企业进行分类研究。将内部控制、公司治理、管理控制以及COSO发布的《内部控制：整体框架》和《企业风险管理：整体框架》整合成统一的体系进行研究，构建利益相关者视角的企业内部控制体系。本研究将从企业本质认识出发，站在利益相关者视角确定企业边界的同时，确定企业内部控制体系的控制边界，并在内部控制边界内对企业实施内部控制体系构建。需要注意的是，由于企业控制主体不同，企业控制范围也会存在差异，企业面临的风险也不再相同，因此，应在对企业适用的企业分类研究的基础上寻找不同的控制方法和控制活动。

（1）理论意义。本研究是在借鉴王竹泉教授有关利益相关者视角的企业逻辑边界形成和分析的基础上，将经过两次集体选择进入企业边界内部的企业利益相关者作为企业所有者和控制者。在上述分析的基础上结合内部控制相关理论实现企业内部控制体系的构建。其理论意义体现在：一方面，通过本研究丰富了利益相关者理论的研究范围。国外学者在利益相关者理论方面的讨论和研究无论是在广度上还是深度上都比国内普遍和热烈。国内对利益相关者理论的认识起步较晚，认识程度也不高，甚至有些学者在没有对利益相关者理论理解透彻的基础上就轻易地做出一些结论，致使利益相关者理论在国内受到很多质疑。本研究从规范分析的角度，在对利益相关者理论有了系统把握的基础上，对当前利益相关者理论与企业内部控制体系结合方面的疑问做出自己的解答，希望能够为利益相关者理论在我国的发展做出一点自己的贡献，使利益相关者理论不仅能应用在公司治理和社会责任领域，同样也可以将它的优势为内部控制所用。

另一方面，本研究充实了企业内部控制的现有理论。目前，有关内部控制的研究是零散的，有的内部控制出现在公司治理层面，如对战略目标的风险控制；有的是企业经营和财务方面的风险控制；有的是应用在具体业务管理方面的风险控制等等；也有学者试图将其整合，统一为风险管理或者内部控制。在一定程度上丰富了内部控制研究范畴，但大多是在“股东至上理论”的假设前提下完成的。即使有少数学者也关注了从利益相关者视角对内部控制的研究，但是没有形成系统的阐述，本研究在分析上述不足和缺陷的基础上，展开从利益相关者视角的内部控制体系的构建研究，以实现内部控制的有效性。

企业内部控制是国内外学者研究的热点，但是，内部控制研究还是基本局限在“股东至上”理论范畴内，风险管理框架中重视了利益相关者的全员参与性，但只是口号性的全员参与，这与利益相关者理论越来越关注利益相关者合作是不相符的，也没有从根本上理解内部控制与利益相关者之间的实际关系。因此，本研究从利益相关者理论出发，对企业内部控制体系的内部控制边界进行了纵向的提升和横向的拓展，从而重新界定了企业内部控制体系的内部控制边界；在此基础上，按照控制权资本的形态对企业进行分类，根据企业实际的所有者确定企业目标、企业控制目标，进一步确定企业风险控制的方式和措施，重新构建一个更适合企业内部控制需要的企业内部控制体系。

（2）实际应用价值。本研究的实践意义集中体现在创建适合企业实践需求的企业内部控制框架，提供从利益相关者视角的内部控制思路、要素和方法的框架，本研究中企业内部控制体系与风险管理框架的构成是基本一致的，但是由于企业主体的差异，导致企业控制目标差异，所以企业内部控制体系不可能是通用模型，而是根据企业目标不同构建不同类型的适合企业实际操作的企业内部控制体系。

首先，更加方便企业选择适合自身的企业内部控制体系。本研究通过构建不同类型的企业内部控制体系，使企业的内控不再停留于制度和规范上。不同企业类型选取不同的企业内部控制体系，不再局限于企业内部控制的具体操作层面，而是从风险源头即控制主体入手，寻找产生风险的主要原因。将风险控制深入到风险源头，使风险在源头处得到有效控制，那么，其他层面的风险也许不需要任何风险应对，就能迎刃而解。

其次，政策制定意义。本研究通过论证提出了适合企业管理的企业内部控制体系的构建，一旦被各界认可和接受，有助于国家以及地方各部门制定有关内部控制规范的相关政策。而现在“一刀切”的内部控制规范或指引只能使内部控制停留于形式上控制要素的组合，不能对企业实际内部控制的有效性提供帮助。本研究从利益相关者视角进行的内部控制体系研究，可以对企业的相关管理部门提供参考，或根据企业所处行业的差异继续细分企业分类，构建更加有效的企业内部控制体系。

因此，本研究不论是理论层面还是现实应用，都有着较高的价值。

1.2 研究思路与研究方法、研究内容

本研究的主要目标是从利益相关者视角构建企业内部控制体系。企业内部控制既是会计理论界研究的热点，又是难点。进入21世纪，有关企业内部控制的研究和规范越来越多，越来越严密，如美国的《内部控制：整体框架》、《萨班斯—奥克斯利法案》、《企业风险管理：整体框架》等和我国的《企业内部控制基本规范》、《企业内部控制配套指引》等。但是，以上规范大多将内部控制束缚于会计与审计领域的研究方式，与内部控制所应有的本质要求不符，更辜负了人们寄予内部控制的殷切期望。如何恢复内部控制的真实面目，使其更好地为企业服务，需要从更广阔的社会、经济、文化环境中，去研究内部控制的理论与实务问题。有的学者从组织理论即管理学视角来研究企业内部控制问题，力图从企业内部本身寻找企业内部管理控制的解决办法；有的学者从公司治理即经济学角度来探讨企业内部控制问题，站在公司治理层面上寻找企业内部控制体系构建的解决办法。虽然前辈们的研究都取得了一定的成果，但是，无论是从审计学、管理学还是经济学视角研究企业内部控制体系构建，都没有抓住企业的真正本质。因此，企业本质问题的探究是企业内部控制体系构建的先前理论准备。

1.2.1 研究思路

本研究正是从回答内部控制研究所面临的各种质疑作为切入点，从利益相关者视角，按照控制权资本形态对企业进行分类的企业内部控制体系构建研究。

（1）公司治理、内部控制、管理控制和风险管理的关系分析。公司治理、内部控制和管理控制，它们三者本质都是一致的。它们都是由特定主体实施的，为实现某方面的目标，采取的一系列防范措施和控制措施。其中，内部控制和管理控制主要是沿着“管理层→员工”展开实施的，公司治理是在董事会治理层面展开实施的，但受“股东至上”公司治理结构的影响，其企业所有者主要局限于“大股东”。风险管理是在内部控制研究的基础上，结合了公司治理结构的部分内容，也是本研究企业内部控制体系的研究方向。

（2）企业本质再认识。本研究关于企业本质的再认识是建立在利益相关者理论和集体选择理论基础之上的（王竹泉等，2006），从利益相关者视角（企业的所有者并非仅有股东，而应包括经营者、债权人、员工、供应商、顾客、政府等等），认为企业本质是企业内部利益相关者或企业所有者的集体选择。企业内部利益相关者或企业所有者享有企业所有权以及企业的剩余控制权和剩余索取权。虽然企业外部利益相关者不直接参与企业的经营管理和控制，但是，企业的经营和运行会对他们产生直接或间接的影响。

（3）基于利益相关者和控制资本形态的企业分类选择研究。随着经济的发展和企业模式的多样化，根据控制权资本形态的企业分类方式是按照“关键性资源”（涵盖物质资本、人力资本和社会资本）对企业进行分类。其中，物质资本是人类劳动的物化形态，具体表现为货币、有价证券等金融资本，以及土地、设备、房屋等实物资本和具有价值的专利技术、品牌等无形资本；人力资本是体现在劳动者身上的，通过投资形成并由劳动者的知识、技能和体力（健康状况）所构成的资本；社会资本体现了一种社会关系网络，通过这种社会关系获得收益。根据利益相关者的企业分类，是按照企业构成的内部利益相关者的种类进行分类，可分为单向主导型、几方共享型和全体参与型等等。如何选择分类方式将在企业分类选择研究中展开分析。

（4）企业内部控制体系构建的方法。在传统企业内部控制研究的基础上，分别对企业内部控制控制边界进行了纵向延伸和横向拓展。其中，纵向延伸是将内部控制的结构提升到公司治理结构，即由基于董事会、经营者和其他员工的内部控制结构提升到享有治理权和控制权的利益相关者层面。横向拓展是将内部控制的主体拓展到利益相关者范围，即由“股东之上”理论中只确认股东是企业所有者，拓展到享有治理权和控制权的利益相关者层面。在设定内部控制体系的组成要素时，是在借鉴风险管理框架的基础上结合本研究构架界定企业的内部控制要素。

（5）企业内部控制体系可行性问题。根据本研究构建的企业内部控制体系，结合企业分类研究选取具有代表性的企业进行案例分析，沿着“企业目标→控制目标→风险分析→控制活动”这条主线，结合企业的实际情况和数据分析，以确定企业内部控制体系在企业实际应用中的可行性。

1.2.2 研究方法

以 20 世纪西方的一系列企业理论为基础，结合经济学、管理学、会计学、财务学、社会学等理论，采用规范分析的研究方法。涉及的主要研究理论是微观经济学和管理科学方面。微观经济学方面包括企业理论、博弈论、信息经济学；管理科学方面包括集体选择理论、供应链管理、决策理论。本研究以理论演绎为主，案例研究为辅，拟采取文献研究、案例研究等方法。

首先，文献研究。查阅国内外文献资料，了解内部控制理论、利益相关者理论、集体选择理论的最新进展，采取归纳与演绎相结合的方法对文献进行总结和延伸思考，梳理文献的主要贡献，为内部控制进行跨领域研究提供文献基础，初步构建利益相关者理论视角内部控制的一般理论模型。

其次，案例研究。对参加的管理咨询案例、自己收集的研究案例进行深入分析，并在研究过程中不断筛选和观察新的案例企业，从企业的实践运作中找寻社会责任内部控制最佳途径的方案。

1.2.3 研究内容

全书共分为九章，包括引言、理论研究、应用研究和结论与展望四大部分。引言为第 1 章，主要介绍研究背景和研究意义，并对研究思路、研究方法和研究内容等逐一介绍。

理论部分主要包括第 2 章、第 3 章、第 4 章、第 5 章和第 6 章。其核心内容就是从文献整理开始，根据先后的逻辑关系分别对企业内部控制体系的概念、企业内部控制的控制边界、企业内部控制体系构成要素和企业分类进行研究，为以后基于企业分类的内部控制体系构建提供理论基础。

第 2 章是文献回顾与述评。本章分别从内部控制的发展脉络研究、内部控制的边界拓展研究和利益相关者导向的内部控制研究三个方面进行文献梳理，得出对上述内容的认识和理解，并作为切入点展开以后章节的论述。

第 3 章是企业内部控制体系概念研究。本章从风险管理和内部控制关系的争论回顾入手，将两者之间的关系进行了具体细分以寻找异同点，并在此基础上与利益相关者理论结合，总结出企业内部控制体系的概念，即企业内部控制体系是一个动态管理过程，它是由一个或多个控制主体即企业所有者或其代理人实施的，将企业结构控制和企业文化控制应用于企业内部控制边界内，旨在识别可能会影响控制主体的潜在风险事项，使得风险控制在该控制主体的风险容量之内，并为以下控制主体目标的实现提供合理保证：企业所有者利益最大化和企业所有者与其他利益相关者关系最优化。

第 4 章是企业内部控制体系的控制边界研究。本章分别从企业边界、企业内部控制边界以及二者的相互关系研究入手，对企业内部控制研究范围进行纵向延伸和横向拓展到利益相关者层面，并打破原有内部控制局限于经营管理层而向纵深延伸到公司治理结构的层面，将股东及其他利益相关者纳入到企业内部控制边界内；站在利益相关者理论的高度，重新认识企业本质，从而确认企业控制主体使其横向拓展到利益相关者范围。

第 5 章是企业内部控制体系的基本框架研究。从传统内部控制框架剖析展开，在充分研究美国 COSO 报告（内部控制框架和风险管理框架）的构成体系和构成要素的基础上，构建本研究的企业内部控制体系。本研究的企业内部控制体系是由两个基本控制要素和 13 个具体控制要素构成：企业内部控制体系的基本控制要素是企业结构控制要素和企业文化控制要素；具体控制要素包括企业结构控制要素的控制目标、控制主体、控制环境、风险识别、风险评估、风险应对、控制活动、信息沟通和监督九个具体控制要素以及企业文化控制要素的核心价值观、企业精神、道德修养和心理契约四个具体控制要素。

第 6 章是企业分类研究。本章分别从基于企业法律形态的企业分类、基于利益相关者的企业分类和基于控制权资本形态的企业分类三种企业分类方法展开分析，以确定何种企业分类方式更适合企业内部控制体系的研究。最终确认按照控制权资本形态对企业进行分类是最适合企业内部控制体系构建的。

应用部分包括第 7 章和第 8 章。主要是在企业内部控制体系的基本框架和企业分类的基础上逐个对不同类型的企业构建企业内部控制体系，并按照控制权资本形态的不同划分为单一形态控制权资本的企业内部控制体系构建和多种形态控制权资本的企业内部控制体系构建两章。

第7章是单一形态控制权资本的企业内部控制体系构建。包括以物质资本为控制权资本的企业内部控制体系构建、以人力资本为控制权资本的企业内部控制体系构建和以社会资本为控制权资本的企业内部控制体系构建。同时，每个单一形态企业内部控制体系构建都是沿着“企业所有者——企业目标——基本控制要素——具体控制要素”路线逐一分析。

第8章是多种形态控制权资本的企业内部控制体系构建。包括物质资本—人力资本型的企业内部控制体系构建、物质资本—社会资本型的企业内部控制体系构建、人力资本—社会资本型的企业内部控制体系构建和物质资本—人力资本—社会资本型的企业内部控制体系构建。同时，每个多种形态企业内部控制体系构建都是沿着“企业所有者——企业目标——基本控制要素——具体控制要素”路线逐一分析。

第9章是结论与展望，即在总结前文研究的基础上提出未来的研究方向和发展趋势。本书各章节逻辑关系如图1-1所示。

1.3 创新和贡献

本研究的特色在于跳出会计的局限，从利益相关者视角重新构建企业内部控制体系。具体归纳如下：

第一，本研究将公司治理、管理控制、内部控制和风险管理

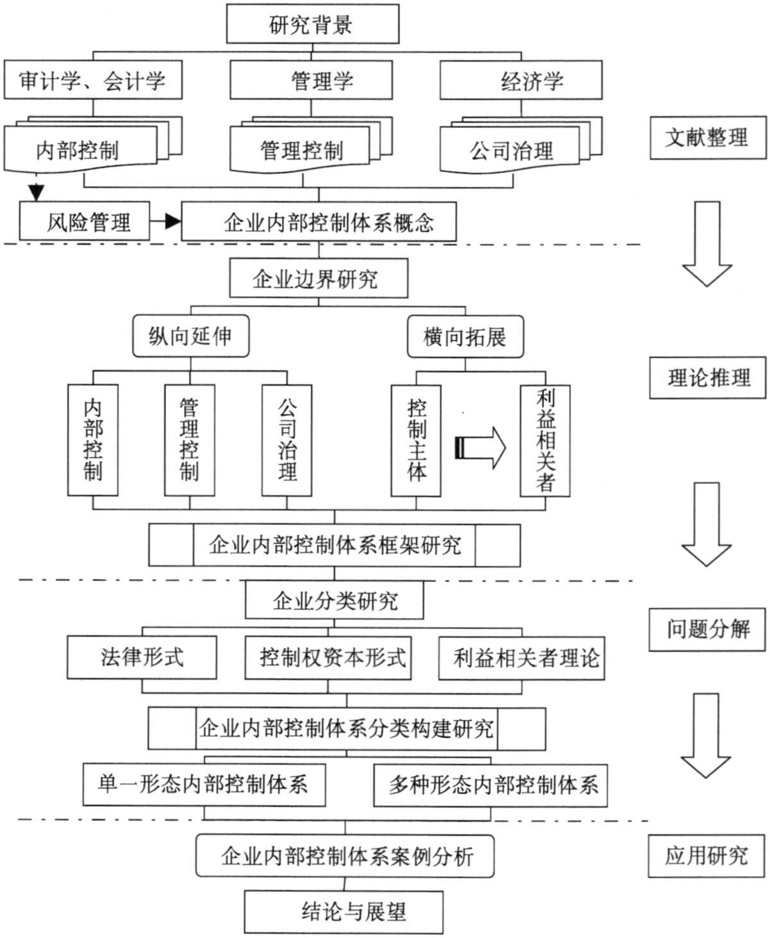

图 1－1　利益相关者视角企业内部控制体系研究思路设计图

四者进行整合统一为企业风险控制的企业内部控制体系，使之实现公司治理是基础灵魂，管理控制是具体操作，内部控制是穿插保证以及风险管理是整合框架，并将四者应用于企业内部控制体系中。

第二，将利益相关者理论与集体选择理论共同决定的企业边界理论运用到企业内部控制的研究之中。使得内部控制不再局限在“股东至上”层面，而是从利益相关者视角讨论企业目标、控制主体和企业内部控制体系的构建。

第三，从利益相关者视角将企业文化作为企业内部控制体系的基本控制要素，作为内部控制的“软控制”对企业内部控制体系的结构控制要素的“硬控制”起到很好的辅助作用。

第四，按照控制权资本形态的企业分类实现了“人—控制权—对象”的有效对接。同时，实现了“企业所有者——企业目标——基本控制要素——具体控制要素”单一形态和多种形态的企业内部控制体系的构建。

第2章 文献回顾与述评

内部控制是随着外部竞争的加剧和内部管理的强化而不断丰富和发展完善的。自公元前3600年的苏美尔文化时内部控制最早出现，国内外学者对内部控制研究热度从未减弱，反而呈现愈演愈烈的趋势。纵观国内外学者的研究成果，将其划分为三个方面分别展开述评：其一，内部控制的发展脉络研究。通过时间梳理，将内部控制的发展脉络理顺清楚。其二，内部控制的边界拓展研究。内部控制的研究边界不仅局限在审计学研究的范畴内，还将其与经济学、管理学和社会关系学的相关理论相对接，进一步拓展研究范围。其三，利益相关者导向的内部控制研究。从利益相关者理论的研究视角切入，述评国内外有关利益相关者理论和内部控制的结合研究。

2.1　内部控制的发展脉络研究

随着社会经济环境发展以及企业经营管理的变化，企业内部控制经历了一个漫长而复杂的发展过程。内部控制的发展是在一次次内部控制失效的案件发生后，逐渐受到大众的重视和发展完善的。结合国内外研究总结，内部控制发展脉络是一个关于内部控制时间纵轴的演变，它主要包括内部牵制制度、内部控制制度、内部控制结构、内部控制整体框架和风险管理整体框架五个部分（如表 2 - 1 所示）。

表 2 - 1　　内部控制国内外研究阶段表

时期	阶段	要素	目标	结构
萌芽（20 世纪 40 年代以前）	内部牵制制度	零散	防弊	点状结构
奠基（20 世纪 40 年代末至 80 年代）	内部控制制度	管理控制和会计控制	防弊和兴利	直线结构
发展（20 世纪 80 年代末至 90 年代初）	内部控制结构	控制环境、会计系统、控制程序	企业既定目标	平面三角结构
成熟（20 世纪 90 年代）	内部控制整体框架	五要素	三目标	立体三角形
深化（21 世纪初）	风险管理整体框架	八要素	四目标	立方体①

① 内部控制整体框架五要素：控制环境、风险评估、控制活动、信息与沟通和监控；三目标：运营效率效果、财务报告的可靠性、相关法令的遵循；内部控制风险管理八要素：内部环境、目标设定、事项识别、风险评估、风险应对、控制活动、信息与沟通和监督；四目标：战略、经营、报告、合规。

2.1.1 内部牵制制度

内部牵制制度阶段是内部控制发展的萌芽阶段（20 世纪 40 年代以前）。R. H. 蒙哥马利在 1912 年出版的著作《审计——理论与实践》中指出："内部牵制是指一个人不能完全支配账户，另一个人也不能独立地加以控制的制度，即某位职员的业务与另一位职员的业务必须是相互弥补、相互控制的关系。"这可以成为世界上最早的有关内部控制的定义。内部牵制主要是以保护财产的安全和可靠、账目记录真实和完整为目的的，以职务分离和互相牵制为手段，以钱、账、物等会计记录为主要控制事项的牵制过程。由于内部控制最初是为国库、庄园等所使用，并非应用于企业的生产和经营领域。内部牵制在很长的一段时间内占有相当重要的地位，那是因为人们对其要求不高也并未提出任何异议。因此，内部牵制成为现代内部控制理论中有关组织控制、职务分离控制的雏形。

在我国，内部控制牵制制度阶段也经历了漫长的目标定位过程。封建统治时期，秦朝的"三公九卿制"实现了国家财政与皇室财政的分管控制，同时增加了御史大夫职位，赋予其监察大权，实现了监察与政务并立。随着唐朝时期审计与财计监察体制的确立，才使财计执行系统与财计监督系统相互分离，形成了我国内部牵制制度的雏形。经历了 2000 多年的封建社会，我国的内部控制一直是以差错防弊为主要目的的内部牵制模式，即已经懂得了钱、物、账必须实施分管的道理，这也为我国内部控制的发展起到指导作用。

2.1.2 内部控制制度

内部控制制度阶段是内部控制发展的奠基阶段（20 世纪 40

年代末至 80 年代）。进入 20 世纪以后，内部控制得到了突飞猛进的发展，经历了理论完善和实践塑造两大历程。随着资本主义经济发展和市场分工的不断完善，公司等经济组织进入市场舞台，欧美等国家的产业革命相继完成，社会化大生产的发展极大促进，从而加剧了企业间竞争，导致企业加强内部管理的呼声愈加强烈（李凤鸣、韩晓梅，2001）。然而，到了 20 世纪 30 年代出现的世界性经济大危机，迫使很多企业为了生存，更需要加强对经营管理的控制与监督，这就促使企业内部控制工作不能仅仅局限于差错防弊的目的，而是要超越原有的会计和财务范畴，深入到企业的所有部门及整个业务活动之中。第二次世界大战后，随着科学技术和生产自动化的迅猛发展，企业规模继续扩大，巨型公司、复杂产品和大型工程的出现，势必导致对企业的内部控制提出了更高的要求。因此，在企业实践中，此时期的内部控制完成了制度内容的塑造，使得各项构成要素、控制措施分散于各项管理制度、惯例和规章之中，这也就是内部控制制度的初步形成。

“科学管理之父”的泰罗（F. W. Taylor）在其著作《科学管理原理》（1911 年）中首次提出了科学管理的原则，其要求应将管理的计划职能与执行职能相分离，以及在管理控制上实行例外原则等原理。“管理理论之父”法约尔（H. Fayol）在其著作《工业管理与一般管理》（1916 年）中，提出了工作分工、职权、纪律、统一指挥、统一领导、等级链、秩序、公平等 14 条管理原则。由此，以职务分离、账户核对为主要内容的内部牵制逐渐演变成组织结构、职能分离、业务程序等因素构成的控制系统。1949 年，美国内部控制专门委员会发表《内部控制：一种协调系统诸要素及其对管理部门和注册会计师的重要性》的专题报告，首次对内部控制做出了权威性定义：“内部控制是企业所制定的旨在保护资产、保证会计资料可靠性和准确性、提高经营效率，推动管理部门所制定的各项政策得以贯彻执行的组织计划和相互配套的各种方法及措施。”将内部控制划分为管理控制和会计控制，主要是为了规范内部控制检查和评价的范围。1977年，美国国会颁布了《反国外行贿法案》（Foreign Corrupt Practices Act，简称 FCPA），其要求每个企业尽可能地建立内部控制制度，并且是建立足以达到控制目标要求的内部会计控制制度。

在我国，对于内部控制制度的理论规范研究起步较晚。建国以来，内部控制相关控制活动只是零散地出现在企业实际操作中，并没有形成真正意义上的内部控制规范。20 世纪 80 年代后期，随着社会主义市场经济的建立和发展，我国政府意识到要加强相关法规的制定。1986 年，财政部颁布《会计基础工作规范》，该规范只提到内部会计控制，并定义为“单位为了提高会计信息质量，保护资产的安全、完整，确保有关法律法规和规章制度的贯彻执行等而制定和实施的一系列控制方法、措施和程序”。90 年代中后期，国家各部委先后发布了《内部控制和审计风险准则》、《进一步加强银行内部控制和管理的若干规定》、《加强金融机构内部控制的指导原则》等一系列内部控制的具体规范措施。在这些规范中出现了内部控制的目标、要素、原则和内容等，也提出了控制环境、会计系统和控制程序的理念。

2.1.3 内部控制结构

内部控制结构阶段是内部控制的发展阶段（20 世纪 80 年代末至 90 年代初）。在这个阶段，国外学者的研究重点从一般定义向具体内容逐渐深化和拓展。1988 年，美国注册会计师协会（AICPA）下设的审计准则委员会发布了《审计准则公告第 55 号》，从而取代 1972 年发布的《审计准则公告第 1 号》。在该公告中，首次以内部控制结构（Internal Control Structure）一词取代了内部控制一词，放弃了会计控制与管理控制的划分，形成了由控制环境、会计系统和控制程序三个要素组成的内部控制结构的概念。内部控制结构包括为实现企业目标提供的合理保证而建立的各种政策和程序，与以前的内部控制概念相比，内部控制结构将内部控制环境纳入到内部控制的范畴。该公告将会计界研究的重点逐步从一般定义向具体内容深化，也被誉为内部控制理论研究的一个突破性的成果。相较于 1972 年的内部控制定义，内部控制结构有两个明显的变换：一是正式将内部控制环境纳入内部控制范畴，不再把控制环境作为内部控制的外部因素来看待；二是内部控制统一以要素表述，不再划分会计控制和管理控制。因此，通过审计人员对企业管理实践中产生的内部控制活动的理论总结，从而实现了实践到理论的升华。

此时，我国内部控制结构阶段的研究不明显，这一时期基本还处于内部控制制度的研究，直到后期跨越到内部控制的框架研究。

2.1.4　内部控制整体框架

内部控制整体框架阶段是内部控制发展的成熟阶段（20 世纪 90 年代）。此阶段，最具权威性的内部控制框架文件是美国的 COSO 报告和加拿大的 COCO 报告。

首先，1992 年 9 月，美国虚假财务报告全国委员会（简称 COSO）发布了题为《内部控制——整体框架》的研究报告（简称 COSO 报告）。该报告具有广泛的适用性。COSO 报告对内部控制定义描述为："内部控制是一种由企业董事会、管理阶层和其他人员执行，由管理阶层设计，为达成有关下列类别目标提供合理确保的过程：营业的效果与效率；财务报告可信赖度；相关法令的遵循。”COSO 报告中的内部控制与以往相比最大的区别就是，控制主体不仅仅是企业的经营管理者，企业的董事会、立法和管制机关乃至众多的其他利害关系人也进入企业控制范围，并且明确了内部控制的三大企业目标以及为企业的管理层与董事会提供合理保证而不是绝对保证。内部控制的五要素：控制环境、风险评估、控制活动、信息与沟通和监督第一次在 COSO 报告中明确提出。它们之间并非独立存在，而是相互联系、相互融通的，是一个动态相互影响的过程，最终与内部控制的三大目标形成立体三角形的企业控制结构。因此，COSO 报告将内部控制发展成了一个目标明确、主体清晰、内部控制要素健全以及要素之间有机联系的内部控制框架体系。

其次，加拿大注册会计师公会所属的控制基准委员会（COCO）于 1995 年 11 月发布《控制指导纲要》（Guidance on Control），提出了一种更精简的内部控制基本架构。COCO 报告对内部控制定义描述为：“控制是由组织资源、系统、过程、结构、任务与文化等企业要素所组成，而将这些资源结合在一起以支援组织成员达成组织的目标：营运的效果与效率；内部与外部报告的可信赖度；遵行相关法规以及内部政策办法。”从该定义分析来看，COCO 报告也是从要素的角度对企业内部控制体系的构建进行规范，但是，其将内部控制划分为目的（Purpose）、承诺（Commitment）、能力（Capability）、监控和学习（Monitoring and Learning）四个要素，并将“目的”（相当于 COSO 的《风险管理：整合框架》中的“目标设定”）而不是“承诺”和“能力”（相当于 COSO 报告和我国《企业内部控制基本规范》中的“控制环境”或“内部环境”）作为首个要素。其次，COCO 报告与 COSO 报告的最大区别在于将企业文化融入到企业内部控制整体框架之中。企业文化就是企业管理理念的升华，将企业的目标、员工和风险管理凝聚在企业员工内心的一种向心力（陈俊、王曙光，2008）。

20 世纪末 21 世纪初，在美国 COSO 报告的出现对世界范围内部控制趋势的影响下，我国各有关部门也开始加快研究制订适合我国国情的内控制规范文件。为了指导企业构建内部控制体系，我国财政部、证监会等五部委于 2008 年 6 月联合发布了《企业内部控制基本规范》。与 COSO 报告相比，该规范将控制环境和监督两个要素进一步限定为内部环境和内部监督，突出了内部控制的“内部”特征。

2.1.5　企业风险管理框架

企业全面风险管理框架阶段是内部控制发展的深化阶段（21 世纪初）。20 世纪末，审计实务界已开始探索以风险管理为核心的审计新路子，并于前几年终于形成了风险导向审计的崭新模式。2004 年 10 月，COSO 在《内部控制整合框架》的基础上，结合《萨班斯—奥克斯法案》的相关要求扩展研究发布了《企业风险管理》（ERM）框架。相对内部控制框架而言，企业风险管理整合框架新增加一个目标、两个概念和三个要素，即“战略目标”、“风险偏好”和“风险容忍度”的概念及“目标设定”、“事项识别”和“风险应对”要素。企业风险管理整合框架认为：“企业风险管理是一个过程，它由一个主体的董事会、管理当局和其他人员实施，应用于战略制定并贯穿于企业之中，旨在识别可能会影响主体的潜在事项，管理风险以使其在该主体的风险容量之内，并为主体目标的实现提供合理保证。”整合框架所强调的风险管理主要包括的要素为内部环境、目标设定、事项识别、风险评估、风险应对、控制活动、信息与沟通和监督八个方面。在 COSO 报告中，内部控制成为企业风险管理的组成部分，其主要任务是有效地防范和规避企业的财务和经营风险。风险管理是一个渗透到企业各个作业中的系列行动，它从公司战略出发，层层分解到各个单位、部门和流程，并充分考虑替代战略的风险。这意味着内部控制已由过去面向实际过程的控制，转而面向对未来过程不确定性的控制。

2010 年 9 月至 2011 年 1 月，COSO 对 700 多家使用 COSO 内控框架的单位进行问卷调查。结果显示，大部分反馈意见支持对 COSO 内控框架进行修订和更新，但不建议推倒重来。2011 年 12 月，COSO 发布了新框架的征求意见稿，面向全球公开征求意见。2013 年 5 月，COSO 正式发布新的内部控制框架。新的 COSO 内控框架共包括四部分内容：一是内容摘要，对新框架进行高度总结，包括内部控制的定义、目标、原则、内部控制的有效性和局限性等，使用对象为首席执行官和其他高级管理层、董事会成员和监管者。二是框架内容和附录，包括内部控制的组成部分及相关的原则和关注点，并为各级管理层在设计、实施内部控制和评估其有效性方面提供了指导。附录包括词汇表、对于小型企业的特殊考虑、与 1992 版的变化总结和框架的非重要性附加参考。三是评估内部控制系统有效性的解释性工具，为管理层在应用框架特别是评估有效性方面提供了模板和行动方案。四是外部财务报告内部控制：方案和示例摘要，为在准备外部财务报告过程中应用框架中的要素和原则提供了实际的方案和示例。新框架并没有改变旧框架关于内部控制的基本概念和核心内容，而是对旧框架的某些概念和指引进行更新和改进，以期反映近年来企业经营环境的演变、监管机构的要求和其他利益相关者的期望。COSO 前任主席 David L. Landsittel 表示："新框架无意改变内部控制原有的定义、评估方法或管理模式，而是给使用者提供了更加全面、准确的内部控制概念、指引和案例。"

2010 年 4 月 26 日，我国财政部等五部委联合发布了《企业内部控制配套指引》。该指引包括《企业内部控制应用指引》、《企业内部控制评价指引》和《企业内部控制审计指引》等 18 项配套指引。随着《企业内部控制基本规范》和《企业内部控制配套指引》的制定和发布，标志着“以防范风险和控制舞弊为中心、以控制标准和评价标准为主体，结构合理、层次分明、衔接有序、方法科学、体系完备”的企业内部控制规范体系建设目标基本建成，也体现着我国内部控制建设与国际内部控制体系的融合。之后，各行各业相关内部控制规范相继出台，如《行政事业单位内部控制规范（试行）》（财会〔2012〕21 号）、《电力行业内部控制操作指南》（财会〔2014〕31 号）、《石油石化行业内部控制操作指南》（财会〔2013〕31 号）、《小型企业内部控制规范（征求意见稿）》（财办会〔2016〕12 号）、《财政部关于全面推进行政事业单位内部控制建设的指导意见》（财会〔2015〕24 号）等。

综上所述，从内部控制的发展脉络可以看出，国内外学者对内部控制的研究关注度较高。通过内部控制的演进，内部控制的定位不仅仅只是概念的翻新，而是一个多线索、多角度的探索。从“内部牵制”发展到“内部控制系统”，进一步分化为“会计控制和管理控制”，继而推进到“内部控制结构”，最后定位到“内部控制要素”，在此基础上将其提升到“内部控制风险管理”。从“控制主体”的定位发展来看，内部控制是一个“自发性内部控制（无意识）——自觉性内部控制（有主观目的性）——他律性内部控制（管制、规范要求）”的演进；从“控制客体”的定位发展来看，内部控制是一个“零散的内部控制——系统的内部控制——综合的内部控制”的过程；从“控制方式”的定位发展来看，内部控制是一个“原始的内部控制——简单分工的内部控制——辅助工具的内部控制”的过程。无论从何种视角去审视内部控制发展脉络，内部控制的概念、结构、框架体系如此千差万别和不拘一格，但其内部控制中心思想是不变的，那就是内部控制对企业的有用性和有效性，并且内部控制能切实地保证企业目标的实现。自我控制和自我引导已成为与审计视角内部控制模式相辅相成的一个侧面，从而适应当前企业内外部环境变化的要求。在内部控制理论框架拓展的基础上，每个企业应根据自身现状，选择适当的控制方法，设计具有企业个性的内部控制体系。

2.2 内部控制的边界拓展研究

事实上，内部控制的不同使用者，如经营管理部门、内外部审计人员和立法人员等对内部控制具有各自不同的观点、期望和目标。从企业经营管理的视角看，国内外学者又将内部控制着眼于如何完善公司治理结构，改善企业管理混乱局面等方面。随着企业内部控制理论不断地完善和壮大，下面分别从公司治理、管理控制和企业文化与内部控制的关系入手展开文献回顾和述评。

2.2.1 公司治理与内部控制的关系研究

在公司治理和内部控制的关系研究方面，理论界一直没有一个权威的界定。公司治理与内部控制的共同载体是企业组织，在这个载体中，公司治理结构的优化需要内部控制作保障，同样，内部控制的有效运行也离不开公司治理结构的完善（赵爽，2010）。因此，公司治理与内部控制具有密不可分的辩证关系。公司治理结构是企业所有权安排的具体化，是有关公司控制权和剩余索取权分配的一整套法律、文化和制度性安排。这些安排决定了企业的目标和行为，也决定了企业在什么状态下控制，该由利益相关者谁来实施、风险该如何控制以及收益该如何分配等有关企业生存和发展的一系列重大问题（张维迎，1996）。公司治理与内部控制到底是什么关系，理论界的研究主要从两者之间的研究范畴和公司治理对内部控制的有效性研究这两个角度进行分析。

（1）公司治理与内部控制的范畴研究。内部控制作为企业管理当局为履行各个控制目标而建立的一系列规章、政策和组织实施程序，与企业的治理和管理是密不可分的。公司治理与内部控制的关系主要包括“环境论”、“嵌合论”、“互动论”和“整体论”。

首先，公司治理是内部控制的环境要素。公司治理是内部控制的前提，吴水澎（2000）在提到内部控制环境因素时，将企业的法人治理结构即公司治理包括其中。他认为，一个积极、主动参与的董事会能使企业内部控制机制得以正常有效地运行。公司治理结构是内部控制的环境因素，内部控制框架与公司治理机制是内部控制管理监控系统与制度环境的关系（阎达五、杨有红，2001）。公司治理结构是公司制度的核心，良好的公司治理结构是提高企业经营管理效率的基本要素；内部控制作为由管理层履行管理目标而建立的一系列规则、政策和程序，是现代企业实现其经营管理目标的有力保证（杨庆、周文凯，2011）。公司治理中的内部治理是企业内部控制的重要组成部分或顶层设计（李维安、戴文涛，2013）。

其次，内部控制和公司治理是一种嵌合关系。公司治理主要关注的是代理理论问题，基于代理理论研究的内部控制更多关注的是高层次的控制，如独立董事、审计委员会和董事薪酬计划等控制。公司治理结构所影响的是中层或较低层次的内部控制，特别是国家政策文件中经常涉及的那些内部控制，则不是代理理论研究的范畴（Maijoor，2000）。Maijoor 认为，公司治理和内部控制存在交叉，内部控制是公司治理的基础，没有系统而有效的内部控制，公司治理将成为一纸空文，而内部控制是实现公司治理的基础设施建设（杨雄胜，2005；谢志华，2007；李四海，2008）。公司治理与内部控制具有思想同源性，但两者存在着明显的区别：公司治理和内部控制理论基础都是委托代理理论，但两者委托代理的层次是不同的。公司治理产生于两权分离，是基于所有权、控制权、经营权相分离的事实而建立的约束、激励和监督机制，试图解决所有者与经营者的委托代理问题；而内部控制则解决公司经营管理中不同层次经营者的委托代理问题（杨有红、胡燕，2004；李四海，2008）。内部控制的外延已由审计、会计基础进一步拓展到公司治理基础，应从公司治理和制度监管层面去探讨内部控制的建立与完善，以试图厘清公司治理与内部控制之间的作用机理（张萍等，2015）。

再次，内部控制和公司治理是一种互动关系。要实现企业目标，仅仅依靠内部控制还不够，还必须将内部控制与公司治理结构进行有效的链接，以便在公司治理结构理论与制度框架下解决对企业最高管理层董事会和总经理的控制、监督和激励问题（李连华，2005）。管理控制是公司治理的基础和保证，公司治理是管理控制的主导，是管理控制的更高层次。管理控制是会计管理职能发挥的直接体现，是管理会计在新经济环境下的完善与发展（张先治，2004）。内部控制与公司治理具有高度的相关性，一个健全的内部控制机制实质上是公司治理结构完善的体现。反之，内部控制的深化和创新也能促进公司治理的完善和现代企业制度的建立（谢志华，2007；王蕾，2001）。传统意义上的内部控制局限在一个较小的范围内，其目标没有与企业的整体目标相结合，从而导致不能从企业整体的角度构建内部控制，需要通过公司外部治理手段来克服内部控制的局限性和完善内部控制机制（刘明辉、张宜霞，2002）。要实现公司治理目标和经营管理目标，需要借助内部控制和相应的组织结构，公司治理是源头，内部控制是中间机制，执行层组织结构则是末端，因此，公司治理、内部控制、组织结构三者之间存在着互动关系（程新生，2004）。公司治理结构和内部控制存在着衔接性和互动性，由于它们都是基于受托责任产生的，它们的主体具有重合性，它们的目标具有衔接性（杨庆、周文凯，2011）。公司治理与内部控制都是保证企业战略目标和经营目标的实现，为了控制企业风险（李维安、戴文涛，2013）。

最后，内部控制和公司治理是统一的整体。内部控制、公司治理以及风险管理都是基于企业风险而存在的，都要进行风险控制，因此，三者应整合为统一的整体（谢志华，2007）。三者之间的整合都以风险控制为主线，无论是从历史回顾还是理论分析都能发现内部控制、公司治理以及风险管理都是基于对风险进行控制而产生的（谢志华，2007）。也有学者认为企业管理实质上就是风险管理。内部控制是职能，而不是制度。内部控制、公司治理和风险管理具有内在一致性，可以统一于企业管理制度中，企业的管理制度只可能有一套，而绝不可能有多套（白华，2012）。程晓陵和王怀明（2008）通过对国内上市公司进行研究，发现公司治理对内部控制质量具有显著影响，刘启亮等（2012）研究发现企业的产权性质与内部控制质量显著相关。公司治理和企业控制实质上是一个有机统一体，这个统一体可以概括为“企业价值创造和分享系统”（王竹泉，2008）。

（2）公司治理与内部控制有效性的关系研究。有的学者认为，公司内部控制失效的根源在于公司治理结构的缺陷。通过以上分析不难发现，无论是从目标或是从过程看，公司治理与内部控制都存在密切的关系。公司治理与内部控制的关系研究，无论是“环境论”“嵌合论”“互动论”还是“整体论”更多地属于规范性研究，而相关的实证研究涉及较少。基于公司治理的内部控制研究，主要是对代理理论的研究。Maijoor（2000）认为，公司治理主要关注的是内部控制监控机制的成本和控制系统的收益。公司治理目标和内部控制目标是一致的，内部控制的目标是合理保证企业目标的实现，而公司治理的目标是实现股东财富最大化，只有实现企业目标，才能实现股东财富最大化（程晓陵、王怀明，2008）。公司契约关系决定了企业控制内部成本的能力分别为：信息成本、协调成本和激励成本。公司治理结构的有效性完全取决于是否达到信息、协调、激励成本最小化（杨雄胜，2005）。公司治理结构和内部控制有效性的关系是肯定的，国内外学者在这方面做了大量的实证研究。本书主要从三个方面展开述评，分别是股权结构特征、董事会特征和管理层特征。

在股权结构特征方面，股权适度集中能激励大股东参与管理并积极发挥监督作用，但很多上市公司普遍存在控股股东谋取私利“掏空”上市公司，控股股东持股比例越大，其牟取私有收益的动机越大，控股股东可能凭借其控制权控制董事会和经理层，影响公司的内部控制决策和执行机制，导致内部控制失效（陈小悦、徐晓东，2001；杜莹、刘立国，2002；程晓陵、王怀明，2008；李育红，2011）。在实际控制人的性质方面，有国有控股、民营控股、外资控股、集体控股、社会团体控股和职工持股会控股等形式，控股股东的性质为国有时，能够降低公司违法违规事件发生的可能性（杜莹、刘立国，2003；程晓陵、王怀明，2008；李育红，2011）。股东大会出席比率越高，代表的股份比例越高，代表的股东利益越广泛，对经营管理者的监督力越强（程晓陵、王怀明，2008）。高质量的内部控制有助于缓解环境不确定性与资本成本之间的正相关关系，当公司被行业专长机构投资者持股时，这一缓解效应更为显著（廖义刚，2015）。

在董事会特征方面，董事会在整个公司治理结构中处于核心环节，董事会通过自身活动，制定重大决策并执行监督管理层的责任。国内外学者主要通过董事会规模和董事会召开的次数来研究公司治理与内部控制之间的关系。董事会的规模反映着董事会参与重大经营决策和监督管理层的能力及质量（因为董事会可能包括更多的专业人士和代表更广泛的团体利益）。董事会召开会议次数越多，说明董事会在内部控制管理和监督上发挥的作用越大。同时，有效的激励机制使董事会有动力监督内部控制的有效运行。董事会规模和董事会的勤勉度与企业的内部控制正相关（Dechow，2005；Beasley，1996；李育红，2011）。董事会领导结构与内部控制的关系，董事长和总经理两职合一会削弱董事会的监控功能，公司倾向于隐瞒对自身不利的信息，降低公司透明度，增强了发生舞弊行为的可能性（Molz，1998；杨薇、姚涛，2006）。同时，董事长和总经理两职可以提高公司绩效（Pi、Titnme，1993）。

在管理层特征方面，国内外的研究主要集中在管理层的诚信和道德价值观念、管理层的风险偏好和管理层对员工工作能力的重视程度等方面。管理层负责公司的运作以及经营策略和程序的制定、执行与监督。高级管理人员具有良好的诚信和道德价值观，在工作中是否能起到表率作用，直接影响到内部控制的有效性。管理层的风险偏好直接影响公司内部控制政策与程序的制定和有效执行。管理层的风险偏好包含管理层对内部控制以及对具体控制环境的重视程度。管理层对员工胜任能力的重视包括对于特定工作所需的胜任能力水平的设定，以及对达到该水平所需的知识和能力的要求。企业职工平均受高等教育的年限代表人力资本存量，以体现员工的工作胜任能力，实证检验得出企业人力资本与企业绩效的正相关关系（李嘉明、黎富兵，2005）。

从公司治理和内部控制的关系研究中可知，公司治理和内部控制具有同源性，两者都是对企业风险控制，只是控制的角度和方法略有差别。但二者实质上是一个企业价值创造和分享系统的有机统一体。此外，提高内部控制质量的有效途径是改善公司治理结构。公司治理结构的完善能增强内部控制的有效性，即使很难用实证数据检验内部控制对企业绩效影响的有效性，但是内部控制对企业绩效的影响仍然是有效的（谢志华，2007；龚立新、李四海，2009）。可以这样理解，严苛死板的内部控制系统会减少企业的灵活性，减少创新性，增加企业失败的风险，必然会影响企业的盈利能力。经济学视角的内部控制研究主要是为了实现激励约束经营者行为，降低代理成本。经济学对内部控制的关注不够，因此与内部控制相连的公司治理研究略显苍白，应进一步深化内部控制的理论研究，达到丰富公司治理理论研究的目的。因此，公司治理结构的内部控制主要体现为以委托代理理论为基础，研究风险分担、最优契约安排、激励机制、监督约束机制等，通过界定股东大会、董事会或监事会、经营者等高层权力主体之间的权力边界实现决策、执行、监督的分权与制衡，并强调不同控制机制之间的平衡及整体效率性，属于宏观内部控制（陶黎娟，2009）。

2.2.2 管理控制与内部控制的关系研究

随着管理学理论的发展，管理学知识也逐渐运用到了企业内部控制的研究中。管理学视角最典型的内部控制即为企业管理控制的研究，有关管理控制与内部控制关系的研究，理论界也存在管理控制决定内部控制，内部控制决定管理控制以及二者是整合一体的讨论。

（1）管理控制决定内部控制发展方向。内部管理控制应成为内部控制的一个重要组成部分，并且在内部控制整体框架中处于主导与支配地位。内部控制的建设和完善应该包括内部管理控制，应该以内部管理控制为主导，而不是仅仅局限于从外部审计的角度强调内部会计控制的建立和完善（池国华，2003）。池国华认为，COSO 报告中企业营运效率效果这一控制目标，是在企业内部控制中占有重要支配地位、发挥主导作用，而其他的控制目标则应服从这一目标。同时，他认为内部控制可分为战略控制、管理控制和作业控制三个层次，管理控制是内部控制的核心，是连接企业战略控制与作业控制的桥梁，没有有效的管理控制，不仅导致企业战略目标无法实现，而且企业作业控制将迷失方向。Anthony（1965）在其《管理控制系统》一书中提出的目标导向型管理控制，其思想来源于目标管理（MBO），他以控制论与系统论为基础，认为战略规划旨在为组织整体设置长期发展目标，运营控制是为了确保组织内部各项具体管理控制具体任务的完成，而管理控制则是连接两者的过程（罗彪、郑姗姗，2011）。由此，Anthony 认为内部控制与管理控制相比不值得一提，管理控制在其具体内容或工作层面上要比内部控制精细或深入得多（杨雄胜，2011）。随着控制论、系统论的出现，许多学者开始从控制论和系统论的角度出发来研究和扩展管理控制理论，企业战略理论的出现促使管理控制理论从经营控制向战略控制转型，伴随管理信息系统的发展，流程再造、价值链等许多新的概念再次丰富了管理控制的理论。基于以上管理控制理论的发展，内部控制需要从财务报告导向向价值创造导向转型，此时，从管理学视角研究内部控制更加有意义（李心合，2007）。

（2）管理控制是内部控制的具体应用。内部控制与公司治理相衔接，管理控制作为内部控制的具体执行结构，服务于公司治理和内部控制的需要。管理控制模式发展和丰富，也为内部控制有效性的完善提供理论支持。全面预算管理作为一种高效的管理控制方式，能使企业目标具体化，并能强化内部控制，因此，以企业全面预算管理来完善企业内部控制应是一项可行的措施（陈留平等，2011）。管理控制是绩效管理的理论基础，绩效管理又是内部控制的主要手段，从管理控制的角度分析绩效管理的设计思想和方法，可以增强内部控制的有效性（岳玲，2010）。

管理控制的发展进程也对内部控制方式的选择产生深远的影响。David Otley（1995）等人在 Scott（1999）关于组织进化四阶段分类基础上将管理控制的历史演进阶段划分为四部分，即封闭理性阶段、封闭自然阶段、开放理性阶段和开放自然阶段。依据 Otley（1995）的观点，到 20 世纪 90 年代初管理控制理论发展到开放自然阶段。企业内外部环境发生巨大变化，主要体现在经济全球化、竞争白热化、需求多样化以及组织观、人力资本观、文化观等因素对企业的管理行为产生的深刻影响。此时，自然开放的管理控制促使内部控制更关注前馈控制，前馈控制是一种面向未来不确定性的管理控制方式，根据未来的相关信息进行前瞻性的预测，以防止可能的偏差出现（张相洲，2003）。自然开放的管理控制促使内部控制更关注直接控制，直接控制是指对执行人进行控制，是一种源头控制，以弥补间接控制出现的偏差。自然开放的管理控制促使内部控制更关注结果控制，以防止由于环境的复杂性和多变性而产生的过程控制的低效率性（张海妹、张相洲，2009）。

（3）管理控制与内部控制整合一体。通过对内部控制的理论研究和实践探索，有些学者认为内部控制与管理控制是基本一致的。与会计审计意义上的内部控制相比，管理学意义的内部控制包含的范围更广、职能更多、作用更大，几乎是管理控制的同义词（杨雄胜，2005）。研究内部控制不应仅仅从会计角度考虑，更应从企业经营管理角度来研究，寻求内部管理控制与内部会计控制的和谐统一（张先治，2004）。管理控制和内部控制具有同源性和同质性，应将二者统一起来共同实现企业的控制职能（赵爽，2010）。内部控制中的主要内容——管理控制是公司治理内容中关于企业战略方面的进一步延伸和具体化。《基本规范》将战略目标定为内部控制的最高目标和终极目标。管理控制是管理者影响组织中其他成员以实现战略目标的过程。因此，管理控制是企业内部控制的核心（李维安、戴文涛，2013）。从内部控制与管理控制的关系来看，有的学者管理层权力越大，则越有可能发生腐败行为；而内部控制质量越高，腐败越轻；同时，内部控制对权力诱致的腐败也产生了显著的影响（周美华、林斌、林东杰，2016）。

有的学者认为管理控制决定内部控制；有的学者认为内部控制包含管理控制；有的学者认为两者无显著的差别，可以整合为一体。从西方管理控制理论研究的发展历程看，其两条主线是管理控制行为因素的研究和管理控制权变因素的研究：行为因素研究是从理性观点到自然观点的转折点；权变因素研究是从封闭观点到开放观点的转折点。现阶段管理控制主导思想还是自然开放的。合适的内部控制系统应该是开放的和自然的，管理控制中的前馈控制、直接控制和结果控制引导着内部控制方式的发展方向。从管理学研究内部控制，其主要目标是为了提高组织的经营效率和效果，在提高内部控制经营目标等具体管理目标的同时，以实现组织的战略目标。因此，内部控制除了强调基本的会计控制外，更加突出了观念控制、组织战略、组织结构、授权与分权、信息沟通、业绩评价、监督和激励等组织控制，以及与各种控制方式的结合（杨清香，2007）。由此可见，管理控制属于中观层面的内部控制，是对组织内部具体部门和业务单元的控制。

2.2.3 企业文化与内部控制的关系研究

企业文化是企业成员广泛接受的价值观念以及由这种价值观念所决定的行为准则和行为方式（陈传明，2004；2005）。企业文化的构成要素包括企业价值观、企业形象、企业道德和企业宗旨等。其中，企业价值观是指一种以企业为主体的价值导向，是由企业内部的绝大多数人认可的价值观念，是企业文化的基础、核心和实质。良好的企业价值观能对企业成员起到很大的激励作用（张相洲，2003）。本书主要从企业文化的构成要素、企业文化对内部控制的激励作用以及企业文化对内部控制的负面影响三个方面展开分析。

（1）企业文化的构成要素。从 20 世纪 50 年代以来，日本经济发展异常迅速，美国企业界逐渐受到日本企业的挑战。于是 70 至 80 年代，掀起了一场日、美管理比较研究热潮，这个热潮催生了企业文化理论。同时，一个企业或组织的文化总是在一定的社会文化背景中形成、发展起来的，其中的理念和价值观的形成更是离不开它所处的文化背景（石伟，2004；李建升，2008）。Deal 和 Kennedy（1982）认为，企业文化是一个企业所信奉的主要价值，应该包括价值观、英雄人物、礼仪和庆典、文化网络和企业环境。其中，价值观是企业文化的核心和基础；英雄人物是企业员工学习的榜样，是标志性人物；礼仪和庆典是企业文化的组织形式；文化网络是企业文化沟通交流的平台；企业环境是企业文化形成的重要因素。Martin 等（1983）提出了企业文化是由共有的哲学、意识形态、价值观、信仰、假定、期望、态度和道德规范八个要素构成，构成更加简单和直接。郭纪金（1995）认为企业文化是由价值观念、道德标准、企业哲学、行为规范、经营理念、管理方式、规章制度等要素构成，并认为企业文化是在实现企业目标的过程中形成和建立的。刘光明（1999）认为企业文化包含物质文化、行为文化和精神文化，物质文化是企业文化的物质基础，行为文化是企业文化的指导，精神文化是企业文化的精神层面。

（2）企业文化对内部控制的正面影响。企业文化对内部控制的正面影响主要体现在两个方面：一方面，企业文化具有控制功能。企业文化是卓越的企业理念，也是广泛而强烈拥有的社会规范与价值观系统（Peters 和 Waterman，1982；O'Reilly 和 Chatman，1996；Gordon 和 DiTomaso，1992）。企业文化可以使管理者激励内部化，使企业目标成为管理者个人的目标；通过一套信念和价值观增加人们对组织的认同，增加组织的凝聚力，于是导致无序的严重利益冲突受到有效抑制，提高组织目标与个人目标的一致性程度；企业文化使群体成员形成共识，促使大家一致朝共同方向努力，从而增加了防御风险的能力（张相洲，2003）。企业员工和文化控制是企业组织管理控制的一部分，是通过员工自身控制自己的行为，或者员工间行为控制实现的（Merchant，1995；Maijoor，2000）。公司目标和文化的差异以及企业内部环境会显著地影响其对内部控制和激励的需要程度（杨雄胜，2005）。Stephen E. Clapham 和 Robert W. Cooper（2005）从员工作为利益相关者控制有效性的视角，发现企业组织文化和政策要比道德修养准则更有利于员工在工作中指出企业存在的不正当的问题。另一方面，企业文化是内部控制的控制要素。要实现企业目标体系规划的企业目标，企业文化应作为企业内部控制的构成要素。内部控制作为企业管理的重要领域，是经济和文化双重作用的结果，它不仅是一种经济手段，还具有较强的文化属性（王竹泉、隋敏，2010）。内部控制是一项全面系统的企业管理职能，不仅要有科学的制度和流程，还要注重人力资源、正直诚信、社会责任、价值观等软环境的培育（王清刚、2014）。刚性的控制结构易于维持正常的内部控制秩序，易于对员工执行内部控制的效果量化管理，可以引导人性向善，起到正向强化、抑恶扬善的作用；同样，软性的企业文化能够对员工的意识和行为构成“软”约束，深层次地激发员工主动控制的动力，实现员工的自律和自控。因此，要高度重视企业文化的作用，并将其作为非正式的、柔性的控制机制。

（3）企业文化对内部控制的负面影响。关于企业文化对内部控制直接的负面影响的国内外研究较少。主要集中在企业文化与企业战略实施存在着负面影响。当企业面临的环境发生变化时，文化的某种属性使之成为一种惯性或阻碍变化的来源（Vries 和 Miller，1986；陈传明，2004）。一个组织文化的本质就是持久的、有惯性的，将其定义为“惰性”文化，这种文化会对企业的战略调整产生阻碍作用（Meyerson 和 Martin，1987；Tushman，1998；陈传明，2004）。

由此可知，无论企业文化与内部控制是正面影响还是负面影响，企业文化与内部控制、战略控制有着千丝万缕的联系。企业为了保护自己而发展了一系列精心设计的、力量强大的机制，这是一种企业组织内的整体交流模式（迈天，1999；陈传明，2004）。企业把自己保护起来以防御新奇事物以及任何转变企图的这种总体交流模式便是企业文化（陈传明、张敏，2005）。企业文化似乎是企业抵抗风险的“抗体”，也可以将其划归到企业内部控制的范畴。通过问卷调查，表明中国内部控制有效性与积极向上的企业文化显著正相关（吴秋生、刘沛，2015）。除此之外，内部控制的目标不仅仅是事或物，而更多的是对人的控制或者是由人来控制。人的思想水平和道德素质也会对企业目标实现构成影响。

2.3　利益相关者导向的内部控制研究

2.3.1　利益相关者理论

自从 20 世纪 80 年代美国弗里曼的《战略性管理：一种相关利益者方法》一书出版后，有关利益相关者的论文就有近百篇之多。然而，主流企业理论诟病利益相关者理论的一个主要理由就是利益相关者难以界定和分类，如果连谁是企业的利益相关者都分不清的话，如何谈起利益相关者理论呢（Donaldson 和 Preston，1995；Shankman，1999；陈宏辉，贾生华，2004）？国内外学者有关利益相关者的研究主要集中在三个方面：一是利益相关者的概念，即如何界定利益相关者的问题；二是利益相关者的分类问题，通过对利益相关者的分类研究，进一步确定利益相关者范围；三是利益相关者的视角研究，利用利益相关者能解决什么问题。

（1）利益相关者的概念研究。首次提出利益相关者概念的是 Rhenman（1964），他认为利益相关者是指那些为了实现自身目的而依存于企业，且企业为了自身的持续发展也依托其存在的个人或者群体，如投资者、员工等（Mitchell，1997；李维安、王世权，2007）。Freeman（1984）在前人研究的基础上把企业利益相关者界定为"任何能够影响企业组织目标的实现或受这种实现影响的个人或群体”。其进一步扩大了利益相关者的范畴，不仅是对企业产生影响的人或群体定义为利益相关者，而那些被其影响的人或群体也定义为利益相关者，如将社区、政府、环境保护组织等非经济实体也纳入其中，此时利益相关者的范围达到了空前之大（Ansoff，1965；Ahlstedt 和 Jahnukainen，1971；Hompson，1991）。整理 30 年来利益相关者理论的发展史，倾向于将利益相关者定义为那些与企业有一定的关系，并在企业中进行了一定的专用性投资的人（Clarkson，1995；Carroll，1994；Starik，1994；Donaldson 和 Preston，1995）。陈宏辉（2003；2004）在总结前人研究的基础上得出利益相关者概念，是指那些在企业中进行了一定的专用性投资，并承担了一定风险的个体和群体，其活动能够影响该企业目标的实现，或者受到该企业实现其目标过程的影响。

（2）利益相关者的分类研究[①]。为了更好地理解利益相关者在企业中的地位和发挥的作用，国内外学者不满足于只将利益相关者定义为股东、债权人、员工等与企业有利益关系的人或群体。也就是不能仅仅局限在利益相关者的概念研究，自 20 世纪 80 年代后期，西方学者兴起了对利益相关者分类的研究。从而找出众多利益相关者的共性和差异，已解决利益相关者概念研究的冗长性问题。有关利益相关者分类研究最为瞩目的是“多维细分法”和“米切尔评分法”。

多维细分法是指将企业的利益相关者从多个维度对其进行分类，以寻找利益相关者某些特征的差异。国内外大多数学者或多或少都采用这种方式对利益相关者进行分类：国外研究，Free-

① 本节中利益相关者分类研究只是简单介绍其分类方法，利益相关者分类研究将在第 6 章企业分类中详细阐述。

man（1984）是将利益相关者按照所有权、经济依赖性和社会利益三个不同的维度进行分类；Frederick（1988）是按照利益相关者是按照是否能对企业的政策和方针施加影响，将其划分成直接利益相关者和间接利益相关者；Charkham（1992）是按照利益相关者是否与企业存在交易性合同关系，将其划分为契约型利益相关者和公众型利益相关者；Clarkson（1994；1995）是按照利益相关者在企业经营和活动中承担风险的种类，即与企业的紧密性维度，将其划分为自愿利益相关者和非自愿利益相关者，之后，随着 Wheeler（1998）将社会性维度引入，从而将利益相关者最终划分为首要的社会性利益相关者、次要的社会性利益相关者、首要的非社会性利益相关者、次要的非社会性利益相关者。国内研究，李维安和王世权（2007）将利益相关者划分成广义利益相关者和狭义利益相关者，狭义的利益相关者是指组织没有存在，就不能存在的个人或群体，包括股东、员工、顾客、相关供应商、重要的政府机关、相关金融机构；广义的利益相关者是指任何能够影响组织目标的实现或受这种实现影响的群体或个人，包括股东、员工、顾客、公益团体、抗议团体、政府机关、业界团体、竞争对手、工会等。陈宏辉（2004）按照主动性、重要性和紧急性将利益相关者划分成核心利益相关者、蛰伏利益相关者和边缘利益相关者。万建华（1998）和李心合（2001）分别按照利益相关者合作性和威胁性两个维度划分成支持型的利益相关者、边缘型的利益相关者、不支持型的利益相关者以及混合型的利益相关者四种类型。另一种“米切尔评分法”，是 Mitchell 和 Wood 在 1997 年提出的，即是按照评分的方法对利益相关者进行分类。他提出了三个属性（合法性、权力性和紧急性）对可能存在的利益相关者进行分类，按照分数的高低来确定是否为企业的利益相关者。后将利益相关者划分为以下六类：

"关系的存在"、"权利的依存：利益相关者拥有的优势"、"权利的依赖：企业拥有的优势"、"相互的权利依赖"、"以关系的正当性为基础"以及"利益相关者的利益：不包括正当性"。将利益相关者分类研究的目的是缩小研究利益相关者研究并非所有的利益相关者都是一视同仁，是有等级区分、层次区分的（李维安、王世权，2007）。

（3）利益相关者的视角研究。随着世界经济环境的不断变化，"股东至上"的单边治理模式已经不再适应企业的发展。因此，利益相关者理论的出现，在一定程度上缓解了企业与利益相关者之间的矛盾。不同的利益相关者有着不同的利益需求，各种利益相关者之间就会存在利益冲突，要根据他们的利益冲突特性制定其协调机制（陈宏辉、贾生华，2005）。利益相关者理论的应用也随着它的重视程度越来越广，本书根据利益相关者与企业的关系，将利益相关者理论的研究视角划分成外、中、内三类：

首先，企业外部环境与利益相关者理论的结合研究。其主要的研究包括社会责任与利益相关者理论结合研究。有的学者认为社会责任金字塔与利益相关者相融合，要针对每一个利益相关者群体考虑社会责任，也就是要以利益相关者框架为基础建立企业社会责任评价模式（Carroll，1991；Clarkson，1995；Donaldson & Preston，1995；Mitchell，1997；温素彬、方苑，2008）。

其次，企业内部环境与利益相关者理论的结合研究。主要的研究包括企业的内部控制、企业财务报表披露、企业战略管理、企业文化、内部管理等问题涉及到利益相关者理论。王启亮（2009）认为利益相关者导向的企业文化是企业取得竞争优势的关键因素，并通过实证检验的方式得出利益相关者导向会通过影响企业文化的外部适应性，进而影响企业文化的内部一致性，并最终影响企业绩效。

最后，企业结构与利益相关者理论的结合研究。主要的研究包括公司治理与利益相关者理论的结合研究。具体而言，公司治理结构问题即为企业所有权的安排。相对于“股东至上”的单边治理模式，20 世纪 90 年代迅速发展起来的利益相关者理论逻辑下的共同治理模式，其主张企业所有权由股东、债权人、供应商、雇员、消费者、政府和社区等利益相关者共同分享，企业经营的目的是实现利益相关者的利益最大化（李伟，2005）。

利益相关者理论不仅在自己的领域中蓬勃发展，包括利益相关者概念研究和利益相关者的分类研究，而且随着利益相关者理论逐渐被国内外学者所认同，也不断渗入到理论界的各个领域中，出现了利益相关者理论的视角研究公司治理结构与利益相关者理论的结合、社会责任与利益相关者理论的结合以及利益相关者理论与企业文化的结合等等。本书也是借助利益相关者理论的先进思想使之运用到企业内部控制研究领域。

2.3.2　利益相关者理论与内部控制的关系

本书所要关注的是重要的、关键的利益相关者与企业内部控制之间的关系研究。杨雄胜（2006）提出以“学习导向”作为重建内部控制基本框架的理念，内部控制立足于改善行为而不只是限制职权，培养员工的忠诚成为现代内部控制的工作出发点。黎文靖、张帆（2005）认为内部控制的本质是约束剩余权力的契约，内部控制分为治理控制与管理控制，内部控制设计应以利益相关者为导向。Laurent Vilanova（2007）提出股东与利益相关者管理之外的第三种管理模式，即短期主导型利益相关者管理，指出公司是对独特的利益相关者群体的利益进行管理，管理者趋向于和最有力量的利益相关者串通共谋，当其他合法利益相关者在下一时期获得权力后，这一独裁治理模式是不稳定的，与短期主导型利益相关者管理有关的长期冲突将会降低组织绩效。王竹泉（2008）提出应将控制主体拓展为企业的利益相关者，并重新表述企业内部控制的概念。王海兵等（2011）提出了企业人本内部控制就是以企业利益相关者为本的内部控制。他认为内部控制受组织的各层次人员影响，此时的“人”即为利益相关者，那么，内部控制系统的构建即为采取不同的方式来管理这些不同的“人”。根据企业利益相关者的不同而对企业进行分类，从而构建适合企业的内部控制体系（赵爽，2010）。根据我国的内部控制监督评价体系目标，考虑我国上市公司特殊的制度背景以及注册会计师仅对上市公司财务报告内部控制进行审计等因素，有必要从满足外部利益相关者的决策信息需求出发，建立一种反映企业内部控制目标实现程度的内部控制综合评价模型，并由一个“局外人”如政府监管机构或外部非营利性机构（如科研机构）对企业内部控制状况实施全面、综合、量化评价（戴文涛、李维安，2013）。核心利益相关者显著解释内部控制信息披露水平。流通股比例、国有股比例、管理层持股比例和员工人数在不同程度上与内部控制信息披露水平之间存在显著的关系（戴媛媛，2015）。

如何有效地识别和应对这些利益相关者的利益要求，是利益相关者理论与经济学、管理学和社会学结合研究的关键所在。利益相关者导向是指企业对各种利益相关者的利益集合关注的积极有序态度，并通过企业资源和能力的分配来满足这些利益要求的一系列的管理行为（Greenley Hooley 和 Rudd，2005；Luk，Oliver，Alan，Leo 和 Raymond，2005）。反对的声音，利益相关者理论试图通过各类治理主体的团队化来协调其利益相关关系，却难以找到合适的协调机制和方法，也使得治理对象迷失方向，不具有实际的操作性（郝云宏，2012）。同时，郝云宏认为仅从实践中的可能的情况区分不同的利益相关者或者控制主体，并根据其特征选择相应的治理方式，如不同的利益相关者导致的公司治理条件、路径和形式等不同，形成了从利益相关者“共同治理”变成“相机治理”，这样的研究是否合适，前景如何不得而知。利益相关者理论在企业内部控制中应用有其优势，也有其劣势，但总的趋势对企业管理研究还是有利的，只是如何利用好这个工具是本书所要面对的问题。

2.4　本章小结

本章分别通过对内部控制的发展脉络研究、内部控制的边界拓展研究和利益相关者导向的内部控制研究三个方面的文献梳理，得出本书对上述内容的认识和理解，并作为本书的切入点展开以后章节的论述。由此得出以下结论：

（1）内部控制的发展脉络是对规范对象战略高度的规范确定，也是内部控制根本所在。内部控制的目标定位对内部控制的内容范围、设置方式及评价体系的构建具有指导和参照作用。通过内部控制的演进，从“内部牵制”发展到“内部控制系统”，进一步分化为“会计控制和管理控制”，继而推进到“内部控制结构”，最后定位到“内部控制要素”，在此基础上将其提升到“内部控制风险管理”。无论从何种视角去审视内部控制发展脉络，内部控制的概念、结构、框架甚至体系千差万别，但内部控制中心思想是不变的，那就是内部控制对企业的有用性和有效性并且内部控制能切实地保证企业目标的实现。这也是本书以后章节构建企业内部控制体系研究的关键。

（2）企业内部控制体系的边界拓展研究是从公司治理结构、

管理控制和企业文化的视角来探讨内部控制关系的文献整理。公司治理与内部控制关系的范畴研究以及公司治理对内部控制的有效性研究，为本书内部控制体系构建也提供了理论的依据。从内部控制与管理控制的关系来看，有的学者认为管理控制决定内部控制，有的学者认为内部控制包含管理控制，也有的学者认为两者无显著的差别，可以整合为一体。无论企业文化与内部控制是正面影响还是负面影响，企业文化与内部控制、战略控制有着千丝万缕的联系。企业文化似乎是企业抵抗风险的“抗体”，也可以将其划归到企业内部控制的范畴。

（3）利益相关者导向的内部控制研究主要从利益相关者理论和利益相关者与内部控制的关系展开论述。利益相关者的概念研究、分类研究以及利益相关者视角研究都是为本书以后企业内部控制体系构建铺平道路。在实践中根据可能情况区分不同的利益相关者或控制主体，并根据其特征选择相应的治理方式，如不同的利益相关者导致的公司治理条件、路径和形式等，尽量避免“共同治理”和“相机治理”两个极端的出现，使得利益相关者理论的优势应用于内部控制研究中，这也是本书所要解决的问题。

综上所述，在对以“股东至上”的公司特征为出发点的质疑声中，将利益相关者理论引入企业内部控制体系研究。内部控制、管理控制和公司治理都是企业的一种控制活动，只是它们各自的控制目标、控制环境、控制对象和控制方法因控制主体的差异而不同罢了。因此，应该跳出企业原有的经营边界，站在一个更高的高度去研究企业风险控制活动，从不同的视角深度剖析企业本质从而构建企业内部控制体系。

第 3 章

企业内部控制体系概念研究

通过上章对文献的整理和述评，大体了解了内部控制研究的历史脉络、研究热点以及研究争论不休的焦点。美国学者 Maijoor（2000）将内部控制大体分成了三类进行研究：第一类是微观层面的审计学视角的内部控制研究，主要关注的是业务循环与规范交易问题；第二类是中观层面组织学视角（管理学）的内部控制研究，主要关注的是组织内部权责配置及各部门的管理控制问题；第三类是宏观层面经济学视角的内部控制研究，主要研究的是公司治理结构对企业内部控制影响问题。此外，美国公共管理学界也将触手深入到内部控制的研究中，此作为第四类。最具代表性的是 C. Friedrich 和 Herman Finer，他们主要关注的是内部控制与外部控制孰重孰轻，前者认为内部控制是关键，后者认为外部控制是关键。公共管理理论对内部控制的巨大贡献在于它确立了内部控制的客观基础：有事生非，即只要有业务就必然有不恰当、不正确及错误之处。外部控制可以通过立法制定规则及外部监督来减少这种“有事生非”，内部控制则通过强化公务员的价值观与伦理促使其采取尽可能合乎道德规范的行为从而减少“有事生非”（杨雄胜，2011）。以上各个理论界都对内部控制有着高度的关注，都从各自的领域寻找内部控制研究的突破口，他们或多或少都涉及了内部控制范畴研究或者边界研究。但是由于所处的理论研究视角的限制，使他们很难发现内部控制本质。缺乏对内部控制基本属性特征、功能定位的正确认知，导致内部控制实践的盲目性和不规范性（杨雄胜，2011）。本章首先从分析内部控制和风险管理的关系入手，从而界定本书的“内部控制”概念，进一步探究其基本属性和功能定位，为以后章节“内部控制”的构建打下理论基础。

3.1 风险管理与内部控制关系研究

3.1.1 风险管理与内部控制的争论

自从COSO委员会的风险管理框架问世以来，有关风险管理和内部控制的相互关系问题大家一直争论不休。从国内外文献来看，风险管理和内部控制的关系主要包含以下三种情况：

首先，风险管理包含内部控制。《风险管理框架》对于风险管理的定义描述为：风险管理是一个过程，它由公司董事会、管理层以及其他员工执行，适用于公司战略的制定和整个公司范围，用来识别可能对公司产生影响的潜在事项，并将风险控制在企业可以承受的水平以内，为公司目标的实现提供合理保证。包括四个目标（战略目标、经营目标、报告目标、合规目标）和八个要素（内部环境、目标设定、事件识别、风险评估、风险应对、控制活动、信息与沟通、监督）。相对于 COSO 报告中的“内部控制”而言，“风险管理”所包含的内容更加全面和详细。仅从概念层面上来看，COSO 委员会对内部控制和风险管理的理解，其认为风险管理是内部控制的升级版，其详尽程度似乎说明了风险管理包含着内部控制。南非 2002 年出台的公司治理报告法规《The King Code of 2002》（Corporate Practice and Conduct - The King Ⅱ Report on Corporate Governance）认为传统的内部控制不能管理很多风险（如技术风险、法律风险和政治风险），风险管理为内部控制的风险控制提供了一个有效的方法，是一个更加复杂的控制过程。英国 Turnbull 委员会（2005）、英国内部审计师协会（1999）、Campion、Antita（2000）、Gerrit Sarens 和 Ignace De Beelde（2005）、澳大利亚证券交易所（Australian Stock Exchange）同样也明确提出了风险管理包含内部控制的观点。朱荣恩（2009）认为内部控制与风险管理并非平行的关系，应该说内部控制是风险管理的一个重要组成部分，而风险管理则是内部控制的发展和延续。其次，内部控制包含风险管理。加拿大 COCO 报告（CICA，1995）认为，“控制”是一个组织中支持该组织实现其目标诸要素的集合体，风险评估和风险管理是控制的关键要素。企业抓住机会和管理风险就是一个实施控制的过程（CICA，1998）。最后，风险管理等于内部控制。陈关亭（2009）认为风险管理与内部控制并不是包含关系，而是完全等价的。Blackburn（1999）认为在商业活动中，风险管理和内部控制是一体化的，他们仅仅是人为地分离而已。Matthew Leitch（2004）从系统论的观点出发，认为二者无明显的差异，只是两者的内涵越来越广泛，似乎在变为同一事物。谢志华（2007）认为内部控制和风险管理是控制风险的两种不同的语义表达形式，即内部控制是企业应采用何种方式和手段来进行风险控制；风险管理是从风险控制的目的来说明风险控制。白华（2012）是从管理职能的角度，认为内部控制强调的是控制职能的发挥，风险管理则是强调风险控制的重要性，二者含义无差别。

从上述文献回顾中可以看出，内部控制和风险管理二者的关系是密不可分的。无论是风险管理包含内部控制还是内部控制包含风险管理，又或者二者是等同的关系，它们的最终目的都是要解决相同的问题即如何实现企业有效的风险控制。由于制定主体的差异，导致不同的规范存在着重复性的东西，是否需要整合为一体以减少重复性的内容？

3.1.2 风险管理与内部控制的关系

从 COSO 整体框架视角比较来看，1992 年的《内部控制——整体框架》和 2004 年的《企业风险管理框架》，二者具体的异同点如表 3－1 所示。

表 3－1　　风险管理与内部控制比较分析汇总表

COSO 整体框架	内部控制	风险管理	异同
参与主体	全员参与（董事会、管理层以及其他人员）	全员参与（董事会、管理层以及其他人员）	相同
参与过程	主动应对风险的动态过程	主动应对风险的动态过程	相同
保证要求	合理保证	合理保证	相同
目标体系	财务报告的准确性、经营活动的效率与效果、相关法律法规的遵循	战略目标、经营目标、报告目标、合规目标	不同

续表

COSO整体框架	内部控制	风险管理	异同
要素构成	控制环境、风险评估、控制活动、信息与沟通、监督	内部环境、目标设定、事件识别、风险评估、风险对策、控制活动、信息与沟通、监督	不同
风险控制理念	根据单个或业务单元进行风险控制	风险组合与整体风险管理	不同
管控范围	管理层面和业务层面	战略层面、管理层面和业务层面	不同

资料来源：作者整理。

从表3－1中我们可以发现，参与主体、参与过程和保证要求这三个方面的风险管理与内部控制二者没有本质的区别。都是企业所有员工立足长远、着眼全局，全过程、全方位积极参与并做出合理保证的动态过程。此外，表中还列示了四点风险管理与内部控制不完全相同的项目。首先，目标体系不同。内部控制有三个目标（经营目标、报告目标和合规目标），风险管理有四个目标（战略目标、经营目标、报告目标和合规目标）。其中有三个目标基本相同，风险管理有一个放在首位的目标是战略目标，并明确指出战略目标是企业治理层制定并实施的目标，风险管理属于治理层次，其余目标属于企业的管理层次（董月超，2009）。其次，要素构成不同。内部控制有五个控制要素（控制环境、风险评估、控制活动、信息与沟通、监督），风险管理有八个构成要素（内部环境、目标设定、事件识别、风险评估、风险对策、控制活动、信息与沟通、监督），其中有五个要素基本重合：（控制或内部）环境、风险评估、控制活动、信息与沟通、监督，而风险管理新增加了目标设定、事件识别和风险应对三个要素。其中需要注意的是，重合的要素并非完全意义上的相等，风险管理相对于内部控制的重合要素内涵更加丰富。如内部控制的“控制环境”要素和风险管理的“内部环境”要素。从字面意义上来看，似乎是“内部环境”的内涵要小于“控制环境”。但实际上，“内部环境”要素不仅包含“控制环境”的“诚实正直品格及道德价值观、员工素质与能力、董事会与审计委员会、管理哲学与经营风格、组织结构、权力与责任的分配、人力资源政策和实践”七个方面的内容，还包括风险管理哲学、风险偏好和风险文化这三个方面。再次，风险控制理念不同。内部控制是根据对单个风险进行管理或是根据单元业务来划分管理风险的。而风险管理是从企业的整体层面总体把握各个业务单元的风险，统筹风险事件之间的相互影响，以达到综合考虑应对风险。风险管理是将现代金融理论中的资产组合等理论引入其中，是在风险度量和风险双重性的基础上对风险实施管理（董月超，2009）。风险管理的风险控制理念相对于内部控制更加科学和完善，更有利于保障企业风险管理措施与企业发展战略、管理者风险偏好相一致，风险管理与价值回报相联系，更能有效地支持风险管理目标的实施。最后，管控范围不同。风险管理涵盖了内部控制的所有管控范围。内部控制仅仅是风险管理业务链中后部的管控范围，最为明显的即为内部控制只是对战略目标的有效性进行评价和估计，却没有具体的制定权。

从逻辑推理的视角来看，无论是风险管理还是内部控制，其目的都是如何实现企业的风险控制。本书以风险为导向，首先，企业风险就是企业收益（成本）的不确定性。更为具体来说，企业经营的不确定性就是企业经营风险；企业管理的不确定性就是企业的管理风险，等等。只要企业存活，就会相伴而生各种各样的风险。刘霄仑（2010）认为企业在设立和运营阶段，动态风险包括活化风险和固化风险，其中活化风险是企业治理结构风险、战略目标确立风险和业务模式选择风险；固化风险是合规风险、运营风险和财务风险。企业所要面临的风险众多，但是风险并非孤立存在，其必须要有参照物，即企业在预估不确定性时，先确定企业的目标，进一步确定控制目标或者风险管理目标，在与目标比较的过程中来确认企业存在的风险。其次，企业控制目标的确立。如，企业的经营风险，如果存在实现企业经营目标不确定性因素，若预计这种不确定性偏离经营目标较大，就必然存在经营风险。因此，企业要通过选择企业经营方向，有效地配置资源并使其得以充分利用来达到防止风险发生的目的。同时，企业的控制目标要服从企业目标，即实现企业价值最大化。在此基础之上，企业的治理层（董事会、管理层等）制定企业战略目标并由治理层实施执行，企业的控制目标进一步细分到内部控制范围内，由内部控制主体或其代理人实施并完成。因此，企业控制目标具有层级性和广泛性的特点。再次，控制主体的确定。风险的发生除了与设定的目标有关之外，还有一个十分关键的问题就是人。由于人的有限理性和事物的复杂性，导致其不能完全科学、充分、全面地制定合理的目标。同时，人在实施控制的过程中，由于人存在着自利行为，还会出现背德和非理性两种风险。风险管理和内部控制都有共同的控制主体，或者是都倡导全员参与控制，但是不同的人所控制的范围不同，同样的控制对象导致的控制效果也不尽相同。

由此可知，企业风险管理和内部控制异同点主要体现在：风险管理过程由于涵盖了企业治理层或者说企业运营的最终风险承担者及受益人（刘霄仑，2010）；同时，在分配和履行方面，内部控制的责任归属管理层，治理层主要负责监督作用；而企业风险管理的责任归属更多的是治理层，最终风险由投资人和利益相关者承担。治理层和管理层的风险和责任是不对等的。风险管理决策是确定内部控制重点的依据，而一个强有力的内部控制是实现有效风险管理的基础，内部控制的动力来自企业对风险的认识和管理，内部控制属于企业的管理范畴而风险管理则属于企业的治理范畴（董月超，2009）。因此，本书认为内部控制与风险管理具有内在的一致性，风险管理在内部控制基础上发展而来，不完全等于内部控制，但是又高于内部控制，更加完善、更加科学，二者是否应该统一到一个框架或体系中呢？

3.1.3 风险管理与内部控制的整合

通过以上对风险管理和内部控制关系的分析不难发现，内部控制的目的是控制企业风险，而风险管理主要是如何进行风险控制。风险管理的出现就如同是内部控制多了灵魂，明确了指路人。但是，以上的分析基础在于企业治理层为控制主体（《风险管理框架》），也就是 COSO 报告中所提到的董事会、管理层（决策者）为控制主体。公司治理架构隐含的假设即为股东价值最大化，一切的控制根源都是从股东的利益出发。企业的其他利益相关者（除股东之外）是否考虑到他们对公司影响的不确定也会存在风险，那部分风险是否能得到有效的控制呢？因此，本章需要重新整合风险管理和内部控制，从而构建一个从利益相关者视角出发的企业内部控制体系。

内部控制也好，风险管理也好，首先要明确本书所定义的对象是什么。内部控制和风险管理都是基于企业中存在的各种风险而产生的，它们的目的是为了进行风险控制（谢志华，2007）。因此，本书也是在通过对风险管理和内部控制整合的基础上得出所要研究的“内部控制”（如图 3－1 所示）。本书的“内部控制”不仅仅只是内部控制和风险管理简单拼凑，而是整体框架

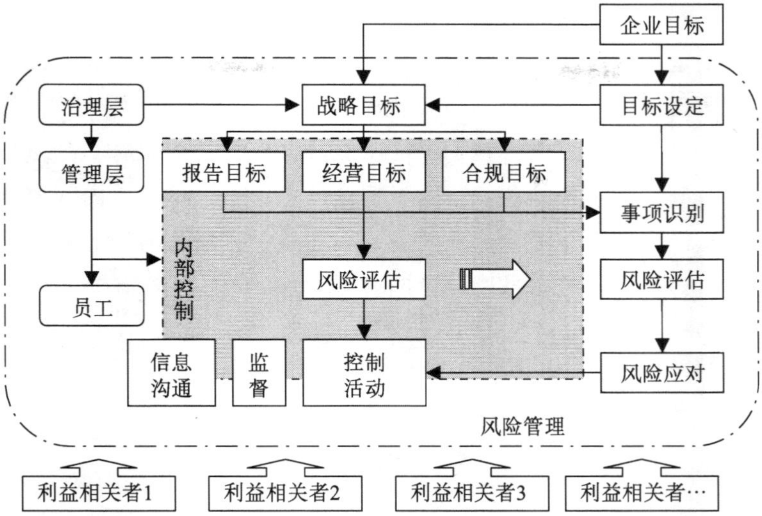

图 3－1　风险管理与内部控制整合示意图

资料来源：作者整理。

的融合和构建。首先，本书的“内部控制”不同于原有的内部控制。原有的内部控制主要是管理层的责任，对具体业务的控制过程，它是零散地分布在企业的具体管理过程之中，从而导致内部控制缺少精神支柱，而本书的“内部控制”将与公司治理理论结合，将控制主体提到公司治理层（将在第 4 章企业内部控制边界中详述）。其次，风险管理为本书的“内部控制”提供了一个思想：一个风险组合和整体风险管理相结合的新观念（周兆生，2004）。一方面，风险管理并不是一种脱离于企业经营管理活动之外的管理形式，它内含于整个企业的经营管理活动过程之中；另一方面，它又与公司治理结构相结合，明确了治理层在风险管理中的地位，使治理层与管理层有机地结合起来。与内部控制的零散性不同，风险管理起到了一个承上启下的连接纽带的作用。然而，企业内部控制研究仅仅靠“纽带”不足以实现对风险的有效控制。因此，本书的“内部控制”是将公司治理、风险管理和管理控制有效地融合，从而扩大了“内部控制”的内涵。最后，本书的“内部控制”是在内部控制和风险管理整合的基础上，再融入利益相关者理论的思想，使得企业内部控制边界从原有的企业经营边界拓展到利益相关者层面的企业所有权边界。如果要研究本书所讨论的“内部控制”，它就需要一个恰当的名称来代替。

3.2 企业内部控制体系概念界定

通过以上风险管理和内部控制的整合，确定了本书“内部控制”研究的基调。就是围绕着企业的生产经营管理过程中所出现的不确定事项，通过一套方法、手段对那些不确定事项加以控制，使之控制在企业的所有者或管理者可接受的范围内。要想准确界定本书研究的“内部控制”的名称就必须要明确以下三个方面：首先，这个名称本身直观的一般性的涵义，会不会与别的词语产生冲突。通过上节的分析，本书研究的“内部控制”不同于原有的风险管理或内部控制，因此原有的概念名称不再适用。其次，这个概念名称是否在已有的研究成果中对它有所论证和研究。如果前人有所研究，那么概念名称自然要以此来命名，虽然本书依旧是企业内部控制的研究范畴，但是依旧按照“内部控制”来命名似乎又不够全面。最后，这个概念与前人研究的差异体现在什么方面，从而确定所要研究的目的。在明确以上几个方面的基础上，使其尽可能地一致和协调，而非简单拼凑；否则就会引起混乱或者没有系统性。同时，必须找到事物之间的本质联系，发现它们的内在规律，从而呈现其真实面目。因此，将本书研究的“内部控制”的概念名称定义为“企业内部控制体系”。

3.2.1　企业内部控制体系的概念

许多专家学者认为，理论是由一系列相互联系的概念构成的（张曙光，1996；葛家澍，2006；王化成，2006；杨清香，2010）。即概念是构成理论的基本素材，理论是由概念构成的体系。任何一个概念的确定都必须对其定义的对象内涵和外延做出明确的界定，其中，内涵是要明确定义对象区别于同类的基本属性，即“种差”；外延是要确定定义对象所属的类，即“邻近属”（杨雄胜，2011）。马克思主义的认识论告诉我们，理论来源于社会实践，是对社会实践活动的概括和总结。因此，构建内部控制的框架或基本理论结构要以内部控制的实践活动为出发点或客观基础。把感性认识上升到理性认识，才能揭示出内部控制的本质属性和发展规律，进而才能从内部控制实践中抽象出系列概念，以构建内部控制的概念结构。

带着上面对内部控制概念构建的思想，我们回顾一下国内外对内部控制概念的理解。通过上文对《企业内部控制整体框架》（1992）和《企业风险管理框架》（2004）中“内部控制”和“风险管理”概念的回顾，可知 COSO 报告所做出的内部控制定义，主要是由主体的各层次实施旨在为实现其主要目标而提供合理保证的过程。此概念的产生更多地是在内部控制实践过程中通过经验总结出来的，是感性认识到理性认识的上升，但是这是一种直接简单的归结（杨雄胜，2011）。同时，COSO 报告内部控制和风险管理给本书进一步研究内部控制提供了研究方向，即企业内部控制体系的构建需要控制主体、控制目标、控制要素等基本要件。Nelson 和 Ratliff（1996）从另一个视角揭示了内部控制的本质，他们认为“内部控制是为正确的事在正确的时间发生提供合理保证”。他们的概念与 COSO 报告相似之处都是提供一个合理保证的过程，但是在一个关键的问题上他给出了较为明确的解释，那就是“合理保证”的事项识别。他们列举了六种情况，内部控制就是要促进第 1 种情况避免后 5 种情况的发生。这六种情况分别是：正确的时间做正确的事；正确的事在错误的时间做；没有正确的事情出现；正确的时间不做合适的事；错误的时间做错事；错误的行为未发生。他们同时把合理保证比喻为企业内部控制的控制闸门，他们是进一步对实践经验的把握，并没有总结和把握内部控制的本质特征。Robert Simons（1999）是从管理信息系统理论的角度来研究内部控制问题，他在《组织设计》一书中提到“内部控制从其基本使命来看主要实现或为实现四大平衡提供合理保证。这四大平衡为：战略与结构、责任制与适应性、阶梯与环形网络、利己主义与使命成功”。杨雄胜（2010）主要是从系统论和管理控制的视角将内部控制定义归纳为：内部控制是个人、组织、社会各层面，运用识别、评估、计量、转化、抗御等专门方法，正确防范并遏制“非我与损我”，主动保护并促进“自我与益我”的系统化制度。其中，防范遏制“非我与损我”和保护促进“自我与益我”是内部控制范畴的内涵；社会化的系统性制度则是内部控制范畴的外延。以上各位学者都把内部控制归结为一种制度或者是过程，但是有的学者认为他是一种职能，如白华（2012）认为内部控制不是制度，而是职能，是管理职能中的控制职能。

通过上述分析，内部控制的概念不论是合理保证的过程、控制制度规范还是它仅仅只是管理职能中的控制职能。内部控制概念不是人们的主观臆断，而是取决于内部控制实践的一般性质和要素结构（杨清香，2010）。结构是构成事物整体的内在框架，内部控制也就是构成企业经营管理制度的内在控制框架，以这些内在控制框架为基础建立反映企业业务运行规律要求的各种制度便成为具有内部控制特性的企业经营管理制度（朱荣恩，2001）。内部控制概念框架的内容包括内部控制的本质、对象、主体、目标、方法、规范和环境等理论要素（杨清香，2010）。内部控制的本质是一种持续均衡利益关系的契约装置，也就是实现企业内部各个控制主体之间专业化结果的交换收益的一种使其财富最大化的契约安排（林钟高，2007）。因此，构建企业内部控制体系的逻辑起点就是内部控制本质认识。结合利益相关者理论，确定“企业内部控制体系”的概念范畴。

第一，企业内部控制体系的本质。本书认为企业内部控制体系是应对企业所面临的风险，包括治理层面、管理层面以及业务层面等等。从利益相关者理论角度寻找产生这种不确定的根源，即利益相关者收益的不确定性和利益相关者之间关系的不确定性，从而实现企业内部控制体系在企业中正常有效地运行。

第二，企业内部控制体系的客体。企业内部控制体系的控制范围是什么？控制对象是什么？本书会从企业边界入手展开研究，以确定企业内部控制体系的控制范围。企业内部控制的客体不仅仅只是客观的事物，还应包括企业内部的人；同时，控制还应贯穿在整个企业的生命周期，并且是可持续发展的（刘玉廷等，2010）。因此，将企业的边界横向延伸和纵向提升到利益相关者层面，从而形成以实现物、人、空间和时间的四维控制格局。

第三，企业内部控制体系的主体。企业内部控制体系由谁主导？控制主体应该是那些谁受益谁承担风险的群体或个人。本书将不仅仅局限在股东、董事会、经理人这些主要的利益相关者，而是拓展到全部的利益相关者层面来分析企业内部控制体系的主体问题。但是需要指出的是，并非所有的利益相关者都是企业的控制主体，由于企业的差异，会导致企业控制主体千差万别。本书将借助王竹泉教授（2012）利益相关者理论和集体选择理论确定企业的控制主体，企业控制主体也是企业目标的决定者。

第四，企业内部控制体系的目标。目标导向还是风险导向？企业内部控制体系的控制目标要与企业目标相一致，从这个出发点来确定企业内部控制体系的目标。同时，企业内部控制体系的目标还应该是有层次性、有针对性和动态变化的。如战略发展目标是由治理层决定的；财务信息可靠性目标、经营效率效果目标和合规性目标都是由管理层决定的。因此，控制目标不仅要符合控制主体收益意愿，还要满足他们其他意愿，如休闲、资金安全性等等。

第五，企业内部控制体系的方法。如何使企业内部控制体系在企业中正常地运行？在企业内部控制体系运行中，不同的控制对象要采取不同的控制方法。应结合经济学、管理学、审计学、会计学、公共管理学等理论运用到企业内部控制体系的控制方法中。

第六，企业内部控制体系的环境。企业在何种情况下运行企业内部控制体系？内部控制环境问题也是保证企业内部控制体系得以正常运行的重要条件。既要考虑到企业内部环境，又要考虑到企业外部环境；既要考虑到企业的物质环境，又要考虑到企业人文环境；最为关键的是不仅要考虑到内部控制这个“硬控制”，还要考虑到企业文化这个“软控制”对企业内部控制体系的辅助作用。同时，企业内部控制体系的构建还不能脱离国家的相关法律法规、企业内外部的各种规则规范。

将利益相关者思想融入到企业内部控制和风险管理之中，得出企业内部控制体系的概念是由企业的内部利益相关者及其代理人实施的，旨在合理保证实现以下基本目标的按企业分类控制管理的控制体系：企业价值的最大化和企业利益相关者关系的最优化（赵爽，2010）。基于内部控制概念的六个要件、内部控制和风险管理整合与利益相关者理论结合，并借鉴以前的研究成果，进一步完善企业内部控制体系的概念。现将企业内部控制体系概念描述为“企业内部控制体系是一个动态管理过程，它是由一个或多个控制主体即企业所有者或其代理人实施的，将企业结构控制和企业文化控制应用于企业内部控制边界内，旨在识别可能会影响控制主体的潜在风险事项，将风险控制在该控制主体的风险容量之内，并为以下控制主体目标的实现提供合理保证：企业所有者利益最大化和企业所有者与其他利益相关者关系最优化。”

3.2.2　企业内部控制体系功能定位

“企业内部控制体系”概念的确定为今后企业内部控制体系的系统研究提供了内涵和范围。企业内部控制体系是一个风险管理的过程，它的理论前提是利益相关者理论，即企业内部控制体系的控制主体有可能是营利组织的股东、债权人、管理者、员工等利益相关者，也有可能是非营利组织或者是政府等，但是，他们的目的都是统一的即该组织都是为他的利益相关者提供价值。本书仍然是以目标为导向的企业内部控制体系，企业控制主体决定着企业目标，从而追求收益与风险的对等化，最大限度地实现资源高效率和有效的配置，以达到企业价值最大化的目的。因此，本书所构建的企业内部控制体系的功能定位包括：

（1）企业内部控制体系是一个动态过程。企业内部控制体系并不是静止不动的，它是在控制主体的支配下并渗透于每个主体的各个活动持续的、反复的相互影响之中。同时，由于每个企业控制主体的差异，导致其企业内部控制体系也存在差异。不是仅局限在股东视角，而是将控制主体拓展到利益相关者范围，控制主体的改变导致了企业内部控制横向边界的拓展；同时，企业内部控制结构的提升确定了企业内部控制体系的纵向边界达到治理层面。因此，企业内部控制体系的动态过程不仅体现在控制内容的动态变化，还体现在控制主体的动态调整。

（2）企业内部控制体系构建是有选择性的，而非所有的企业利益相关者都将划入到企业内部控制体系进行研究。自从利益相关者理论问世以来，有关这方面的研究不胜枚举。不论是广义的利益相关者还是狭义的利益相关者，综合国内外的文献，可将其列示如下：顾客、供应商、战略合作伙伴、管理人员、员工、竞争者、股东、政府、债权人、自然环境、行业专家、行业协会、媒体、广告公司、市场研究和策划公司、社会公众、相关社团、科研及教育机构、社会活动家、宗教团体等等。以上列示的利益相关者就有 20 多种，若按照每个利益相关者对企业进行分类，那么就要构建 20 多种企业内部控制体系。这是一个非常繁琐的、费力的大工程。同时，并非所有的利益相关者都有研究企业内部控制体系的价值，因此，本书就选择那些关键性的、重要的、主要的能成为企业控制主体的利益相关者构建企业内部控制体系。

（3）企业内部控制体系的风险控制有明确的风险容量。风险容量是一个主体在追求价值的过程中所愿意承受的广泛意义的风险数量。风险容量反映了控制主体的风险意识和经营风格。风险容量是通过定量或定性的分析以平衡收益和风险目标。风险容量要与企业的战略目标相协调，还要与企业的其他控制目标相协调。它指导着资源的配置，根据控制主体的风险容量和具体事项实现的投入资源和期望报酬而制定的计划。在风险容量的基础上再确定风险容限，即与控制目标相比控制主体所能接受的偏离程度，要与风险容量和控制目标相一致。因此，风险容量、风险容限和控制目标之间是相互影响、相互协调的关系。

（4）企业内部控制体系是控制的一般原则和基本框架，而不是某种具体的操作模式。同时需要指出的是，企业内部控制体系是一个开放性的人造系统，由于企业边界的不同，造成了企业控制模式存在着多样性。也就是企业内部控制体系并不是一个固定不变的结构，它是随着控制主体的变化而发生变化的（赵爽，2010）。企业内部控制体系不同于控制制度、控制模式和控制框架。本书的控制体系并不是内部控制制度的简单罗列；也非企业内部控制具体模式的具体应用；亦非控制框架中控制要素的简单构成；而是由基本控制要素和具体控制要素通过逻辑关系有结构、有层次架构而成的。企业内部控制体系应考虑到企业组织的各个层级活动，如从目标构成来看，企业层面确定企业目标、治理层面应确定战略目标、管理层面确定企业的战术目标经营目标、报告目标和合规目标，具体业务层面则是具体业务目标。同时，企业内部控制体系还应考虑哪些特殊的项目或者是在主体控制的各个层面没有明确位置的新的事项或活动。

由此可见，企业内部控制体系是一个动态的、由控制主体实施的、控制要素构成的、贯穿于整个企业的、在风险容量范围内的、实现控制目标的、提供合理保证的一般原则和基本框架。世界上没有固定统一的内部控制模式，也没有最佳模式，任何国家、任何企业，尤其是处于经济转轨的国家或企业，要建立和完善有效的企业内部控制体系，决不能完全照搬任何一种内部控制模式，而是应在深入研究公司治理理论、利益相关者理论和内部控制理论的基础上，全面考察和比较研究各种内部控制模式的差异性和同一性、有效性和适应性的基础上，合理地选择和创新与本国国情、本企业的实际情况相适应的企业内部控制体系。本书将首先从企业的控制边界研究出发，以实现企业内部控制边界纵向延伸和横向拓展到利益相关者层面；其次，就是要构建企业内部控制体系的基本框架是由两个基本控制要素和13个具体控制要素所构成的，将这些散落的企业内部控制要素整合，从而形成了一个目标明确、主体清晰、控制要素健全以及要素之间有机联系的企业控制框架体系。

3.3 本章小结

本章是从风险管理和内部控制关系的争论回顾入手，将二者之间的关系进行了深度剖析以寻找异同点，并在此基础上与利益相关者理论相结合从而构建企业内部控制体系的概念。

企业风险管理和内部控制异同点主要体现在：风险管理过程由于涵盖了企业治理层或者说企业运营的最终风险承担者及受益人；同时，在分配和履行方面，内部控制的责任归属管理层，治理层主要负责监督作用；而企业风险管理的责任归属更多的是治理层，最终风险由投资人和利益相关者承担。风险管理决策是确定内部控制重点的依据，而一个强有力的内部控制是实现有效风险管理的基础，内部控制的动力来自企业对风险的认识和管理，内部控制属于企业的管理范畴而风险管理则属于企业的治理范畴。因此，本书认为内部控制与风险管理具有内在的一致性。内部控制和风险管理整合一体，融入利益相关者理论的思想，构建一个区别于内部控制和风险管理的新的风险控制体系，本书命名为“企业内部控制体系”。该体系不仅仅只是内部控制、风险管理和利益相关者简单拼凑，而是整体框架的融合和构建。首先，

“企业内部控制体系”不同于原有的内部控制。基于以上分析我们发现，内部控制主要是管理层的责任，对具体业务的控制过程，它是零散地分布在企业的具体管理过程之中。其次，风险管理更多地是提供了一个思想，一个风险组合和整体风险管理相结合的新观念。它与公司治理结构相结合，明确了治理层在风险管理中的地位，使治理层与管理层有机地结合起来。

因此，本书的企业内部控制体系的概念描述为“企业内部控制体系是一个动态管理过程，它是由一个或多个控制主体即企业所有者或其代理人实施的，将企业结构控制和企业文化控制应用于企业内部控制边界内，旨在识别可能会影响控制主体的潜在风险事项，将风险控制在该控制主体的风险容量之内，并为以下控制主体目标的实现提供合理保证：企业所有者利益最大化和企业所有者与其他利益相关者关系最优化。”同时，将企业内部控制体系定位在一个动态的、由控制主体实施的、控制要素构成的、贯穿于整个企业的、在风险容量范围内的、实现控制目标的、提供合理保证的一般原则和基本框架。同时，世界上没有固定统一的内部控制模式，也没有最佳模式，任何国家、任何企业，尤其是处于经济转轨的国家或企业，要建立和完善有效的企业内部控制体系，决不能完全照搬任何一种内部控制模式，而是应在深入研究公司治理理论、利益相关者理论和内部控制理论，全面考察和比较研究各种内部控制模式的差异性和同一性、有效性和适应性的基础上，合理地选择和创新与本国国情、本企业的实际情况相适应的内部控制体系。

第4章 企业内部控制体系的控制边界研究

随着国内外一些内部控制失效事件先后发生，内部控制在企业防范舞弊、资产保全和控制风险等方面的作用越来越重要。但是，随着研究的深入，内部控制的控制边界和范围引起国内外学者的广泛关注，其中“内部控制”、“内部审计”、“公司治理”和“风险管理”四者的关系研究最为典型。审计学视角的内部控制以保证财务报告的可靠性为目标，其内容限于岗位分工、账目核对、业务标准化控制和程序控制；管理学则以提高组织的效率和效果为依据，认为内部控制应包括业务标准化控制、程序控制、观念控制、决策机制和激励约束机制；经济学则以降低代理成本为目标并以代理理论为基础，认为内部控制包括决策机制、激励约束机制、权力制衡机制等。对于企业内部控制体系的边界都有所涉及，但是其界限不是很清晰，由于所涉及的领域不同，其研究内部控制的目的也不尽相同。从控制理论看，控制至少包含控制主体、控制客体和控制关系三个部分。一个组织的内部控制是指组织内的控制主体和控制客体之间发生的一系列控制关系而形成的制度安排（潘爱玲、吴有红，2005）。因此，要构建利益相关者视角的企业内部控制体系，首先要弄清楚企业内部控制体系的主体、客体及控制关系，从而界定企业内部控制体系的控制范围，即内部控制边界。

4.1　企业内部控制边界

从审计学、管理学和经济学视角分析，内部控制边界并没有一个明显的界限，而是相互交叉、相互依存，将原本就是一个相互融合的风险管理整体框架拆分开来。到底哪一个才是企业内部控制体系真正的边界？本书将以企业本质作为切入点，在研究企业边界的基础上来确定企业内部控制边界。

4.1.1　企业边界

企业边界是企业理论研究的基本问题，也是确定企业内部控制边界的必要前提。二者到底是何种关系，是否企业内部控制边界就是企业边界？1937 年，科斯在《企业的性质》一文中，提出了对新古典经济学企业理论的质疑：他不同意新古典经济学的企业理论有关价格决定生产。随着企业社会化分工导致的企业不断扩张，企业家能力逐渐代替了市场价格这个决定因素。假若企业的生产是由价格决定的，企业这个组织就会逐渐消失，导致他认为现实与新古典经济学的企业理论不相符。从此以后，对于企业边界的研究呈现百家争鸣、百花齐放的局面。

（1）企业边界基础理论——交易成本观。新制度经济学之交易费用学派的研究者从市场交易费用的角度研究企业的边界。科斯开创性地把交易费用的思想融入到企业理论的研究之中，基于交易费用的企业边界理论成为科斯思想的代名词。

首先，交易费用是决定企业边界的主要原因。科斯先后在《企业的性质》（1937）和《社会成本问题》（1960）中将企业交易费用和产权理论结合起来，论述了产权明晰和交易费用对企业边界的影响。科斯的第二定理与企业边界却是有关的。科斯第二定理：如果市场中的交易费用不为零，财产权赋予谁，都会影响资源配置的最后结果。在这种情况下，合法权利的初始界定会对经济制度运行效率产生影响。权利安排会比其他任何安排产生更多的产值，但除非这是法律制度确认的权利安排，否则，通过转移和合并权利达到同样后果的市场费用就会非常之高，以至于最佳的权力安排以及由此带来的更高产值也许永远也不会实现。虽然科斯在定理中没有直接阐明企业边界的问题，但是在描述中说明了交易费用和产权安排是决定企业边界产生的重要因素。当企业管理成本大于市场交易成本时，资源配置将会在企业内部实现，但当企业规模持续扩大时，管理层次的增加就会导致管理运营成本的增加，进而限制了企业边界的拓展（杨娥，2009）。德姆赛茨（1964）在《产权的交换与实现》一文中提出了产权的维权费用，他认为即使产权明晰，如果维护产权的费用大于其收益，资源的所有者也会放弃其资源，从社会的角度来看就会造成资源利用的浪费。“维权费用”一定会影响到企业边界的形成，如果某些资源在市场中的维权费用高于其在企业内部的维权费用，则有利于企业的出现；如果某些资源的维权费用低于其在企业内部的维权费用，则不利于企业的出现；如果某些资源在市场中的维权费用等于其在企业内部的维权费用，则重点计算交易费用。德姆赛茨（1967）和阿尔钦（1978）分别阐述了产权的出现和分解，他们认为，产权是一组权利束，包括独占权、使用权、收益权和转让权，并且产权束都可以分解和交易。因此，产权性质的差异可以导致企业和企业边界的变化。

其次，不完全契约理论是企业边界扩大或缩小的原因。科斯（1937）认为如果签订一个较长期的契约以替代若干短期契约，由此签订每一个契约的部分费用就将被节省下来。从避免风险的角度来看，他们可能宁愿签订长期契约而不是短期契约。同时，威廉姆森（1979）提出的永久性契约形成的两难困境是：为了防止独立的各方当事人从对自己有利的角度来解释契约的模糊之处，就必须对各种意外的供给关系做出详尽无遗的规定。否则，各种分歧就只能通过无休止的争论乃至最终通过诉讼才能解决。即使假定详尽无遗的规定是可行的话，它的代价也是高昂的。此契约形式的交易费用比较高并充满着不确定性。由于长期契约的不完备性（威廉姆森，1971），即契约签订时不可能预料以后发生的各种偶然情况，当意料之外的情况发生时，谈判的交易成本可能因为可占用性准租金而上升。而一个最极端的例子就是企业的纵向一体化，此时企业边界达到了最大。一体化的优势是能协调利益（常常用命令解决分歧）和能运用有效（适应性的和连续性的）决策程序，而契约的缺点是缔约各方之间利益的分歧可能导致各自的机会主义行为和共同的损失。因此，在假设企业的管理成本不变时，市场的不同契约都会增加交易成本，结果是企业的边界不断地扩大。拥有不同资源专用性的企业边界不会相同；产权的性质不同会导致不同的控制体系。

（2）企业边界基础理论——管理费用理论。新制度经济学之代理理论学派的研究者从管理成本的角度研究企业的边界。按照科斯（1937）的理论，企业的边界是由市场的交易费用和企业内部的管理费用的比较决定的，之前交易费用理论的研究中都是假定管理费用是不变的。现在假设交易费用不变，利用代理理论和企业内部管理费用视角来研究企业边界。

监督费用是企业边界的影响因素。阿尔钦和德姆赛茨（1972）在《生产、信息成本和组织》一文中对企业管理成本做了独特性的阐述。他们指出，为了防止偷懒者出现以降低组织效率，引入了监督者。寻求增加生产力的其他团队成员不仅赋予监督者剩余索取权，而且赋予了它改变该团队的个体成员资格和行为的权力。此时，监督者是企业的管理者同时也是剩余索取权的拥有者，最重要的还是中心签约者。企业边界是否扩大取决于监督者是否拥有剩余索取权和监督费用之间的对比。企业的监督者为了获得更多的企业剩余索取权会不断地扩大企业规模，但是受到其专业检测能力的限制，企业监督者会在剩余索取权和监督费用二者之间进行权衡。阿尔钦和德姆塞茨认为，公司是通过向那些（作为债权人或所有者）提供金融资本的群体出售未来回报的承诺以获得资源的组织。如果许多（厌恶风险的）投资者只对一个大的投资贡献拥有较小的份额，就可以便宜地获得资本。为了应付由公司的众多股东利润分成引起的偷懒问题，较有效的控制是通过在大多数场合将决策权转交给一个小群体来实现的，其功能是与该团队的其他投入者谈判并管理他们（与他们反复谈判）。公司股东保留变更管理集团成员资格，即对类似影响公司结构或公司解散的重大决策权和自由的进入和撤出权。同时，监督管理者的偷懒也受到企业内部和外部竞争的压力，因为股份投票权临时结成一个或几个竞争者所拥有的投票集团，就会更容易对企业监督管者进行操控。通过股权的分散，剩余索取权的拥有者及以前的监督者退出企业，在企业外监督管理者，导致所有权和经营权分离。尽管监督成本上升带来很多问题，但企业扩大了规模，降低了产品的成本，有利于竞争和企业的生存。

代理理论对企业边界的影响。米歇尔·詹森和威廉姆·梅克林（1976）发表了《企业理论：管理者行为、代理费用与产权结构》一文，用代理理论解释了股份制企业的企业边界，开启了用代理理论研究企业的先河。他们认为，契约性关系是企业的基础，不仅存在与雇员的合约，还有与供应商、消费者、债权人等的合约，所有这些合约都存在代理费用和监督问题。企业欲扩大规模，必须进行融资，企业拥有剩余索取权的人数必然增加。如果拥有剩余索取权的主人都在企业内部进行管理，势必导致不负责任和混乱。最好的解决办法就是，拥有剩余索取权的人雇佣职业经理人管理企业，代价是必须考虑代理成本的大小。代理人的决策与追求委托人最大化的决策之间将存在一些偏差，即委托人将遭受与福利减少相等的货币损失，也是代理关系的一种成本，称之为“剩余损失”。因此，拥有企业剩余索取权的人在聘请代理人后，其获得的收入减去代理成本而取得的净收益大于企业在古典企业模式的剩余，就会导致企业边界扩大。

企业的内部竞争和外部竞争都会导致企业边界的变化。阿尔钦（1978）研究了企业内部的竞争，股份制企业的管理成本可以降低，企业的规模可以扩大。他分别从管理者的市场价值和管理者的内部竞争力角度来分析企业的内部竞争对企业边界的影响。Fama（1980）研究了企业的外部竞争，他认为企业是生产要素间的一系列契约（阿尔钦和德姆塞茨，1972；詹森和威廉姆·梅克林，1976），但资本所有权与企业所有权是不同的两个概念。如果融资市场比较完善的话，资本的所有者可能不止一个企业所有者，而是很多企业所有者。与此同时，他还提出外部知识拥有者能够有效监督企业内部管理者，降低了管理者内部相互勾结的机会。他们的理论都说明了股份制企业的生命力之所以长久，除了外部的有效监督外，内部监督制度的设计也尤为重要。

管理者之间的竞争将有利于外部股东的利益。董事会是为了约束最高管理者而设计的一种制度，它促使最高管理者之间竞争，而这种竞争主要是由于最高管理者受到企业绩效市场信号的影响。

（3）企业有形边界研究。曾楚宏和林丹明（2005）认为，由有形资源如土地、劳动、资本等所确定的企业边界，是一种显性的企业边界表现形式，被认为是企业边界的第一重属性。从上述企业边界的基础理论分析可见，不论是交易成本观还是管理费用观对企业边界的分析，一般都是对企业有形边界的界定。企业的有形边界可以划分为纵向边界和横向边界。首先，企业的纵向边界是价值链的各个环节在企业内部开展的活动集合（孙永斌，2010）。科斯（1937）和威廉姆斯（1985）都提到了，企业的纵向边界主要面临的是“制造”还是“购买”的决策行为，也就是说，外部生产成本和交易成本两者的比较，是外部生产还是企业内部加工。当从市场购买的成本大于内部制造的成本时，企业就会进行纵向一体化以达到内部生产的目的，此时企业的纵向边界趋于扩大；反之，如果外部购买的成本小于内部生产的成本，则企业会放弃内部生产转而从市场中购买，此时企业的边界趋于缩小。有形边界的纵向延伸是有限的，因为企业上下游的拓展受到生产条件和需求条件的限制，导致企业的纵向一体化受到限制。其次，企业的横向边界是指其所生产产品的数量和种类。当企业规模小于市场规模时，企业将以利润最大化为原则，选择最佳产品种类和生产数量（刘凤芹、谢适汀，2005）。因此，在其他条件不变的情况下，总会存在一个能够使企业的效率最高或平均成本最低的生产数量和产品种类，即所谓的规模经济（Economies of Scale）和范围经济（Economies of Scope），它们决定了企业的最优横向边界（曾楚宏、林丹明，2005）。同样，企业横向边界的拓展也是有限的，受到生产技术和管理能力的限制，企业产品的种类和数量不可能无限增加。

（4）企业能力边界研究。企业能力边界被称为企业边界的第二重属性，是由无形资源如知识，特别是隐性知识所确定的能力边界。此时，企业边界不再是指物质边界，而是指能力边界，企业边界的大小取决于自身核心能力的强弱（李海舰、原磊，2005）。企业所能够开展的活动以及可以达到的规模是由其拥有的核心能力决定的。无论是交易费用理论对纵向边界的分析还是新古典经济学理论对横向边界的分析，都有一个共同的前提假设，那就是企业开展的活动没有超越其能力范围（曾楚宏、林丹明，2005）。与科斯的企业边界理论相比，科斯企业边界理论主要集中在企业成本的研究而非企业收益方面对企业边界的影响。具体而言，科斯及其追逐者注重的是市场的变化，交易成本的变化，而忽视了企业内部管理成本和企业收益的变化。因此，仅用科斯的交易成本理论和詹森、梅克林的管理费用理论无法有效地解释企业边界的日益增加的多样性问题即不能解释具有核心能力的异质性企业的边界扩大和稳定性问题（曾楚宏、林丹明，2005；王洋，2009）。能力规模的扩大主要涉及以下领域：

首先，企业战略对企业边界的影响。迈克尔·波特于 1979 年在《哈佛商业评论》上发表了《竞争力量如何塑造企业的战略》一文，他认为战略形成的本质就是成功应对竞争。竞争促进企业制定战略，而企业战略的实施和成功是企业异质性出现的一个重要因素（王洋，2009）。波特是在不完全竞争市场下通过分析激烈的竞争因素（进入者的威胁；供方的议价能力；买方的议价能力；替代产品或服务的威胁；产业中现有的竞争者之间的竞争），得出如果制定企业战略并成功实施的企业有可能扩大企业的边界。安著斯（Kennrth R. Andrews）在 1980 年发表的专著《企业战略的概念》中讨论了企业战略的定义、内容、战略的种类、形成、演化以及有关战略的标准。安著斯认为，企业战略是一个企业的决策模式，它主要是确定和制定企业目标、目的和方向以及企业生产的主要方针和为取得这些目标的计划。同时，必须明确企业追求的商业范围、经济种类和人事管理，企业战略就是确定企业竞争的一种方式，这种方式关注资源如何在企业内部进行配置，最终实施企业战略。企业围绕这种战略配置，最终企业决定自己的行业定位和市场定位。制定企业战略不是企业的个人行为，而是企业的组织行为，企业战略模式与企业的结构、行为、文化等方面是密不可分的。为了获取竞争优势，企业战略不应该和其他企业的战略相似或相同，不同的企业制定不同的战略。由此可知，企业的战略决定着企业发展方向，必定导致企业边界的扩张或缩小。

其次，企业知识对企业边界的影响。从知识观点来看，企业是一个有独特能力的知识储存体。特别是隐性知识镶嵌在企业中，这种镶嵌更多是社会性的、心理性的或是组织性的，而非技术性的。因此，很难被竞争者模仿、复制及发展其他能力所取代，也无法通过分割后在市场交易而仍然能产生同样的价值（Madhok，1996；刘向阳，2007）。同样，企业的核心能力具有知识专有性，形成核心能力的目的是从知识而不是有形资源的专有中获得经济租金（李志能、尹晨，2001）。企业的核心能力来自于对组织内部知识的整合：复杂的、以团队为基础的生产活动的顺利开展，依赖于组织中的每个员工将其拥有的显性知识和隐性知识进行共享、传递和外化（Grant，1991）。企业与市场上其他企业的能力与知识基础的特点决定了生产活动是否组织于企业边界之内（Madhok，1996；曾楚宏、林丹明，2005）。如果企业内部不同的个体知识形成的企业生产价值比通过市场交易实现的价值高，那么，生产应在企业内部实现；反之，则应外包利用市场中的知识资源。因此，企业的核心能力决定了企业的生产可能性边界，从而决定了企业的最优规模边界。

综上所述，企业边界理论都是在企业理论的指导和支持下展开的，无论是交易成本观的企业边界理论还是管理成本观的企业边界理论，无论是企业的规模边界还是企业的能力边界，基本都是对企业经营边界分析和研究（王竹泉、杜媛，2012）。企业的生产要素理论、不完全契约理论和资产专用性等理论虽然探讨了企业所有权边界，并推动了公司治理研究的兴起和发展，但是忽视了对企业经营边界的考察。在知识经济和网络经济时代，企业的经营边界正在由传统有形的边界向无形的边界延伸，边际成本递减、边际收益递增，此时边际成本曲线和边际收益曲线无法相交于一点，企业进入无边界的时代。那么，这种趋于无边界的企业边界条件下，企业内部控制边界应如何界定呢？

4.1.2　企业内部控制边界与企业边界的关系

从以上对企业边界的分析可以发现，企业边界的研究视角不同，导致企业边界的划分也不尽相同。有的是从社会心理系统的角度研究企业心理边界（郭金山、芮明杰，2004）；有的是从企业间网络的角度探讨企业效率边界（杨瑞龙等，2003）；有的是从信息技术的角度，认为边际成本递减、边际收益递增，边际成本曲线和边际收益曲线无法相交，因此企业规模会趋向无穷，企业是无边界的（李海舰等，2005）；有的是从企业特征的角度来研究企业边界的变化（曾楚宏等，2004）；有的是从企业边界的不稳定性来研究，认为企业的边界是动态变化的（罗珉，2004）。企业边界分类也是五花八门，都根据自身研究领域的需求将其划分为企业的外部边界、地理边界、垂直边界、水平边界、规模边界（有形边界）和能力边界（无形边界）等等（梅伟霞，2006)。那么，企业内部控制边界应根据哪个企业边界的界定和划分来确定呢?

(1) 企业内部控制边界是由企业边界所决定的。企业的性质决定企业边界，企业边界又是企业内部控制实施的边界依据。根据科斯提出的交易成本理论，企业的边界定义为企业的经营边界。契约边界之内的契约是企业契约，具有相对的长期性、不完备性和要素投入性；边界之外是市场契约，具有相对的短期性、完备性和中间产品投入性。边界就是在企业契约的边际净收益(受组织费用的影响) 与市场契约的边际净收益 (受市场交易费用的影响) 的均衡点上 (吴炯、胡培、任志安，2002)。企业的边界可从财产边界、组织边界和法人边界等不同角度进行界定，内部控制的边界也可以从内部控制的主体边界、客体边界及组织边界等角度进行界定 (刘霄仑，2010)。因此，企业边界是内部控制边界的界定基础。

(2) 企业内部控制边界是利益相关者集体选择的结果。王竹泉等 (2012) 认为企业的经营边界取决于企业内部组织交易成本和市场交易成本的比较，然而，企业的边界应由企业的所有权边界来确定，企业的所有权边界是由利益相关者集体选择的结果。企业的形成经历了两次利益相关者的集体选择：第一层次集体选择决定了企业所有权的主体边界，第二层次的集体选择决定企业所有权的行为边界，两者共同决定了企业的所有权边界。企业的所有权边界只是确定了一个企业的归属，明确了企业设立的意图或企业目标，赋予了企业初始的自有资本。而企业要实现其目标，还必须以自有资本为条件开展经营活动。经营活动不仅指企业所从事的产品生产或提供服务等活动，而更为广义的是一切为企业所有者创造价值的活动，包括投资活动和筹资活动。经营活动的目标就是为企业的所有者创造价值，或实现所有者投入资本的价值增值。因此，利益相关者在与企业主体的集体选择中与企业发生着各种交易，同时也签订着各种形式的契约。那些与企业进行交易的主体是没有参与企业契约的利益相关者（即企业的一般交易者），这体现为企业与交易伙伴之间所签订的各种交易契约。不同的交易主体和交易契约实质上对应着不同的商业模式，交易契约的边界事实上构成了企业的经营边界（或企业与市场的边界）。由此可知，企业内部控制边界是利益相关者集体选择的结果，参与企业契约签订成为企业所有者决定企业边界，其他利益相关者签订交易契约构成企业经营边界。

由此可知，企业内部控制体系的控制边界需要在风险管理框架控制边界的基础上对企业内部控制边界进行纵向延伸和横向拓展，使企业内部控制体系的控制边界与企业所有权边界和经营边界相匹配，才能真正实现有效控制。本书打破原有的企业内部控制边界，从利益相关者视角对企业内部控制体系的控制边界进行整合。

4.2　企业内部控制体系的纵向整合

4.2.1　传统理论对内部控制、管理控制与公司治理的划分

随着组织的演化、管理的变革以及审计和内部控制的不断互动与耦合，企业内部控制体系的研究已经远远超出了审计领域，与公司治理结构相结合，并开始跨入利益相关者理论的研究框架，成为相关理论研究的热点问题。内部控制、管理控制和公司治理分别是基于会计审计学领域、管理学领域和经济学领域有关企业控制的研究。由于它们的理论基础不同，从而导致了它们的

研究目标、研究范围、研究主体以及相应结论也就存在差异。为了确定企业内部控制体系纵向边界，首先要将内部控制（风险管理）、管理控制和公司治理的企业内部控制边界进行整合。

（1）公司治理的传统边界研究。公司治理或公司治理结构更多在经济学领域应用。公司治理是指所有者（主要是股东）对经营者的一种监督与制衡机制。即通过一种制度安排，来合理地配置所有者与经营者之间的权利与责任关系。其主要特点是通过股东大会、董事会、监事会及管理层所构成的公司治理结构的内部治理（吴敬琏，1994）。张维迎（1995）认为有关企业董事会的功能、结构、股东权力等方面的制度安排是狭义的公司治理结构。事实上，广义的公司治理结构更有研究价值，即有关公司控制权和剩余权分配的一整套法律、文化和制度性安排，这些安排决定了企业的目标，由谁来实施控制，如何控制，风险和收益如何在不同企业成员之间分配等一系列问题（Blair，1995）。公司治理的治理边界是公司治理的对象和范围，是对公司治理客体的界定。李维安（1999）从企业集团的视角来研究企业治理的边界问题，相对于企业集团的各个子公司或者独立公司，企业的治理边界和法人边界是一致的，但是，企业集团的治理边界超越了企业的法人边界。企业集团的治理边界是基于控制权的边界，它体现了完全的说明责任，集团治理外边界是基于发言权的边界，它体现了有限责任。从对公司治理分析来看，公司治理和内部控制在某些方面具有一定的相似性，但是公司治理将股东引入控制范围，扩大了内部控制仅局限于企业董事会，经理阶层和其他员工的层面，对于本书有关企业内部控制体系的研究提供了理论支持。公司治理与股东所有权有着内在的联系，股东所有权的存在并不意味着公司治理的必要性。事实上，只有当股东所有权面临威胁的时候，才需要借助某些制度或手段来保护股东所有者的权利，公司才需要治理（郝云宏，2012）。公司治理的边界不同于企业经营边界和法律边界，他不可能逃脱契约边界（一个既包括企业契约，又包括交易契约的契约边界）。公司治理的边界一方面位于企业契约之内是企业内部契约的签订者即内部治理者，一方面位于企业契约之外构成外部治理者（吴炯、胡培、任志安，2002）。有的学者认为企业价值是公司治理和战略管理的最终结点。公司治理的主要目的是寻求一种保证战略决策有效性的方式，也是针对所有者和经营者之间可能出现的利益冲突而建立的一种秩序和规则，因而企业价值的提升在公司治理作为战略制定和执行的主导因素中起到决定性作用（Michael A. Hitt，2000；周新军，2007）。

因此，公司治理边界与经营边界、法律边界不是包含与被包含的关系，它与企业边界也不完全重合。公司治理边界与企业最优治理结构是相统一的，也就是企业最优治理结构所对应的企业治理范围即为公司治理边界。

（2）管理控制的传统边界研究。从公司治理的角度来看管理控制的边界。相对于公司治理，企业的管理控制活动出现的要早很多。将企业的治理边界确定在企业的最优治理结构范围内，那么，企业管理控制的边界又在哪里？特里克（R. I. Tricker）认为，企业管理控制边界与企业边界一致，凡是企业管理涉及企业边界内的所有业务活动，如生产、开发、人事、营销、融资等等，从这个定义中可以发现企业的管理控制边界和企业治理边界有部分重合，也即为企业边界内的内部治理活动与企业管理控制活动重合，企业边界外的治理活动仍为公司治理边界内的范畴。同时，肯尼斯·代顿（Kenneth N. Dayton）进一步确认了公司治理和管理控制二者的融合性，他认为公司治理和管理控制是一个硬币的两面，它们之间相互依存，谁也不能脱离谁而存在，但它们之间又是完全对立的。公司治理指的是董事会用来监管管理层的过程、结构和联系，而管理控制则是管理人员确定目标以及为实现目标所采取的行动（周新军，2007）。但是从对两者的描述中，似乎公司治理与管理控制二者之间存在着层次性，公司治理的边界较管理控制更加宽泛但又不完全包含。治理与管理是公司内部顶层和顶层之下各级层的关系，治理结构是驾驭管理层之上的组织结构（周新军，2007）。王斌（2011）从跨职能团队的视角，认为科层结构是一种纵向的基于权力及正式控制系统而运行的结构形式，但是外部环境不确定、市场结构尤其是客户结构变化、信息技术应用与发展等等，改变了传统科层组织赖以生存的生态环境，跨职能团队和共享服务中心的出现，是嵌入价值链构建的新型结构形式。由此可见，企业的管理控制活动从过去的“部门”内拓展到了“组织整体”。

从管理控制具体构成来看管理控制边界。管理控制是管理者为了实现组织目标，富于效率和效果地获取和使用资源的过程，是为组织信息的寻找、收集、传输、处理和反馈而设计的系统。目的在于确保组织适应外部环境的变化，并使员工的工作行为根据一系列经营目标（符合组织整体目标）加以衡量，以使二者的差异得以协调和纠正（张相洲，2003）。管理控制是保证企业战略目标和使命能够顺利实现的一套制度和方法，管理控制在大型企业和企业集团的管理体制中具有核心的地位，甚至比组织结构更加重要（张文魁，2003）。与组织结构相匹配的管理控制可分为三大类：官僚式控制、市场式控制和团队式控制。其中，市场式控制是指企业集团由自主权更大、独立性更强的事业部和子公司与母公司所构成的组织结构，它们之间通过类似市场交易、价格、财务核算的方式实现控制。只要利润指标符合要求，上一层级基本上不对下一层级进行过多的指挥和约束（张文魁，

2003）。由此可见，管理控制的渗透性从集团公司的母子公司之间表现的更为明显，但是需要指出的是，管理控制的类型与组织结构并不是简单的一对一的匹配关系，仍然需要符合公司治理机制和公司治理程序。

因此，管理控制边界是包含在企业边界之内，与公司治理边界略有重合。它关注的是如何提高组织的效率和效果企业以及边界内的管理活动。它是由各级管理层所实施的，而非治理层。

（3）内部控制的传统边界研究。1992 年“内部控制——整体框架”研究报告指出“内部控制是由企业董事会，经理阶层和其他员工实施的，为营运的效率效果、财务报告的可靠性、相关法令的遵循性等特定目标的达成而提供合理保证的过程。”2004 年“风险管理整合框架”认为：“企业风险管理是一个过程，它由一个主体的董事会、管理当局和其他人员实施，应用于战略制定并贯穿于企业之中，旨在识别可能会影响主体的潜在事项，管理风险以使其在该主体的风险容量之内，并为主体目标的实现提供合体保证。”与美国 COSO 报告相比，我国 2008 年发布的《内部控制基本规范》在内部控制的目标和范围上又有所拓展，“内部控制，是由企业董事会、监事会、经理层和全体员工实施的、旨在实现控制目标的过程。内部控制的目标是合理保证企业经营管理合法合规、资产安全、财务报告及相关信息真实完整，提高经营效率和效果，促进企业实现发展战略。”从内部控制的定义中可以看出，内部控制的控制边界主要还是在企业边界之内，甚至从内部控制的组织边界来看，内部控制的边界也即企业的组织边界，因为内部控制就是对企业组织内部的固有风险的管理（刘霄仑，2010）。

从内部控制的客体边界来看，内部控制的客体也即内部控制的对象，包括人、财、物及其在经营过程中基于相关法律法规和契约关系所形成的一系列组合关系和组合形式。具体而言，内部控制的主要目标是为了防止组织内部的错误和舞弊，保护资产的安全完整以及保证会计信息的可靠性；着眼点在于岗位分工和业务流程及其记录上的交叉检查或交叉控制，具体包括交易授权、不相容职务的分离、凭证与记录控制、资产接触与记录使用、独立稽核等，并通过人员配备和职责划分、业务流程、账簿系统等来完成。

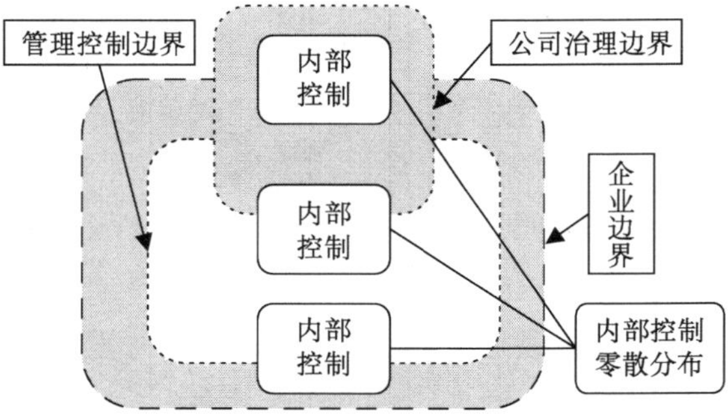

图4－1　传统理论下公司治理、内部控制和管理控制的关系图

资料来源：作者整理。

综上所述，在传统理论下三种观点的内部控制边界并没有一个明显的界限，而是相互交叉、相互依存，原本就是一个相互融合的整体框架（如图4－1所示）。公司治理是最根本的内部控制，内部控制系统舍掉公司治理结构如同摩天大楼没了地基，它位于传统企业边界的内外，分为内部治理和外部治理。公司治理与管理控制之间不存在边界问题，公司治理结构本质上是一种现代企业的组织管理制度，是科学管理的一种模式；管理控制是治理结构这一权力配置结构的日常运行机制和具体实现形式之一，公司治理结构是公司的资金提供者确保他们将获得投资收益的一种安排方式（Andrei Shleifer 和 Robert W. Vishny，1997）。两者之间存在交叉重合的部分，但目前仍位于企业边界内。随着管理控制系统的逐步完善，管理控制边界在逐渐扩大，有突破企业边界的趋势。传统理论的内部控制，分散在企业经营运作的各个环节，呈现的是分散分布状态。企业内部控制中所谓的“内部”从企业组建和建立法人治理结构开始，延伸至产品走向市场后的售后服务与市场调研，有时还因企业的外购服务（Outsourcing）延伸至企业的法律边界以外（王安明，2002）。但是目前主要的内部控制还是位于企业边界之内，与公司治理和管理控制交叉分布。无论是内部控制、管理控制还是公司治理，它们的本质都是一致的，都是由控制主体实施的，为完成特定的目标而采取的一些防范措施，使企业沿着该特定目标正常运行（赵爽，2010）。但是三者之间还是存在层次性的，公司治理是基础和灵魂，管理控制是具体操作，内部控制是穿插在其中的保证。其中，在内部控制和管理控制中对企业内部控制体系构建主要是沿着“经营管理层→职工”展开实施的，虽然公司治理和风险管理中考虑到了治理层，但其受“股东至上”公司治理结构的影响，其所有者主要局限于“大股东”。因此，传统理论对企业内部控制边界限定还不够完善，应当寻找一个更高的起点去构建企业内部控制体系。

4.2.2　利益相关者视角企业内部控制体系的纵向边界

通过上述有关内部控制（风险管理）、管理控制和公司治理的分析，内部控制和管理控制的控制结构都是局限在企业经营管理层，而公司治理结构拓展到股东层面，解决所有权和经营权分离产生的委托代理问题。有关公司治理结构和企业控制结构的关系问题，主要有以下四种观点：混合论、割裂论、环境论和嵌合论。其中，主要集中在环境论和嵌合论这两个方面讨论的最为激烈。环境论是指将公司治理结构作为内部控制的环境因素看待，认为内部控制框架与公司治理机制是内部管理监控系统与制度环境的关系（阎达五、杨有红，2001）。李连华认为公司治理与内部控制是相互链接和互动嵌合关系。公司治理结构离不开内部控制制度，如果没有完善的内部控制做支撑，公司治理结构所追求的公平与效率的目标也必然会落空。从内部控制的主体边界看，内部控制与公司治理存在交叉，主要表现在公司治理层（董事会）对内部控制的实施负有监督责任，某些控制活动既存在于公司治理结构中，也存在于内部控制过程中（刘霄仑，2010）。根据内部控制、公司治理和管理控制的相互盘错交叉关系，现将企业内部控制体系进行纵向整合（如图 4－2 所示）：

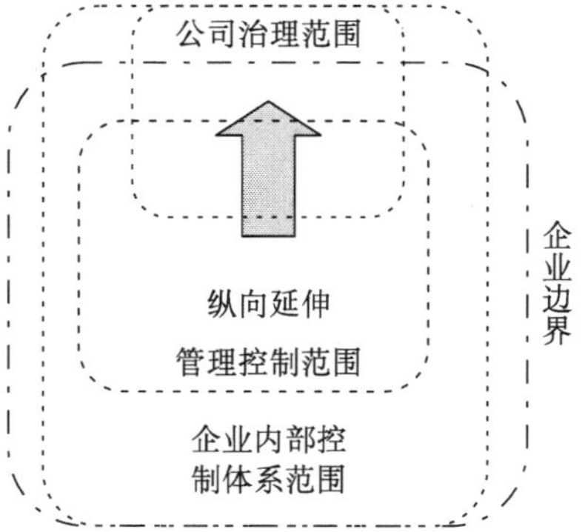

图 4－2　企业内部控制体系纵向延伸图

资料来源：作者整理。

首先，内部控制结构的整合。此时内部控制结构已不再是 1992 年的内部控制整体框架的内部控制结构，而是将内部控制、风险管理和管理控制整合形成的内部控制结构。自上而下的内部控制结构是“董事会→总经理（高级管理级别）→职能经理（中层管理级别）→员工”。将内部控制的风险导向思想贯穿在企业经营的各个业务环节。

其次，内部控制结构与公司治理结构相互整合。一方面，内部控制结构与公司治理结构不是内部与外部、主体与环境的关系，而是“你中有我、我中有你”的相互包含关系。离开公司治理结构，内部控制就没有完整性，当然也就不可能取得内部控制方面的成功。另一方面，公司治理结构和内部控制结构具有内在结构上的一致性，同时，内部控制对公司治理结构具有依赖性。因此，将内部控制结构整合到公司治理结构的股东层面。形成了内部控制治理结构即“股东→董事会→总经理（高级管理级别）→职能经理（中层管理级别）→员工”。

最后，内部控制结构与公司治理结构的整合不是简单的模块相加，而是系统的融合。构建公司治理结构与内部控制制度相关联的共时结构是提高企业控制效果的根本途径（李连华，2005）。所谓公司治理结构和内部控制关联的共时结构，就是基于提高内部控制效果的目的而构建的综合性控制系统。具体而言，公司治理结构和内部控制有效结合，将内部控制提升到公司治理结构的层面。也就是，在原有董事、经营者和其他员工企业控制结构的基础上，将股东纳入到企业的控制体系中来。

4.3　企业内部控制体系的横向拓展

4.3.1　传统企业理论下的企业控制主体

企业控制主体是企业内部控制体系的施动者，是企业目标实现的操作者。控制主体也是确定企业内部控制体系横向边界的重要因素。从控制论的角度来界定控制主体，如何实现施控主体对受控客体的一种能动作用，这种作用使受控客体为施控主体的目标所驱动以最终达到施控主体的预定目标。控制主体的主要目的是如何实现经济过程的有效控制，使其控制系统在谁的操作下能够正常发挥作用。下面分别从企业理论的委托代理理论、股东至上理论和剩余控制权理论来分先企业控制主体应该是哪个群体或个人？

（1）委托代理理论。现代企业是以所有权和经营权相分离为主要特征的，而拥有所有权的所有者和拥有经营权的经营者都是企业的控制主体，因而可以将两者统称为双元控制主体。现代企业双元控制主体的存在，体现了企业中“控制与被控制”关系的特征：一方面是所有者对经营者的控制，因为所有者拥有对经营者的评价和任免权，同时也决定着其报酬的高低，因此，可以说经营者的经营是在所有者的监督之下进行的；另一方面，虽然所有者拥有企业的最终控制权，但在经营过程中企业的控制权实际上为经营者所拥有，所有者必须依靠经营者“尽心尽力”地工作才能实现其资本的扩张和企业价值的增加，从这个意义上说，所有者又受到经营者的牵制和控制（阎达五、宋建波，2000）。吴敬琏教授认为，所谓公司治理结构，是指由所有者、董事会和高级执行人员即高级经理人员三者组成的一种组织结构。在这种组织结构中，上述三者形成一定的制衡关系。通过这一结构，所有者将自己的资产交由公司董事会托管；公司董事会是公司的最高决策机构，拥有对高级经理人员的聘用、奖惩以及解雇权；高级经理人员受雇于董事会，组成董事会领导下的执行机构。由此可知，在公司结构理论中企业控制主体是股东、董事会和经营者。此时，委托代理理论认为的控制主体实际是企业所有者，但是由于所有权和经营权的分离，所有者不直接参与企业内部控制，而是由其代理人实施。

（2）股东至上理论。股东至上理论的理论基础是资源稀缺论、风险承担论和边际生产率理论等。在资源稀缺理论中，认为生产要素的稀缺性是不同的，资本相对于劳动力是稀缺的，因此，越是稀缺的资源，在企业中的地位越高，导致了物质资本所有者是领导者，劳动力则依附于资本。从风险承担的角度看，各种生产要素承担（或逃避）风险的能力不同，资本能够承担风险而劳动力无法承担风险，导致人力资本所有者必须要接受资本所有者的指导和管理。从边际生产率理论角度，克拉克（1997）认为，每种生产要素都应该获得其边际生产率的收益，劳动力市场基本反映了劳动力的边际生产率水平，而资本市场却存在较大的不确定性，资本投资的收益只能通过企业经营的结果间接地衡量其边际生产率。因此，资本所有者必须掌握企业的控制权以保证其获得应有的生产率水平收益。由于企业是由一系列不完备契约所构成的，因此契约的不完备性致使契约不能实现签约各方的所有权利的完全保护。企业定义为“完全契约”和“不完全契约”的组合：股东的契约是不完全的，其他契约是完全的（杨继国，2003）。那些完全契约的签约者可以通过契约的内容规定其所享有的权利，而股东只能通过固定收益分享后的剩余收益实现其价值。传统的“股东至上”理论逻辑下的单边治理模式，认为企业所有权是由股东单方面拥有，股东是公司的唯一所有者，企业经营的目的是实现股东利益最大化。只有资本所有者才是公司治理的主体，资本所有者拥有企业的所有权。由此可知，物质资本所有者也是企业的控制主体（李伟，2005）。此时，股东是企业所有者，他所掌握的物质资本决定着企业的收益并承担着企业风险。因此，股东就是企业控制主体，享有企业的“剩余控制权和剩余索取权”，管理者享有“管理权”。

（3）剩余控制权理论。企业的控制主体是指掌握企业所有权的个人或群体，而非企业的财产所有者。财产所有权（一般意义上的“产权”），是指对给定财产的占有权、使用权、收益权和转让权，而企业所有权是指企业剩余索取权和剩余控制权（Residual Claimancy & Residual Rights of Control）（李维安，1996；魏纪泳，2006）。从产权的角度来看，与企业签订契约的参与者必须对自己投入企业的要素拥有明确的产权（财产的所有权）；企业是由不同的财产所有者组成的，企业的所有者不等于财产所有者，财产所有者是交易的前提，企业的所有者是交易的方式和结果。剩余索取权是相对于合同收益权而言，是指企业收入在扣除所有固定的合同支出（如材料、工资、利息等等）后的余额的要求权（魏纪泳，2006）。企业的剩余索取者也是企业的风险承担者。由于所谓剩余是不确定的、没有保证的，只有在固定收益者支取固定收益后，剩余索取者才能有所收益，否则什么都得不到。剩余控制权是指在合同中没有明确规定活动的决策权。由于企业的契约不完备，才出现了“企业所有权”问题以及谁拥有企业所有权（Grossman Sanford 和 Oliver Hart，1980；Aghion Philippe 和 Patrick Bolton，1992；杨小凯和黄有光，1995；张维迎，1995）。拥有企业所有权的个人或群体，既要享有企业的剩余索取权，又要掌握企业的剩余控制权；既然要分享企业收益，就要承担企业的所有风险，那么，掌握企业所有权的群体和个人就要对企业实施控制以规避风险的发生。因此，企业的控制主体就是拥有企业所有权的群体和个人。

综上所述，任何一种控制体系的构建，都既应该有施控主体，也应该有受控对象（客体）。一般认为，企业内部控制的客体是人、财、物及其在经营过程中所形成的一系列组合关系和组合形式。此外，在 COSO 报告中认为内部控制的施控主体为董事会、经理阶层和其他员工，也就是广义上的企业经营者。其中，董事会的作用在于传递企业战略目标、批准经营目标并监督战略目标、经营目标以及内部控制目标的实施；企业管理层的作用在于根据战略目标制定企业的经营目标和内部控制目标并报董事会批准以及经营目标及内部控制目标的实施；员工的作用在于分解经营目标和内部控制目标使之运用于具体业务领域加以实施。在委托代理理论下，就是受委托方委托负责管理和经营企业的管理经营层。从管理控制视角来看，管理控制是指管理者影响组织中其他成员以实现组织战略的过程（Robert N Anthony，1988），即管理控制主体是管理者及组织中的其他成员，但管理者不能离开组织中的其他成员而孤立进行控制。管理控制的主体除管理者外，对上包括董事会、监事会，对下包括全体职员。管理控制区别于内部控制，管理控制强调的是战略执行的控制，而战略执行过程控制是由确定标准、评价业绩，纠正偏差构成的管理控制系统。因此，受“股东至上”理论的影响，无论以上哪种企业理论对企业主体的认识，有关企业控制主体的研究主要集中在向企业投入物质资本的股东身上。也就是说，股东作为最终控制主体，董事会、经理层、各职能部门和企业全体员工作为不同层级的控制主体与受控对象，通过股东、董事会、经理层、职能部门和全体员工之间的信息藕合，使企业在整体目标的指引下运行。然而，随着市场经济发展，社会责任和员工持股计划激励政策的出现，企业内部控制体系的研究已不能仅局限于股东为控制主体的研究，应该重新界定企业的内涵，寻找企业的真正本质。

4.3.2　利益相关者理论对企业的认识

由于各种企业理论存在分析视角的差异，国内学者一般在对企业认识研究时主要关注企业本质和企业边界的结合研究，认为两者之间是紧密联系的，但这一方面会使企业本质问题不能突显出它本身具有的基础性地位；另一方面容易引起对企业本质的忽略和混沌认识。企业是一组要素契约的集合，是通过要素契约集合形成的知识经验集合和承载知识信息的信息系统。这一组具有技术经营知识的要素集合本身可以进行创造性的交易，影响交易的效率，并且通过对要素契约效率与商品契约效率的比较和选择，确定不同的契约组合（刘东，2005）。企业是一种人格化的组织，是其利益相关者之间综合性社会契约的汇集点（多纳德逊、邓非，2001）。现代企业理论的发展已经把企业理解为不同个人和群体之间一组复杂的显性契约和隐性契约交汇所构成的法律实体（Jensen 和 Meckling，1976）。企业边界的变化是由企业性质引起的。科斯、威廉姆森等人都是从企业合并等企业边界变化的现象入手研究企业性质，那是因为在企业组织处于静态时，其性质不容易被观察。当企业发生了扩大或缩小的变化时，人们就可以通过观察分析它扩大或缩小的原因，发现其根本性质（刘东，2005）。

企业本质到底是什么？这是一个看似简单实则复杂的问题。作为研究的出发点，对企业本质的认识将决定着企业研究的路径、最终的理论结果及其解释力。纵观企业本质的相关研究，主要在“企业与市场的分界”和“企业契约是否完全”两个方面发生分歧，从而出现了以下三个方面有关企业本质的认识：

（1）传统经济学企业理论。传统经济学企业理论来源于古典经济学的劳动分工理论。亚当·斯密（Adam Smith，1776）分析了劳动分工对生产率和经济成长的影响，认为“劳动分工由市场化程度决定”。19 世纪末，马歇尔（A. Marshall）开辟了新古典经济学，把社会分成纯粹的消费者和生产者两部分，即古典经济学的专业和组织转到了确定组织的资源配置。此时期，对企业的认识是“企业是将土地、资本、劳动力等生产要素联系起来的一种组织，其目的在于创造财富”。此时，企业的主要功能是将生产要素组织起来，古典经济学对企业的认识是非常浅显的，他们认为企业仅仅是一个“黑匣”，是生产要素的集合体。劳动分工论揭示了生产效率提高的原因，企业能力理论可以说是它的继承和发展。

（2）新制度经济学——契约理论。科斯（1937，1960）、威廉姆森（1971，1979）以及克莱因、克劳福德和阿尔钦（1978）的研究都是以交易费用为核心，通过各种契约的特点去衡量其交易费用的大小，以此来判断资源究竟配置在市场、中间组织还是在企业。此时，契约形式分为完全契约和不完全契约。

完全契约形式认为企业本质是一个完全的激励契约安排，把企业看作是一种激励工具，企业的产权结构和权威并不重要，而且不区分企业和市场这两种不同的组织。它假定当事人之间是信息不对称的，委托人具有完全理性——他总可以设计出最佳激励契约，这个契约充分考虑到了所有可能出现的偶然状态且能够无成本地被第三方执行。相比较古典经济学企业理论，完全契约对企业本质认识不仅仅只是一个“黑匣子”，已经意识到了企业存在一种委托代理关系。但是，并没有意识到完全契约下的企业形式在现实中是很难实现的，委托人的完全理性也不能真正衡量。同时，也没有准确把握企业的本质和其他契约关系的区别，也没有考虑到控制权、权威的存在。

契约不完全性是理解企业所有权和股东所有权相互关系的关键点。如果企业的契约都是完备的，那么，企业所有权就不需要配置了，也就不存在所谓的代理问题和公司治理问题（杨继国，2003）。同理，如果最初的计划是有效率的，那么一个完备的契约就会使有效结果的计划得以实施。但是，现实中必然存在以下原因使得契约是不可能完全的：第一，事件的不可预见性。由于契约各方在订立契约时不可能很准确地预见未来即将发生的事情和发生的时间，因此，当事件发生的时候，契约签订人不可能在订立契约之初准确地知道事件发生的时间、地点、人物等细节。第二，契约各方预见力不可能一致。契约各方只有在订立契约之初，必须愿意而且能够对可能发生的事件确定有效的行为和相应的支付并达成协议，才能符合契约的完全性。但是，契约订立人的知识、能力和对未来的预知水平都存在着差异，契约各方不可能实现对未来预期和自我预期的完全性。第三，契约履行的阻碍性。完全契约的隐含意思包括，当契约达成之后，契约各方都要乐意遵守契约规定的条款。但是，现实中由于事件的不确定性和人的自私性存在，当有利于自己事件出现的时候，就会有重新协商契约条款的念头，从而导致对原来的协议丧失信誉和改变双方行为能力。如果一个契约不能准确地描述与交易有关的所有未来的可能性状态以及各种状态下契约各方的权利和责任，这个契约就是不完备契约。在实际交易中，制定和执行的契约往往都是不完备的。

因此，企业是一系列契约的组合，是个人或组织之间交易产权的一种方式。与市场契约不同，企业是要素交易的契约，市场是产品交易的契约。相对来说，市场契约是一种完备的契约，企业契约则是一种不完备的契约。企业契约是长期契约，而市场契约是短期的。现实中，许多处于上下游生产关系的企业之间往往存在着长期且不完备的交易契约，也就是随着企业集团及全球一体化的出现，市场交易契约很少存在完备契约。麦克尼尔与威廉姆森认为，企业是一种关系契约，是对契约不完备性的一种反映。交易各方并非对行为的详细计划达成协议，而是对契约整体目标、广泛适用原则和意外事件出现时的处理程序和准则，以及解决争议的机制达成一致意见。由此可知，关系契约中存在着隐形契约，即在那些框定之外的领域，就有大量的、未被言明的契约各方共同期望的存在。也可以理解为企业契约也是一种关系契约，是要素所有者达成的一种关系契约，相互之间存在着隐形的、未言明的信息。科斯认为，企业是利用权威和科层制度来指挥协调资源配置的契约组织，因此企业因节约了“交易费用”而存在，从而“企业的本质特征是对市场的替代”。要素所有者为获得报酬同意在一定限度内服从企业家的指挥，契约的本质在于它限定了企业家的权力范围。威廉姆森认为，企业实质上是一种不完全契约的治理结构，并以易于进行事后适应性治理为主要特征，也是决定契约关系是否完整的组织结构。

随着剩余控制权的引入，将不完全契约理论和产权理论相结合，认为企业就是一个可控制的物质资产的集合，企业的边界由最大化各方总投资激励的产权结构决定。由此可知，股东与企业签订的是企业契约，是不完全契约；其他利益相关者签订的是交易契约，是相对完全的契约。由于股东契约的不完全性决定其拥有企业剩余索取权和剩余控制权，以及剩余索取权和剩余控制权的分配权和行使权。因此，剩余索取权和剩余控制权就“合理”且不受阻力地由股权所有者掌控。但是，并非“控制权”是一个烫手的山芋，它更是利益各方争夺操纵企业的工具。也即“控制权”一旦实施，不但有成本，更有价值（Rajan 和 Zingales，1994），其价值体现在契约构成成员收益最终的分配权。该种控制权必然影响到收益分配的格局和决定，做出有利于控制权所有者的决定。这样导致的结果从另一个方面证明了企业其他组织成员与企业签订的合约并没有得到充分的保护和执行，即其他契约的不完全性。而此时，拥有控制权股东的契约执行和收益得到了保证，从而推出他的契约完全性与企业契约的不完全性相矛盾（杨继国，2003）。这种矛盾的出现，是否可以怀疑企业的所有者即签订企业契约的要素所有者仅仅是股东是不合理的。因为从上述的分析可以发现，其他生产要素所有者与企业签订的契约也存在不完全性，是否还有其他要素所有者（除物质资产所有者，即股东以外）应该掌握企业的剩余所有权或剩余控制权？

（3）利益相关者理论。通过以上分析，进一步了解了企业本质，认为企业是一系列不完备契约的集合。“股东至上”理论认为企业所有者是股东（物质资产所有者），股东掌握物质资源的控制权，因此，他是企业剩余收益的分享者和控制者。但是契约的不完备性产生的疑问是没有得到契约完全保护的契约组成成员不仅只是股东，而是多个“利益相关者”都没得到契约的完全保护，是否控制权就应该在契约不完全的利益相关者之间分配？答案是否定的。控制权仅掌握在股东的手中是不合理的，忽视了企业中还存在的人力资本的所有者，甚至企业的利益相关者的利益以及其他如无形资产的所有者等等都没有给出合理的解释。与新古典经济学派的“股东至上”理论截然相反，布莱尔（1999）认为，公司目标应该是创造财富的最大化而不是股东利益最大化，工人、供应商、股东和债权人等企业的利益相关者都对企业财富的创造做出了应有的贡献。因此，企业的所有权不应该只是由股东享有，应该由企业的利益相关者共同拥有。他们应共同治理企业，即他们在分享企业剩余价值的同时也要承担相应的风险。但是否所有的生产要素所有者甚至企业的利益相关者都要掌握企业的剩余索取权和剩余控制权呢？答案依旧是否定的。因为利益相关者之间的差异性导致他们之间的利益冲突加剧。而这种利益冲突会妨碍他们做出一致的、有利于整个契约组合的决策，影响决策效率和企业价值最大化（杨继国，2003）。同时，控制权所有者的多样性还面临一个“集体行动”难题（即“搭便车”）。为防止“集体行动”问题，应该将控制权集中分配于某一个有更大谈判力的契约成员（Ranjan 和 Zingales，1998；杨继国，2003）。因此，从利益相关者理论的角度来看，企业控制主体不仅包括股东，还应包括利益相关者，但是并不是所有利益相关者都能成为企业控制主体，而是经过选择分配在那个有较强谈判能力的契约成员身上。

布莱尔虽然将企业的主体拓展到了利益相关者范围，但是没有明确地区分市场和企业的界限；众多的利益相关者难以精确地界定，也是众多学者对利益相关者理论的主要批评声音（黄少安，2003）。如何将利益相关者理论与企业理论有效地结合是国内外学者研究的重点。本书对于企业本质的认识是建立在利益相关者理论和集体选择理论基础之上：企业本质是利益相关者的集体选择（王竹泉等，2006；2012）。集体选择理论发源于公共管理学、社会学范畴，用于解决社会中的公共选择问题。简而言之，集体选择是“各参与者依据某项规则相互协商而确定集体行动方案的过程”。集体选择有别于简单的一系列个人选择的集合，集体选择是以该集体全体成员都遵从为特征的一种选择，它具有一个给定群体的整体特征，集体选择的结果往往是使参与选择的各方都获得可接受的满足。用集体选择理论与企业理论相结合，企业形成的各种契约即为缔约主体的利益相关者集体选择。企业的利益相关者出于各自“资本禀赋”的差异和对利益的追求，由独立的个体行动形成了相互依存的集体行动，利益相关者之间由此产生了一种既合作又博弈的关系（陈丽，2008）。企业的形成说明由企业所代表的集体行动代替了若干独立的个体行动，企业成为一个代表所有参与者的集体利益主体。并以所有参与者集体利益得到满足为目标，而这是建立在所有参与者的个体理性选择基础之上的。还需要注意的是，个体只有在相信这样的集体行动优于其独立行动的选择时才会加入，否则就会退出。

企业利益相关者的集体选择都围绕着企业价值创造和分享而展开。本书将生产要素的所有者、资源的控制者以及在企业价值创造和分享中存在利益关系的人统称为企业利益相关者。在构建企业的契约选择中，选择独自或与其他利益相关者联合签订企业契约的利益相关者即意味着他们选择通过独自或与其他利益相关者联合组建一个企业来创造并独享或分享价值，企业成为他们共同利益的代表和集体行动的主体，他们则将成为企业所有者并有权控制企业的运作。做出这类选择的利益相关者也因此具有了共同的目标和利益追求，这为他们所创建的企业赋予了明确的目标——实现企业契约签订者的利益最大化（王竹泉、杜媛，2012）。此时，企业契约的签订者构成了企业的内部利益相关者①，而这些企业契约的签订者又享有企业的剩余索取权和剩余控制权，因此，他们就是企业的控制主体。企业是企业契约选择者的一种集体选择，也是内部利益相关者的一种集体选择（王竹泉，2006）。同时，未与企业签订企业契约的利益相关者，有可能与企业签订交易契约或者隐形契约，此时他们位于企业边界之外，成为企业外部利益相关者，他们不直接参与企业的集体选择，但是企业的利益会对他们产生直接的影响。因此，企业的控制主体不再仅仅停留在股东层面，而应重新确定企业内部控制体系的控制边界，即横向拓展到内部利益相关者范围。

① 根据王竹泉教授（2006）有关按照是否参加企业集体选择将企业的利益相关者划分为两类：一类是企业内部利益相关者，他们经过集体选择进入企业内部掌握企业控制权；另一类是企业外部利益相关者，他们未签订企业契约，而与企业是市场交易关系。

4.3.3　利益相关者视角的企业内部控制体系横向边界

通过以上对企业本质的再认识，企业是企业契约选择者的集体选择达到的一种可接受的均衡状态。而“股东至上”的传统企业理论有关企业控制主体边界已不再适用，而应将企业内部控制体系的控制边界重新纵向延伸和横向拓展。纵向延伸将企业内部控制体系由原来的管理层的企业控制结构提升到企业治理层结构，而应该将企业的控制主体从股东层面拓展到利益相关者层面。即企业契约的签订者，也就是企业的内部利益相关者层面。从博弈理论视角来看，企业控制主体并不是静止不变的，而是一个开放的动态的均衡过程。即参与企业集体选择的利益相关者并非一成不变，而是随着企业的发展变化不断变化，并由此导致企业组织形式和企业共同利益的变化，从而使企业内部利益相关者和企业外部利益相关者也处在动态调整的过程之中（赵爽，2010）。

如何确定企业的横向边界，主要取决于企业集体选择中企业契约的签订者。本书借助王竹泉教授（2006，2012）有关企业集体选择理论来确定企业的控制主体，认为企业控制主体是经过二次集体选择之后的内部利益相关者，他们是企业控制权的拥有者和剩余权的分享者。因此，企业控制边界的横向拓展不是企业全体的利益相关者，也不是企业所有签订企业契约的利益相关者，而是经历企业两次集体选择使企业处于一种均衡状态下的利益相关者，有可能是股东、债权人、客户、管理者等任何一人，也可能是任何两者或多者的组合（如图 4－3 所示）。

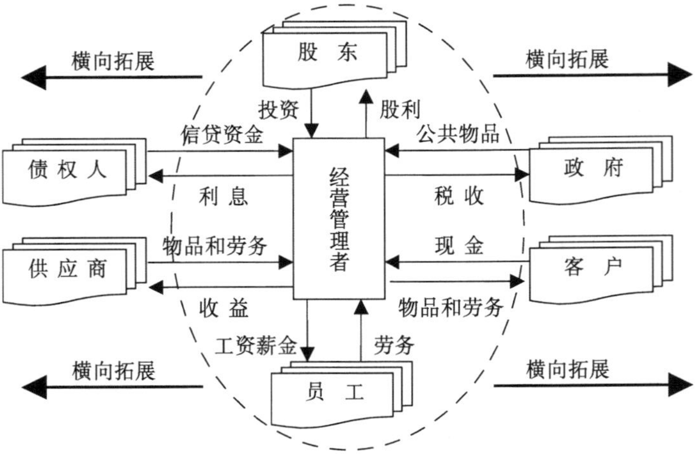

图 4－3　企业内部控制体系边界横向拓展图

资料来源：作者整理。

4.4　本章小结

本章主要研究的是企业内部控制体系的控制边界。分别从企业边界、企业内部控制边界以及二者的相互关系入手，对原有的内部控制范围进行了纵向延伸和横向拓展，打破原有内部控制局限于经营管理层，而纵向延伸到公司治理结构的层面，将股东纳入到企业的内部控制边界内；站在利益相关者的高度，重新认识企业的本质，从而确认企业控制主体使其横向拓展到利益相关者范围。此时，企业本质是企业契约选择者的集体选择达到的一种可接受的均衡状态。

利益相关者视角的企业内部控制体系研究，首先要弄清楚企业内部控制体系的主体、客体及控制关系，从而界定企业内部控制体系的控制范围，即内部控制边界。企业边界理论都是在企业理论的指导和支持下展开的，无论是交易成本观的企业边界理论还是管理成本观的企业边界理论，无论是企业的规模边界还是企业的能力边界，基本都是对企业经营边界的分析和研究。事实上，企业的所有权边界只是确定了一个企业的归属，明确了企业设立的意图或企业目标，赋予了企业初始的自有资本。与企业进行交易的主体是那些没有参与企业契约的利益相关者（即企业的一般交易者），这体现为企业与交易伙伴之间所签订的各种交易契约。不同的交易主体和交易契约实质上对应着不同的商业模式，交易契约的边界事实上构成了企业的经营边界（或企业与市场的边界）。由此可知，企业内部控制边界是利益相关者集体选择的结果，参与企业契约签订成为企业所有者决定企业边界，其他利益相关者签订交易契约构成企业经营边界。因此，企业内部控制体系的控制边界需要在风险管理框架控制边界的基础上对企业内部控制边界进行纵向延伸和横向拓展，使企业内部控制体系的控制边界与企业所有权边界和经营边界相匹配，才能真正实现有效的内部控制。

企业内部控制边界的纵向整合。在对内部控制（风险管理）、管理控制和公司治理分析的基础上发现，内部控制和管理控制的控制结构都是局限在企业经营管理层，而公司治理结构拓展到股东层面，解决所有权和经营权分离产生的委托代理问题。因此，本书将三者统一纵向整合使企业内部控制边界提升到公司治理结构层面。即将内部控制结构整合到公司治理结构的股东层面，形成了内部控制治理结构即“股东→董事会→总经理（高级管理级别）→职能经理（中层管理级别）→员工”。此时，内部控制结构与公司治理结构的整合不是简单的模块的相加，而是系统的融合。

企业内部控制边界的横向拓展。企业主体经过了两次的集体选择，第一层次是所有可能的利益相关者对企业契约和交易契约的选择，企业契约的选择者将构建企业并拥有企业所有权。第二层次是拥有企业所有权的利益相关者对企业控制权和合作剩余分享方案的选择。本书借助王竹泉教授有关企业集体选择理论来确定企业的控制主体，认为企业控制主体是经过两次集体选择之后的利益相关者，他们是企业所有权的拥有者，是企业控制权的拥有者和合作剩余权的分享者。因此，企业控制边界的横向拓展不是企业全体的利益相关者，也不是企业所有签订企业契约的利益相关者，而是经历企业两次集体选择使企业处于一种均衡状态下的利益相关者，有可能是股东、债权人、客户、管理者等任何一人，也可能是任何两者或多者的组合。

第5章

企业内部控制体系的基本框架

在传统企业内部控制研究的基础上，本书分别对企业内部控制体系的边界进行了纵向延伸和横向拓展：将内部控制的结构提升到公司治理的结构，即由基于董事会、经营者和其他员工的内部控制结构提升到享有治理权利益相关者层面；同时，将内部控制主体拓展到利益相关者范围，即由原来仅有股东是企业所有者的控制边界拓展到利益相关者控制企业的范围。确定了企业内部控制边界，也就确定了本书的研究范围。本章主要是在企业内部控制体系概念和企业内部控制体系控制边界研究的基础上，探讨如何构建企业内部控制体系。在 COSO 风险管理框架指引下，一般企业内部控制体系是由控制要素构成，如控制目标、企业风险、控制主体、控制客体、控制依据和控制方法等等（赵爽，2010）。本书也将继续沿用 COSO 风险管理框架的控制要素构成形式来研究企业内部控制体系的构建。首先，探讨传统理论下内部控制构成要素；其次，从利益相关者视角构建企业内部控制体系的构成要素。

5.1 传统理论下企业内部控制体系

国内外学者在界定内部控制的内容和标准时，主要采用框架要素论和控制模式论。两者分别处于两个不同的层次，框架要素及其内在联系决定着内部控制的模式。从理论专用性角度看，模式比框架要素特殊得多。框架要素可能在很多企业中都适用，但是控制模式未必如此。随着 1992 年《内部控制框架》问世以来，国内外理论界掀起了对内部控制框架研究的热潮。内部控制的框架要素论逐渐代替了原有的企业内部控制制度和规范。如何确定企业内部控制框架的要素并使之在企业中有效地运行，以抵御企业的各类风险，实现企业目标，这是企业内部控制研究的主要目的，本节分别从 COSO 报告和国内外学者对内部控制要素的研究展开分析。

5.1.1 美国 COSO 报告内部控制框架

传统理论内部控制框架研究最有代表性的就是 COSO 委员会分别在 1992 和 2004 年发布的《内部控制：整合框架》和《企业风险管理：整合框架》。它们的内部控制框架分别由目标和要素构成。《内部控制：整合框架》是由三个目标和五个要素构成的整体框架；《企业风险管理：整合框架》是由四个目标和八个要素构成的整体框架。通过以前章节分析，风险管理框架比内部控制框架更加完善和全面。风险管理框架是在原有内部控制五要素的基础上进行内涵的丰富和外延的拓展，并非简单的内容增加。企业风险管理控制要素具体包括内部环境、目标设定、事项识别、风险评估、风险应对、控制活动、信息和沟通、监控，它们之间是相互联系、互为补充的关系（如表5-1所示）。

表5-1　企业风险管理整合框架控制要素构成比较表

风险管理要素	内涵	方式和方法	评价
内部环境	内部环境包含组织的基调，它影响组织人员的风险意识，是风险管理所有其他构成要素的基础，为其他要素提供规则和结构	诚实正直品格及道德价值观、员工素质与能力、董事会与审计委员会、管理哲学与经营风格、组织结构、权力与责任的分配、人力资源政策和实践以及风险管理哲学、风险偏好和风险文化	内部环境受到主体历史和文化的影响。董事会是内部环境的重要组成部分，对其他内部环境要素有重要的影响。管理者应该确定企业的风险偏好，营造企业的风险文化
目标设定	目标设定是事项识别、风险评估和风险应对的前提。在管理当局识别和评估实现目标的风险并采取行动来管理风险之前，首先必须有目标	战略目标、经营目标、报告目标和合规目标	根据企业确定的任务或预期，管理者制定企业的战略目标，选择战略并确定其他与之相关的目标并在企业内层层分解和落实。战略目标反映了管理当局就主体如何努力为它的利益相关者创造价值所作出的选择

续表

风险管理要素	内涵	方式和方法	评价
事项识别	管理当局识别将会对主体产生影响的潜在事项——如果存在，并确定他们是否代表机会，或者是否会对主体成功地实施战略和实现目标的能力产生负面影响	潜在事项、外部因素、内部因素、识别技术	企业风险管理框架采用一系列技术来识别有关事项并考虑有关事项的起因，对企业过去和未来的潜在事项以及事项的发生趋势进行计量
风险评估	风险评估使主体能够考虑潜在事项影响目标实现的程度，管理当局从两个角度——可能性和影响——对事项进行评估，并且采取完整性和定量结合的方法	可能性和影响可能性是指某一特定事项发生的可能性，影响则是指事项的发生将会带来的影响	风险管理框架建议更加透彻地看待风险管理，即从固有风险和剩余风险的角度来看待风险，对风险影响的分析则采用简单算术平均数、最差的情形下的估计值或者事项的分布等技术来分析，注意相互关联的风险，确定单一的事项如何为企业带来多重的风险
风险应对	风险应对是指企业管理当局根据风险评估的结果应采取的应对措施。不仅要考虑评估风险的可能性和影响的效果，还要将成本效益、剩余风险控制在企业期望的风险容限之内	规避风险、减少风险、共担风险和接受风险	管理者应比较不同方案的潜在影响，并且应在企业风险容忍度范围内，考虑风险应对方案的选择。在个别和分组考虑风险的各应对方案后，企业管理者应从总体角度考虑企业选择的所有风险应对方案组合后对企业的总体影响

续表

风险管理要素	内涵	方式和方法	评价
控制活动	控制活动是帮助保证风险应对方案得到正确执行的相关政策和程序	批准、授权、验证、调节、经营业绩评价、资产安全及职责分离等	控制活动应该存在于企业的各个层面和各个部门，主要应满足确定应该采取的政策和影响该政策的一系列程序的条件
信息与沟通	企业信息系统的基本职能应以时间序列的形式收集、捕捉数据，其收集数据的详细程度则视企业风险识别、评估和应对的需要而定，并保证将风险维持在风险偏好的范围内	与战略、与经营的信息沟通渠道	有效的沟通也是广义上的沟通，包括企业内自上而下、自下而上以及横向的沟通。有效的沟通还包括将相关的信息与企业外部相关方的有效沟通和交换，如客户、供应商、行政管理部门和股东等
监控	监控是指评估风险管理要素的内容和运行以及一段时期的执行质量的一个过程	持续监控、个别评估	持续监控和个别评估都是用来保证企业的风险管理在企业内各管理层面和各部门持续得到执行

资料来源：作者整理。

从表 5 – 1 可以发现，风险管理框架强调的是在整个企业范围内识别和管理风险的重要性，强调企业的风险管理应针对企业目标的实现在企业战略制定阶段就予以考虑，而企业在对其下属部门进行风险管理时，应对风险进行加总，从组织的顶端以一种全局的风险组合观来看待风险。但是，需要指出的是，2004 年的 COSO 报告用企业风险管理的概念取代了内部控制，但这并不意味着内部控制的概念应当摒弃（潘爱玲、吴有红，2005）。2004 年 COSO 报告是一个针对风险控制的框架，它已不再是纯粹意义上的内部控制框架。虽然任何企业都要面临各种各样的风险，风险应是一个能引起重要警觉的事项，对风险进行有效管理已成为企业可持续发展过程中必须具备的重要能力。但是，对日常的内部控制而言，更多地是关心控制对象脱离控制标准的差异（冯均科，2002）。不应因为风险管理的重要性和广泛性而忽略内部控制整体框架的地位，内部控制框架中也包含风险要素，但风险控制并非内部控制的全部（潘爱玲、吴有红，2005）。因此，风险管理框架是内部控制框架的丰富和完善，两者同样为本书构建企业内部控制体系提供理论素材。

5.1.2 内部控制要素的其他研究

除了以上权威机构发布的内部控制要素的构成以外，我国在内部控制要素方面也有着比较广泛的研究，同时也有很多研究成果。刘明辉（2001）提出内部控制的整体框架主要是由企业治理控制、企业管理控制、管理信息系统和企业文化四个部分构成，其中，他着重强调的是企业文化，它是构成企业管理控制的内环境，是一种非强制性的氛围。于增彪（2001）认为现代企业的内控制度是一个体系，即是指一个由结构或由若干因素组成的整体，并将内其划分为总体设计和单项设计。总体设计是针对现代企业内部控制整体结构或组成要素而设计的，包括三维立体的静态结构、过程循环式的动态结构和常规或非常规世界结构。单项设计是针对内部控制整体结构中的每个要素内容的设计，包括按部门、按项目和按流程的设计方法。朱荣恩（2001）认为，注重内部控制理论和方法的研究，以提高内部控制的实务指导，运用业务循环法来设计企业内部控制。企业内部控制是由组织结构、人员管理、业务程序三部分构成的。冯均科（2002）认为应该提出更技术化、逻辑化与科学化的内部控制框架，完善内部控制理论，指导内部控制作业。因此，在对《内部控制框架》进行全面理论修正的基础上，提出了由“一个目标”和“四个要素”构成的内部控制理论框架。其中，一个目标，就是有效减少经济责任目标偏差；四个要素从内部控制技术层面进行的要素分解，包括岗位、文件、作业和流程。谷祺等（2003）认为内部控制系统是企业组织面临的基本问题，并划分为内部控制、市场控制和文化控制三种类型。制度控制是内部控制系统的基础；内部控制机制要具备综合性特征，即包括组织规模、行业特征、技术条件、社会文化背景等因素；内部控制系统要突出文化控制机制和建立企业文化的传输机制。张宜霞（2004）在对内部控制框架体系进行评价的基础上，借鉴系统论和制度经济学的有关理论，对内部控制框架体系进行了全新的解释和拓展，即企业治理控制、企业管理控制、信息系统和企业文化这四个部分。蔡吉甫（2006）认为，构建现代企业内部控制理论框架，关键是要抓住现代企业的本质特征，并总结出控制要素应包括控制环境、控制机制、风险管理和内部控制报告四个部分。李心合（2007）认为，内部控制框架应从财务报告导向向价值创造导向转型。其价值导向的内部控制框架由控制环境、目标与预算、风险识别与应对、控制程序和方法、信息及沟通、绩效评价与激励、监控七项要素构成。

综观国内外的研究和权威规范，虽然对内部控制体系框架及其构成要素的研究已形成了丰富的研究成果，但均是预先设定了企业内部控制的目标，并将其设定为相同的几项目标，而忽视了企业内部控制体系构建是一种企业行为，且每个企业都有自己的个性。李若山（2009）指出，世界上不存在两个完全相同的企业，即便是同一行业中的两个企业，销售同类型的产品，也都会在运营管理中体现出不同的文化特色、管理风格，这就决定了每个企业一定会有自己所特有的内控环境，因而其内部控制系统也一定是各有差异、各具特色。但是，如何根据企业个性化特征构建与之相适应的企业内部控制体系？是否存在一个科学、合理的构建程序？这个程序的逻辑起点应是什么？在企业内部控制体系构建中，控制主体安排、控制边界划定和控制过程设计如何与企业的个性化特征相适应？在企业内部控制体系构建中如何更好地实现“他控”和“自控”的结合？现有的研究和规范指引并没有对这些问题给出明确的回答，导致许多企业内部控制体系的构建只是流于形式。本书期望对上述问题作出科学的回答，从而为企业内部控制体系的构建提供理论和方法的有力支持。

5.2 利益相关者视角企业内部控制体系的构建

5.2.1 企业的个性化特征与企业内部控制体系构建的逻辑起点

（1）企业的个性化特征。企业是一种社会建构。不管是交易费用、团队生产理论，还是委托代理乃至契约理论，已有企业理论对企业的研究都关注的是企业的共性特征或本质特征，而较少探讨企业的个性化特征。研究企业的共性特征并把握企业的本质当然对考察总结企业这一社会建构的一般规律至关重要，但是，当我们探讨某一个具体企业的治理或控制问题时，我们面对的每一个对象都具有自己的个性特征，为之构建的治理结构或控制体系必须充分考虑这种个性化才能奏效。许多企业失败的案例都是由于忽视对企业个性化特征的考察，而简单地照搬或套用其他企业现成的内部控制体系所导致的。

如同世界上没有完全相同的两个人一样，世界上也不存在两个完全相同的企业，每一个企业都具有自己的个性化特征。显然，企业的价值或目标取向、所有权归属、注册时间及注册地、法律形式、所处行业、经营范围、规模大小、技术水平、商业模式等都是我们用来识别和分析企业个性化特征的常用维度，但使用任何一个维度都难以独一无二地定位于某个特定企业，并同时揭示出企业的本质特征，而同时使用这些维度去识别企业又会使企业个性化特征的识别不胜其烦。因此，如何采取最为简洁的维度去标识企业的个性化特征就成为企业研究需要解决的关键问题。

事实上，作为一个社会建构，上述各种标识都可以归结为两个方面，即：一方面，企业的建构者或所有者是谁？企业与其建构者之间的联系是什么？企业的价值或目标取向、所有权归属、法律形式等都与该项标识相关。另一方面，企业的边界在哪里？作为社会成员的企业与其他社会成员的联系是什么？企业所处的行业、经营范围、规模大小、技术水平、商业模式等都与该项标识相关。按照王竹泉、杜媛（2012）提出的“利益相关者集体选择的企业观”，企业的建构者或所有者即是参与企业契约集体选择的内部利益相关者，他们的集体选择决定了企业的所有权归属，企业的目标是实现这些内部利益相关者共同利益的最大化。而企业的边界可以分为所有权边界（或称之为“初始经营边界”）和经营边界，这一边界由企业与利益相关者之间的交易契约（内部利益相关者签订企业契约成立企业的过程视为企业与内部相关者之间的交易契约）所决定。不同的内部利益相关者及其达成的企业契约界定了企业的所有权及企业与所有者之间的联系，而不同的外部利益相关者及企业与外部利益相关者之间达成的交易契约则界定了企业的边界和企业与其他社会成员之间的联系，因此，企业的个性化特征可以通过利益相关者（既包括内部利益相关者也包括外部利益相关者）结构单一维度去加以识别。从严格的意义上来说，世界上不存在两个具有完全相同的利益相关者结构的企业。

（2）企业内部控制体系构建的逻辑起点。企业内部控制体系构建的逻辑起点是企业内部控制体系构建研究需要明确回答的首要问题。这一问题包括两方面的内涵，一是企业内部控制体系由谁来构建？或者说企业内部控制体系的所有权应归属于谁？谁有权决定构建什么样的企业内部控制体系？二是其何时、从何处开始构建？

对于由谁构建的问题，我国发布的《企业内部控制基本规范》第十二条规定："董事会负责内部控制的建立健全和有效实施。监事会对董事会建立与实施内部控制进行监督。经理层负责组织领导企业内部控制的日常运行。企业应当成立专门机构或者指定适当的机构具体负责组织协调内部控制的建立实施及日常工作"。这一规定显然将建立健全企业内部控制体系的权力赋予了董事会，做出这样的规定与我国《企业内部控制基本规范》将内部控制界定为"由企业董事会、监事会、经理层及全体员工实施的、旨在实现控制目标的过程"，并规定"内部控制的目标是合理保证企业经营管理合法合规、资产安全、财务报告及相关信息真实完整，提高经营效率和效果，促进企业实现发展战略"是一脉相承的。但是，谁实际上更有动机和需求构建为企业目标的实现提供合理保证的企业内部控制体系呢？答案当然是企业的内部利益相关者或企业所有者。企业是由他们设立的，企业目标也是由他们决定的，他们最有动机和需求构建为企业目标的实现提供合理保证的企业内部控制体系，他们也具有足够的权力和权威去构建这一体系，而且由内部利益相关者构建这一体系有助于更好地实现企业内部控制体系构建与企业目标的有机衔接，最大限度地适应企业的个性化特征，并最大限度地降低企业内部控制体系构建的外部性①。如果将企业内部控制体系构建通过法律、法规强制赋予董事会，那么不仅会由于其缺乏足够的动机和需求而影响其对企业内部控制体系构建的积极性和主动性，并由于董事会的目标与由内部利益相关者确定的企业目标之间的差异而影响企业内部控制体系与企业目标的有机衔接，而且由董事会负责构建企业内部控制体系也缺乏应有的权威性和全面性，其难以对与企业内部利益相关者相关的风险进行有效控制，这也是由董事会构建和实施内部控制体系的局限性之所在。对此，王竹泉（2008）指出，企业内部控制体系是由“企业内部利益相关者及其代理人实施的、旨在合理保证企业目标实现的一系列控制活动”，应将企业内部控制体系构建的权力赋予企业的内部利益相关者，在现代公司制企业中，也就是将企业内部控制体系构建的权力赋予股东大会，至于企业内部利益相关者如何在他（或他们）和代理人（董事会、监事会、经理层及全体员工）之间分配这种权力，则完全由企业内部利益相关者自行决定，从而在保证构建主体具有足够的积极性和主动性的同时，实现企业内部控制体系构建与企业目标的有机衔接，并最大限度减少企业内部控制体系构建产生的外部性。

对于何时开始构建的问题，相关规范中规定的开始实施日期让人误以为在此之前企业内部控制体系是一片空白。但是，企业

① 如果企业内部利益相关者不重视或没有构建有效的内部控制体系，则其设定的企业目标也就难以实现，其也就自然承担了由其自己不作为或不能有效作为的后果。反之亦然。

本身是一个社会建构，企业目标和为实现企业目标而建构的内部控制体系也都是人为设计的结果。每一个企业的内部控制体系在企业成立之时就已经由企业的设立者即企业的内部利益相关者开始确定了，企业章程就是每一个企业最早构建并最具权威性的企业内部控制体系的组成部分，只不过随着企业的发展和变化，企业内部控制体系也需要不断地扩充、细化或修改、完善。因此，企业内部控制体系构建是一项始于企业创立时期的重要活动，是企业内部利益相关者在设立企业阶段就需要做出的一项制度安排，组建董事会并将企业内部控制体系构建的部分内容委托由董事会负责，只是整个企业内部控制体系构建中的一个中间环节，而并非原点和起始环节。

至于从何处开始构建或其逻辑起点的问题，已有的研究以及COSO报告和我国的《企业内部控制基本规范》均没有做出明确回答。毋庸置疑，每个企业都有自己的特定目标。为了更好地实现其特定的目标，每个企业都需要构建自己的内部控制体系，而且企业的个性化必然会导致其内部控制体系具有个性化，因此，从理论上讲，企业内部控制体系的构建不存在一个普遍适用的现成模式，而需要每个企业根据自身的实际进行构建。但是，企业在构建其独特的企业内部控制体系时，是以控制环境作为逻辑起点还是以控制目标作为逻辑起点？不论是COSO的《内部控制：整合框架》、《企业风险管理：整合框架》，还是我国的《企业内部控制基本规范》都是从构成要素的视角指导企业内部控制体系的构建，并均将“控制环境”或“内部环境”作为诸多要素中的首个要素，并充分强调该要素在企业内部控制体系中的基础作用，这似乎为我们提供了以控制环境为逻辑起点的企业内部控制体系构建思路。以控制环境为逻辑起点有助于企业立足于实际状况构建自己的内部控制体系，从而避免构建出“空中楼阁”式的企业内部控制体系。但是，如果在没有明确的控制目标之前，对控制环境要素的评估和构建也将无所适从，不明方向，也难以真正把握企业的个性化特征之所在。

利益相关者集体选择的企业观认为：企业目标是企业内部利益相关者集体选择的结果，由于每个企业的内部利益相关者的构成不同，导致每个企业的具体目标都呈现出自己的个性化特征。虽然企业目标是企业内部利益相关者设定的，但要实现企业目标却需要企业内部利益相关者和外部利益相关者的共同努力。企业内部利益相关者及其代理人所构建的企业内部控制体系就是这种共同努力的集中体现。因此，每一个企业的内部利益相关者及其代理人需以企业目标为逻辑起点去构建整个企业的内部控制体系，且对企业内部控制体系整体来说，企业的目标就是这一控制体系的控制目标。企业内部控制体系构建的首要环节是将企业目标即企业内部控制体系整体的控制目标分解为企业内部控制体系各个子系统的具体控制目标，并根据各自子系统的具体控制目标为起点对企业内部控制体系的各个子系统进行构建。因此，企业内部利益相关者及其代理人构建企业内部控制体系的逻辑起点和最终目的都是为了实现其设定的企业目标，控制目标设定应作为企业内部控制体系整体及其各个子系统构建的逻辑起点。在这方面，加拿大特许会计师协会（CICA）下设的 COCO 委员会（Criteria of Control Board）发布的关于内部控制的框架性文件——控制指南很值得借鉴。该项指南虽然也是从要素的角度对企业内部控制体系的构建进行规范，但是其将内部控制划分为目的（Purpose）、承诺（Commitment）、能力（Capability）、监控和学习（Monitoring and Learning）四个要素，并将“目的”（相当于 COSO 的《风险管理：整合框架》中的“目标设定”）而不是“承诺”和“能力”（相当于 COSO 报告和我国《企业内部控制基本规范》中的“控制环境”或“内部环境”）作为首个要素。

5.2.2 企业内部控制体系的控制主体、控制边界与控制机制

（1）企业内部控制体系的控制主体与控制边界。在设定了企业内部控制目标之后，企业内部控制体系构建接下来需要重点解决的问题就是控制主体和控制边界的问题。由于企业内部控制目标具有多元性和多层次性，决定了企业内部控制的控制主体和控制边界也具有多元性和多重性。COSO 报告和我国的《企业内部控制基本规范》都在内部控制界定中就将控制主体限定在了由董事会（监事会）、经理层和全体员工的范围，与之相对应的控制边界也自然就限定在了由董事会（监事会）、经理层和全体员工可以控制的范围之内。这种整齐划一的控制主体安排不仅难以与千差万别的企业个性相适应，而且由于其未将企业内部利益相关者包括在控制主体范围之内导致所构建的企业内部控制体系的控制边界存在很大的局限性。

如前所述，企业是内部利益相关者或企业所有者集体选择形成的一个社会建构，其目标是实现企业内部利益相关者共同利益的最大化。企业内部利益相关者不仅最有动机和需求构建为企业目标的实现提供合理保证的企业内部控制体系，而且他们也是最具权威性的控制主体。因此，企业内部控制体系的控制主体不能没有企业的内部利益相关者或所有者，甚至只要企业内部利益相关者愿意，企业内部控制体系的控制主体可以只包括企业内部利益相关者自己，而无需其他任何代理人，传统意义上的独资企业和合伙企业就是如此。但是，对现代企业来说，完全由企业内部利益相关者充当企业内部控制主体既不现实，也不经济。因此，企业内部利益相关者需要委任部分外部利益相关者作为代理人行

使部分控制权。但哪些控制权由内部利益相关者自行行使，哪些控制权交由外部利益相关者作为代理人去行使就是企业内部控制体系构建中控制主体安排需要考虑的问题。其决策的标准是在控制成本和控制效果（涵盖控制风险）之间做出权衡。因此，从总体上来说，企业内部控制体系控制主体应包括企业内部利益相关者及其委托作为代理人的外部利益相关者。由于不同企业的内部利益相关者和外部利益相关者的结构存在差异，且企业内部利益相关者对控制权在其内部以及作为代理人的外部利益相关者之间的分配也可能存在差异，则不论是对企业整体层面的控制主体安排还是企业内部控制体系各个子系统层面的控制主体安排，不同的企业也都会有不同的安排。企业内部控制体系控制主体安排如图 5－1 所示。

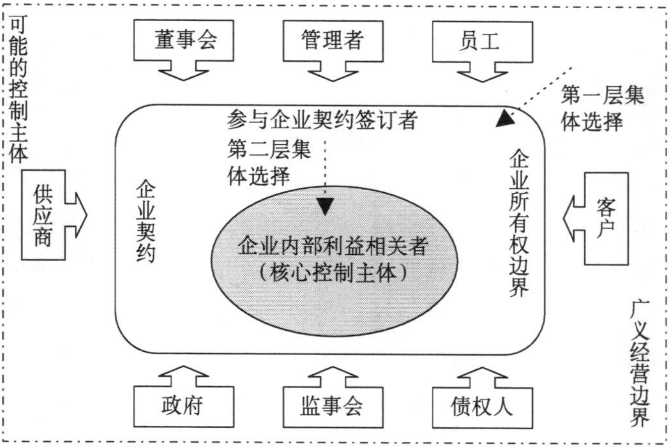

图 5－1　企业内部控制体系控制主体示意图

资料来源：作者整理。

企业内部控制主体的不同安排必然对应不同的控制边界。COSO 报告和我国的《企业内部控制基本规范》由于将内部利益相关者排除在控制主体之外，因此，其控制的边界仅相当于图5－1中广义经营边界（虚线圈定的区域）和企业所有权边界（实线圈定的区域）之间的区域，其局限性由此可见。而将企业内部控制体系的控制主体提升到包括内部利益相关者之后，则其控制边界就相应拓展到中广义经营边界（虚线圈定的区域）之内的全部范围。当然，对于企业内部利益相关者及其代理人不同组合的控制主体安排，其相应的控制边界也会在上述范围内出现差异，但上述范围分别界定了两类不同的控制主体安排下企业内部控制的最大边界范围。

（2）企业内部控制体系的控制机制。明确了控制目标、控制主体和控制边界之后，企业内部控制体系构建的另一项重要内容就是要对控制机制做出设计和安排。控制机制即控制主体通过什么样的方式、方法和途径去实现控制目标。

各种内部控制体系的设计和实施都要考虑人的因素。人性既具有自私和利己的倾向，也具有奉献和利他的欲望。同样，每一个人既有循规蹈矩、墨守成规的需求，但更有自我管理、开拓创新的追求。许多看上去并没有什么人负责的内部控制体系的企业的成功经验告诉我们，内部控制体系必须充分尊重人的个性，充分调动人的积极性和创造性，而不能过分强调对程序和制度的约束，而现有的企业内部控制体系构建研究在该方面的认识尚有待提高。COSO报告以及我国《企业内部控制基本规范》都对管理理念、经营哲学、企业伦理等企业文化进行了讨论，但都只是将这些因素作为企业内部控制体系中的“控制环境”要素的一部分，而没有将其提升到“控制机制”的高度来认识。事实上，由控制目标设定、风险识别、风险评估、风险应对、控制活动、内部监督以及信息与沟通等环节组成的控制结构更具有正式性、刚性的特征，是企业内部控制体系的“硬件”。而管理理念、经营哲学、企业伦理等企业文化更具有非正式的、柔性的特征，应作为企业内部控制体系的“软件”，两者不仅要相互匹配和兼容，而且要并驾齐驱，为企业目标的实现保驾护航。这就要求我们在企业内部控制体系的控制机制设计时不仅要设计控制目标设定、风险识别、风险评估、风险应对、控制活动、信息与沟通以及内部监督等刚性制度构成的结构控制机制，而且要高度重视企业文化的作用，并将其作为非正式的、柔性的控制机制。这方面的深入探讨可借鉴王竹泉、隋敏（2010）提出的“控制结构 + 企业文化：内部控制要素新二元论”的观点。本书后续部分将从企业结构控制要素和企业文化控制要素两方面进一步研究企业内部控制体系的具体构建，并将企业文化拓展到利益相关者视角进行探讨。

5.2.3　利益相关者视角的企业结构控制要素

企业结构控制要素是整个企业内部控制体系的核心部分，也是区别于传统内部控制的关键部分。大量的实证研究已证实了公司治理结构与企业内部控制有效性有着密切的联系，如年终股东大会出席率、管理层的诚信与道德价值观念和国有控股公司在财务报告质量与公司内部控制有效性显著正相关；管理者的风险偏好与内部控制有效性呈显著的 U 型关系；管理层对员工胜任能力的重视程度与公司经营绩效和对法律法规遵循显著正相关等等（程晓陵、王怀明，2008）。同时，仅从股东角度来关注公司治理结构与内部控制结构的整合是不够的，本书将从企业利益相关者视角将公司治理结构与内部控制结构整合为企业结构控制要素，即企业结构控制要素是利益相关者导向的公司治理结构和内部控制结构整合的具体控制要素的组合。其中，包含九个具体控制要素分别是：控制目标、控制主体、控制环境、风险识别、风险评估、风险应对、控制活动、信息沟通和监督，它们之间是一个自上而下又相互融通的关系。

（1）控制目标。如前所述，企业目标是企业内部控制体系构建的逻辑起点，企业控制目标是在企业目标指导下对企业内部控制体系构建的具体目标要求。与不同层次的企业目标相对应，企业内部控制体系的控制目标也应具有不同的层次。企业内部控制体系的控制目标设定应包含战略层面的控制目标、战术层面的控制目标和与之相对应的风险容量和风险容限的设定（如图 5－2 所示）。其中，战略层面的控制目标是由企业治理层所设定的，是企业目标在企业内部控制体系中的具体化，是对战略目标、经营目标、报告目标、合规目标等的总体概括。在确定战略层面的控制目标的基础上，需要进一步明确战术层面（涵盖管理层和作业层面）的控制目标，从而将战略层面的控制目标加以具体落实，形成细化的经营目标、报告目标和合规目标等。风险容量是控制主体在控制目标实现的过程中所愿意承受的风险数量，它反映了控制主体的风险管理理念，一方面，风险容量受到企业战略的影响；另一方面也受到企业文化的影响。风险容限是指相对于控制目标实现所能接受的偏离程度，战略层面的控制目标、战术层面的控制目标和风险容量与风险容限是一个相互协调的过程。战略层面的控制目标、战术层面的控制目标和风险容量中的任何一个变量发生变化，风险容限也将发生相应的调整。

风险容量是控制主体在追求价值的过程中所愿意承受的风险数量，它反映了控制主体的风险管理理念，一方面风险容量受到企业战略的影响；另一方面也是来自企业文化的影响。具体而言，风险容量是战略制定的指向标，可将风险容量表述为收入增长、风险和报酬之间的可接受的平衡，或者是控制主体在向其他利益相关者提供价值的过程中所愿意承受的风险水平。风险容量

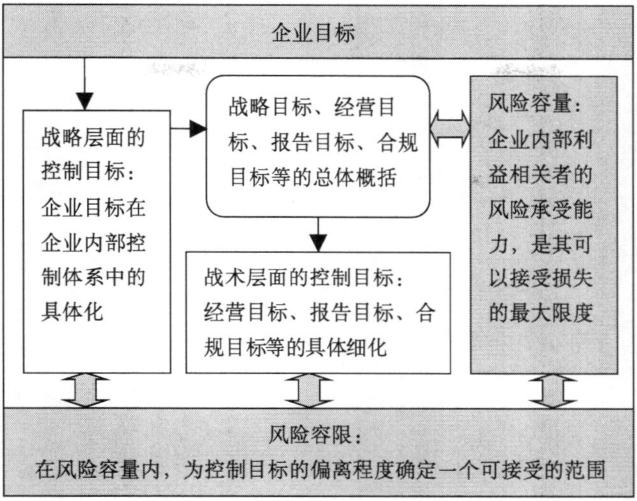

图 5－2　企业内部控制体系控制目标层次示意图

资料来源：作者整理。

也有助于管理当局选择合适战略，即如果战略与主体的风险容量不一致时，战略就要进行修改。风险容限是指相对于目标实现所能接受的偏离程度，它要与战略目标、战术目标的度量单位保持一致性。因此，战略目标、战术目标和风险容量与风险容限是一个相互协调的过程，只要战略目标、战术目标和风险容量任何一个变量发生变化，风险容限都要发生相应的调整。

由此可知，企业内部控制体系的目标体系包括企业层面目标、治理层面目标和管理层面目标三个方面（如图 5－3 所示）。

企业层面目标是企业目标，即企业所有者（内部利益相关者）利益最大化和企业所有者（内部利益相关者）与其他利益相关者关系最优化。在此基础上，企业目标转化成企业长期目标即战略目标，这是由企业治理层面所决定的，也就是控制主体所共同协商决定的。

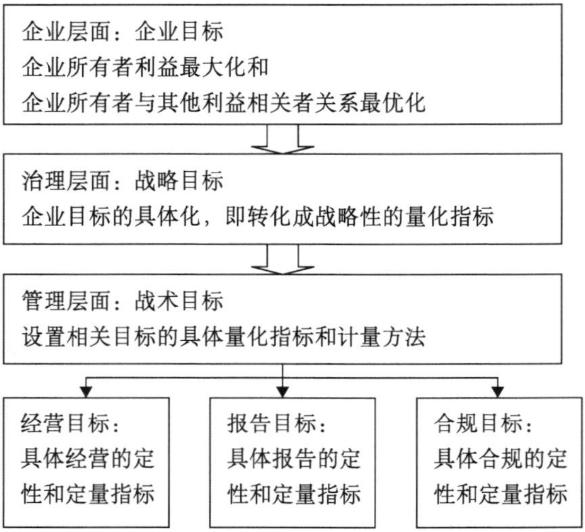

图 5－3　企业内部控制目标体系示意图

资料来源：作者整理。

治理层面目标是由企业层面目标直接转化而来的高层次目标，与使命相关联并支撑企业所有者愿景。治理层面主要面对的是企业长期目标，一般用战略目标来代替，战略目标是企业内部控制体系最基本的目标。实施战略目标实现价值创造是企业发展的根本动力和最终追求。企业战略是那些与企业目标相关联并且支撑其实现的基础，是企业与其组织环境相互作用以实现组织目标的综合性计划，是管理者为实现其企业价值最大化的根本目标而针对环境所做出的一种反映和选择。对一个企业而言，如果没有明确的战略规划，那么在激烈竞争的市场环境中容易迷失方向；当然，有了明确的战略规划也不一定就能取得良好的经营业绩，因为战略目标的实现以战略实施为前提。可见，战略的定位及其实施是贯穿企业整个经营过程的主线（池国华，2009）。因此，将治理层面目标分为企业所有者利益最大化战略目标和企业所有者与其他利益相关者关系最优化战略目标，随着它们的变化，战略和相关的目标会重新调整以便与战略目标协调。

管理层面目标是在战略层面目标的基础上设置的管理层面的目标。管理层面目标是通过高效利用其资源、保障信息真实、合法合规经营等一系列措施来实现企业战略目标（池国华，2009）。管理层面目标具体细分为经营目标、报告目标和合规目标，它们都是由具体的定性和定量指标构成。

（2）控制主体。由于企业目标和企业内部控制目标具有多元性和多层次性，同一个企业不同性质、不同层次的控制目标可能需要不同的具体控制主体，而不同企业同一层次或同一性质的控制目标也可以有不同的控制主体。因此，控制主体安排是企业内部控制体系构建需要考虑的重要内容，并具有显著的个性化特征，绝不应由研究者或权威机构事先统一规定。

总体而言，利益相关者视角的企业内部控制主体应包括企业内部利益相关者及其代理人。企业内部利益相关者既可以是企业内部控制体系的直接制定者、实施者，也可以作为间接控制者而将直接控制权授予其代理人。由于每个企业的内部利益相关者不同，其所确定的企业目标和与之相对应的企业内部控制体系的控制目标也不尽相同，因此，其对应各层次控制目标做出的控制主体安排就可能不同。不仅同一个企业不同层次的控制目标可以有不同的具体控制主体，而且不同企业和同一企业不同时期对同一层次控制目标的控制主体安排也不必完全相同。

（3）控制环境。企业控制环境是推动企业发展的引擎，也是其他要素的关键影响因子，是内部控制其他要素发挥作用的基础（程静茹，2011）。在确定企业控制主体的同时就确定了企业内部控制范围和控制边界。通过对企业内外部环境的了解，为企业控制目标的确立提供了环境保障。控制环境包括企业的经营方向、外部环境、企业的社会形象、与外界的联系等方面，具体划分为企业内部环境和企业外部环境（包括经营环境、社会关系网络等）。

首先，董事会是内部环境的重要构成因素，它是内部控制体系中人的因素，对其他内部环境要素有重大的影响。同时，董事会是企业的核心管理层，对于管理者的独立性、其成员的经验和才能、对活动参与和审察的程度以及适当性都起着重要的作用。当控制主体不参与企业直接管理时，董事会是企业控制主体的直接代理人，代替控制主体对企业实施控制。一个积极的和高度参与的董事会、托管委员会或者类似的代理机构，应具有适当程度的管理、技术和其他专长，以及履行监督职责所需要的思维方式，这是企业内部控制体系中控制环境至关重要的方面。有效的董事会管理层也是企业内部控制体系运行的保障。再完善的企业内部控制体系的构建，包括合理的战略、胜任的员工合理的经营流程、可靠的技术以及完善的控制机制，而没有一个合格统帅，就会使企业在风险面前异常脆弱。

其次，外部环境对企业内部控制体系的影响。企业所处的行业及经营环境都对企业内部控制的有效性产生影响。其中，社会关系网络是企业长期经营形成的战略性的资源，但由于其所具有的异质性、稀缺性和不可模仿性而使企业的核心价值观变得难以改变（陈传明、张敏，2004；2005）。因此，在管理层面要注重企业作为一个人的群体具有依赖性和倾向性。也即在企业范围内，企业价值形成过程中，人们往往在观察别人的价值选择来寻求自己价值取向。即以别人行动方向作为何去何从的指示，从而赢得群体的接受与认可。如果企业能在群体层面构建一张有利于企业发展的具有凝聚力和倾向性的、无形严密的网，那么企业内部控制体系就十分有效。这张网可以实现：一方面面向组织成员传授着企业所倡导的价值观和行为规则，使其态度和信念产生持久的、内在的改变；另一方面，借助企业文化的正反馈机制规范和约束成员的行为，使其在组织成员面前表现出强烈的一致性（陈传明、张敏，2004；2005）。

（4）风险识别。在风险管理框架中涉及的是事项识别，对企业影响的潜在事项有可能是企业机会也可能是企业风险，会对主体成功地实施战略和实现目标的能力产生负面影响的就是风险。企业内部控制体系的风险管理首要环节就是风险识别。风险识别是在事项识别的基础上进一步对风险的识别。风险种类繁多，有的根据风险效应划分为系统风险和非系统风险；有的根据风险暴露体性质划分为实质资产风险、财务资产风险、责任暴露风险和人力资源风险[①]（冷继波、汪建钦，2009）；有的根据事项是否预期性可划分为预期风险和非预期风险；有的根据风险的存在形式分为固有风险和非固有风险；风险管理框架将企业风险分为战略风险、经营风险、报告风险和合规风险。

风险识别并非盲目地，而是从影响战略执行和目标实现的事项入手，寻找它的内部因素和外部因素（如图5－4所示）。外部因素主要包括：经济因素（如价格变动、资本活动的难易程度、竞争准入的难易程度等等）、自然环境因素（自然灾害发生的导致厂房破坏的可能性、获取原材料的难易程度等等）、政治因素（新的法律和监管、税收的高低变化以及国外市场的开放程度等等）、社会因素（人口统计、社会习俗、家庭情况以及人

① 根据风险暴露体性质划分，可以把风险分为：①实质资产风险：不动产与非财务性动产可能遭受的风险，表现为毁损或贬值。②财务资产风险：财务性资产可能遭受的风险，如利率波动或股票跌价。③责任暴露风险：因法律上的侵权或违约导致第三人蒙受损失。④人力资源风险：如公司员工因伤病死亡导致公司生产力衰退或其他非安全的风险。

力资源问题等等）和技术因素（新技术导致成本较低、电子商务、技术出现导致的服务的增加等等）。内部因素主要包括：基础结构（不仅包括治理结构的完善性、还应包括资本配置支持的防护性维护和呼叫中心等等）、人员（人身安全、欺诈行为以及劳动合同到期前后的问题，人员的缺失导致的生产中断的经济损失和声誉损失）、流程（流程的准确性和顺畅性，监督到位性）和技术（技术的不完备性导致系统停滞和故障以及导致的欺诈性交易和不持续性交易等）。

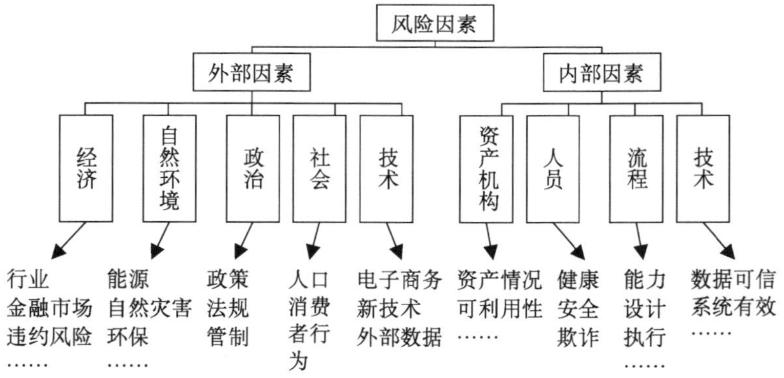

图 5－4　企业内部控制体系风险因素分类图

资料来源：作者整理。

由于企业所有者是由不同的利益相关者经过集体选择所确定的，即控制主体的差异导致了企业目标的差异，风险存在的事项也不尽相同，因此，不同的控制主体导致的企业风险识别的方法也不尽相同。同时，还应注意主体层次的不同导致的风险识别方式也不尽相同。因此，应该在全面了解各种风险的基础上，尽量预测危险可能造成的危害，进而选择控制风险的有效方式。例如，战略目标的风险识别，通常采用情景分析法，通过假定一系列不利情景来识别可能影响战略目标实现的风险因素和风险事项。为了避免忽略相关的风险事项，最好把识别与对风险发生的可能性和它的影响评估区分开来，评估部分属于风险评估的范畴。

（5）风险评估。风险评估是企业内部控制体系的关键要素，是风险定性和定量分析的集中体现。风险评估是在风险识别的基础上，控制主体对潜在风险事项影响目标实现程度的评估。企业内部控制体系的企业风险是在作为控制主体的内部利益相关者及其代理人限定下形成的企业风险。在风险识别时既要考虑预期风险事项，又要考虑非预期的风险事项。预期风险事项是指那些常规性的和重复性出现的，并且在企业内部控制目标或经营计划中已经存在的可能发生的事项，而其他属于非预期的风险事项。控制主体可针对一些可能对控制主体有重大影响的非预期事项留有关注，如银行中经济资本就是预防非预期损失的一种较为有效的方法。但是，风险评估主要还是针对那些预期风险或预期可能导致损失的项目评估和评价。预期风险中又分为固有风险和剩余风险，其中，固有风险是指控制主体没有采取任何措施来改变风险的可能性或影响的情况下，一个主体所面临的风险；剩余风险是管理当局在风险应对后残余的风险。只要风险应对到位，那么，控制主体所要关注的就是企业的剩余风险。企业内部控制体系中的风险评估如图 5 - 5 所示。

首先，风险评估的“可能性和影响”分析。风险评估是企业根据预期可能的结果和概率，结合企业控制主体的风险偏好和承受能力进行风险和收益组合选择的过程。风险即为可能给企业带来不利影响的事项，那些潜在的风险不确定性可以通过“可能性和影响”来估计。其中，“可能性”主要表示那个给定的不确定性的潜在事项将要发生程度或者发生的概率；“影响”是指

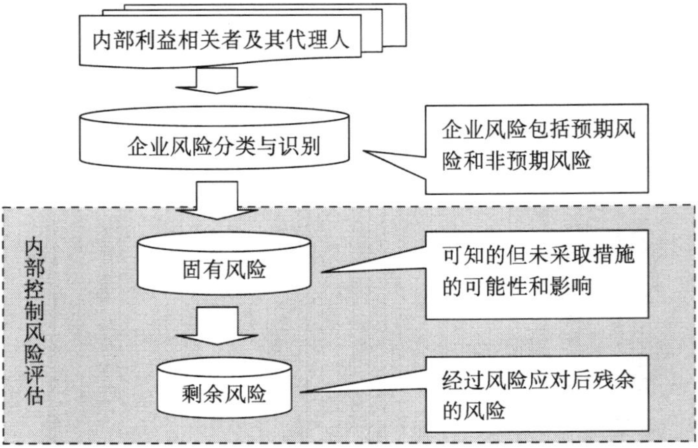

图 5－5　企业内部控制体系中风险评估示意图

资料来源：作者整理。

不同的风险评估导致给定的不确定性的潜在事项的后果。“可能性和影响”的估计过程是一个定量分析和定性分析相结合的过程。“可能性”中“发生程度”的分析可以是从定性的角度来评价，如高、较高、适中、较低、低等等；而“概率”则一般采用定量的测定，如百分比、发生概率等等。风险评估过程是全面而复杂的，必须考虑企业内部和外部的全部重大风险。通过内外部因素影响的分析，企业内部控制体系控制主体的差异，是导致风险存在性差异的主要因素。从利益相关者理论和集体选择理论视角可以发现，企业所有者集体选择过程中也是风险平衡和风险控制的有效手段。这也就是本书要从利益相关者角度来构建企业内部控制体系的主要原因，由于控制主体的差异，导致企业目标的实现也存在差异，企业目标差异必然导致企业内部控制模式、构成体系的区别构建。使得本书中的企业内部控制体系在更高的角度去审视内部控制，对于企业系统的整合风险有一个很好的应对。因此，控制主体的确定为风险管理定下基调，也为风险评估提供主线，主体风险主要特征体现在主体种类、主体规模、经营的复杂性以及对其经营的管制程度。

其次，风险评估的技术与方法。风险评估的方法多种多样，由于控制主体的差异导致的控制目标差异，出现的风险也各不相同，因此，不同风险所面临的风险评估的方法也不同。如股东为实现其收益的最大化，他需要关注该企业的股票价格、企业的经营水平等等。在确认其股票价格风险时可以应用风险价值（VaR）模型和适用于市场价格变化对企业价值的影响等模型来实现股东对企业风险评估，还可以从利益相关者的行为视角以及意识形态视角来考虑利益相关者作为控制主体所面临的风险水平。可以是定量和定性相结合的方式，也可以任一方法任选其一。风险评估的过程主要是先设定基准，再设计模型，评价风险影响结果。其中，风险模型包括概率模型和非概率模型。概率模型是通过特定的假设将一系列事项及其影响和发生的可能性联系起来，主要是针对风险定量分析；非概率模型是在估计风险发生的可能性时没有量化模型，只是利用主观的判断，主要是针对风险定性分析。

风险评估的定量分析。定量技术是通过可获得的数据推出概率来估计风险的可能性或影响。它一般是更高程度和更严密的风险评估技术，主要用于经营风险等容易获得支持性数据和假设的领域。如风险价值模型、风险现金流量模型、风险收益模型、损失评估模型等概率模型以及情景分析、专家调查法、外推法（Extra polation）、故障树分析法（FTA）、影响图（Influence Diagram）、层次分析法、敏感性分析等非概率模型的量化分析方法。以上的定量风险评估方法并不是所有都应用于企业中，企业应根据自己的实际情况有选择地进行风险评估（如表5-2所示）。不同的风险定量评估方法有不同的适用范围，本书将在具体企业内部控制体系构建时详细分析风险定量评估方法。如风险价值模型在金融领域运用较多，可以用于股票风险评估，具体风险价值的计算模型也较多。

表 5－2　　风险评估定量分析方法比较汇总表

定量分析方法	数据收集	方法实现	计算速度	高层解析	精确程度	适用范围
历史模拟法	困难	较容易	快速	容易	精确	财务指标较容易取得的经济领域，如股票价格等
参数法	容易	容易	快速	较容易	精确	具体业务风险可行性分析
蒙特卡洛法	容易	困难	慢	困难	精确	具体业务风险可行性分析
情景分析法	较容易	容易	快速	容易	较精确	战略目标设定
专家调查法	较容易	较容易	慢	容易	较精确	政策法规目标的制定
外推法	困难	较容易	快速	容易	较精确	项目风险评估
敏感性分析	较容易	容易	快速	容易	较精确	日常或持续性风险分析
层次分析法	容易	容易	快速	容易	较精确	结构性目标的风险分析
风险矩阵法	容易	容易	快速	容易	较精确	战略目标的风险分析

资料来源：作者整理。

风险评估的定性分析。定性风险评估技术是通过一些主观的术语描述，使用者需要相对较高的知识和判断力来对潜在事项进行了解。如可能性风险的排序或者描述其风险的影响程度的术语（无关紧要、较小、中等、较大或灾难性等等）。具体的风险评估方法需要注意的是，定性分析中主要是对不确定因素做出的主观判断，心理学研究证明，不同的决策者在对同一个事项作出判断时会存在偏差。如果在风险评价模型中，“过度信任”或者

"过度谨慎"都会导致风险评估的结果与实际现实情况差异甚远，就降低了风险评估控制要素的有效性。与定量分析相比，定性分析没有定量分析的准确性高，但是在一些不要求定量分析的情况下，或者现有的风险评估水平实现不了定量分析所要求的数据时，又或是能实现获取定量分析要求的数据但是受到成本效益的限制，企业管理当局只有选择风险评估的定性分析。

再次，构建战略目标风险评价模型。通过上述对风险评估方法的认识，本书依据风险矩阵法、情景分析法以及专家调查等方法，结合定量和定性分析，以确定利益相关者视角的企业内部控制体系中的战略目标风险评价模型。其中，风险矩阵作为一种识别风险重要性和评估风险潜在影响的方法，包括风险指标的界定、风险发生的概率、风险影响和风险等级的划分标准以及风险管理对策等内容（Paul，1998；商迎秋，2011）。风险矩阵方法是一种操作简便且定性分析与定量分析相结合的方法，可用于风险管理的评估中（Burns，2001；Roberts，2001；常虹，2007；刘俊娥，2007；党兴华等，2006）。利益相关者视角企业战略目标的风险因素如图 5－6 所示。战略目标风险因素共分为两个层次，第一层次由控制环境、控制主体、营运能力、战略资源和信息沟通五个方面构成，第二层次是由以上五个风险因素进一步细分的可能存在的风险因素。分别是控制环境包括宏观环境、行业环境和市场环境三个风险因素；控制主体包括愿景规划和行为偏好两个风险因素；营运能力包括采购能力、财务能力、人力资源能力、技术创新与产品开发、生产管理和营销管理六个风险因素；战略资源因素包括人力资源、信息资源、技术资源、管理资源、物质资产、市场资源和关系资源七个风险因素；信息沟通包括战略沟通、经营协同和组织沟通三个风险因素。在战略目标风险因素分析的基础上构建战略目标风险指标体系，分为两级风险指标体系，一级指标 $S=(S_1, S_2, S_3, S_4, S_5)$；二级指标包括 $S_1=(S_{11}, S_{12}, S_{13})$；$S_2=(S_{21}, S_{22})$；$S_3=(S_{31}, S_{32}, S_{33}, S_{34}, S_{35}, S_{36})$；$S_4=(S_{41}, S_{42}, S_{43}, S_{44}, S_{45}, S_{46}, S_{47})$；$S_5=(S_{51}, S_{52}, S_{53})$。

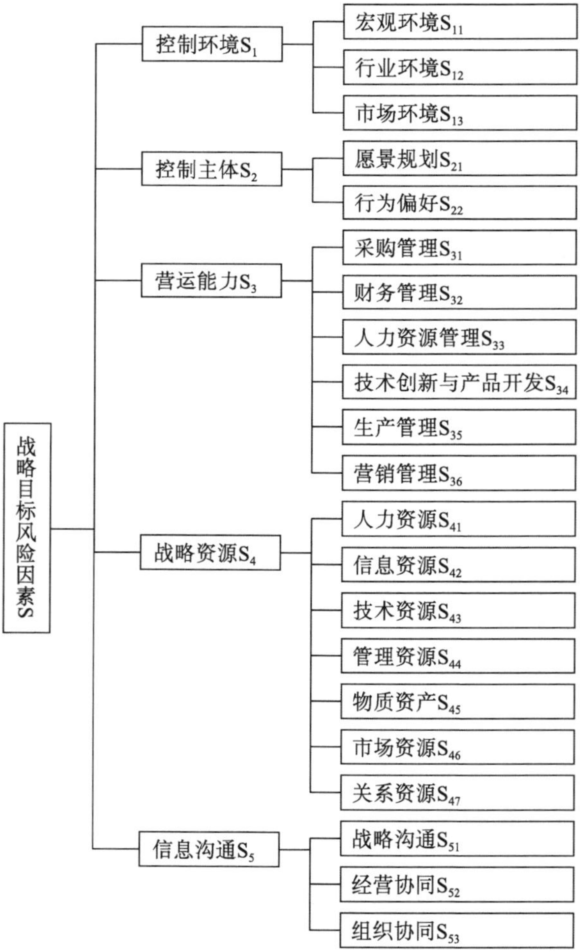

图 5-6　企业内部控制体系风险评估战略目标风险因素图

战略目标风险评价指标的标准应包括风险影响程度、风险发生概率和风险等级。根据原始风险矩阵的风险评价标准，将量化指标转化为风险影响程度标准和风险概率发生标准，以提高风险评估的客观性，降低定性的模糊程度（如表 5－3 和表 5－4 所示）。

表 5－3　　战略目标风险影响程度指标等级划分表

影响等级	等级量化分值	说明
可忽略	0－1	一旦风险事件发生，对企业的战略目标有微小的影响
微小	1－2	一旦风险事件发生，对企业的战略目标有一定影响
一般	2－3	一旦风险事件发生，对企业的战略目标有影响，但是能够有效解决，且在一定时期内没有后续影响
严重	3－4	一旦风险事件发生，对企业的战略目标有严重影响，需要在一定时期内投入资源去管理和解决，但不会影响企业生存
关键	4－5	一旦风险事件发生，将导致战略目标的失败，如果在一段时期内得不到解决，将会影响企业的生存

资料来源：参考商迎秋（2011）博士论文中信息及作者整理得到。

表 5－4　　战略目标风险发生概率指标等级划分表

影响等级	等级量化分值	概率范围	说明
极低	0－1	0－10	风险事件发生的可能性非常小，几乎不发生
低	1－2	11－40	风险事件发生的可能性小
中	2－3	41－60	风险事件有可能发生
较高	3－4	61－90	风险事件很有可能发生
非常高	4－5	90－100	风险事件的发生几乎确定

资料来源：参考商迎秋（2011）博士论文中信息及作者整理得到。

根据原始风险矩阵风险评价的影响程度和发生概率表格，风险等级尺度的划分显然具有过于单一、简单、笼统、粗糙，区分度不高也不准确的劣势和不足，更为关键的是依据这样的风险等级尺度对风险进行评估，无法依据相应的风险评估结果采取相应的风险管理措施和行动，给风险管理策略的制定带来困惑和干扰（陈建等，2008；商迎秋，2011）。因此，本书采用商迎秋有关影响程度和发生概率整合后的风险等级划分表格（如表5－5所示）。

表5－5　　改进后的风险等级对照表

风险概率（%）	风险影响				
	可忽略	微小	一般	严重	关键
0－10	低	低	较低	中	中
11－40	低	较低	低	中	中
41－60	较低	低	中	中	较高
61－90	中	中	中	较高	较高
90－100	中	中	较高	较高	高

资料来源：参考商迎秋（2011）博士论文中信息及作者整理得到。

为了减少风险评估过程中的主观依赖性，先引入模糊集理论，分析如下：

战略目标风险评估中涉及n个风险因素，用风险因素集S＝（s_1，s_2，…，s_n）表示，设所有可能出现的评价等级有m个，用评价集E＝（e_1，e_2，…，e_m）表示，风险因素的风险影响评价集E^1＝（e_1^1，e_2^1，…，e_m^1）表示，风险因素的风险概率评价集E^2＝（e_1^2，e_2^2，…，e_m^2）表示。基于模糊集理论从而确定通用评价集为E＝（e_1，e_2，…，e_m）。风险因素集S和评价集E之间的模糊关系用隶属矩阵R表示为：

$$R=\begin{bmatrix}R_1\\R_2\\R_i\\R_n\end{bmatrix}=\begin{bmatrix}r_{11}\,r_{12}\cdots r_{1j}\cdots r_{1m}\\r_{21}\,r_{22}\cdots r_{2j}\cdots r_{2m}\\r_{i1}\,r_{i2}\cdots r_{ij}\cdots r_{im}\\r_{n1}\,r_{n2}\cdots r_{nj}\cdots r_{nm}\end{bmatrix}$$

其中，r_{ij}可根据参加评价的专家做出的评价结果计算，即专家评价和人数的加权平均，$r_{ij}=d_{ij}/d$，d 表示参加评价的专家人数。根据模糊集理论，确定隶属度函数。因此，风险影响和风险可能性的评价结果（其中，I 表示风险影响评价结果、P 表示风险可能性评价结果）表示为：

$$I=\begin{bmatrix}I_1\\I_2\\I_i\\I_n\end{bmatrix}=\begin{bmatrix}i_{11}\,i_{12}\cdots i_{1j}\cdots i_{1m}\\i_{21}\,i_{22}\cdots i_{2j}\cdots i_{2m}\\i_{i1}\,i_{i2}\cdots i_{ij}\cdots i_{im}\\i_{n1}\,i_{n2}\cdots i_{nj}\cdots i_{nm}\end{bmatrix}\qquad P=\begin{bmatrix}P_1\\P_2\\P_i\\P_n\end{bmatrix}=\begin{bmatrix}p_{11}\,p_{12}\cdots p_{1j}\cdots p_{1m}\\p_{21}\,p_{22}\cdots p_{2j}\cdots p_{2m}\\p_{i1}\,p_{i2}\cdots p_{ij}\cdots p_{im}\\p_{n1}\,p_{n2}\cdots p_{nj}\cdots p_{nm}\end{bmatrix}$$

因此，可以得到风险因素的风险影响和风险可能性最终评定结果：

$$SI=\begin{bmatrix}I_1\\I_2\\I_i\\I_n\end{bmatrix}\times\begin{bmatrix}R_1\\R_2\\R_i\\R_n\end{bmatrix}^T=\begin{bmatrix}i_{11}\,i_{12}\cdots i_{1j}\cdots i_{1m}\\i_{21}\,i_{22}\cdots i_{2j}\cdots i_{2m}\\i_{i1}\,i_{i2}\cdots i_{ij}\cdots i_{im}\\i_{n1}\,i_{n2}\cdots i_{nj}\cdots i_{nm}\end{bmatrix}\times\begin{bmatrix}r_{11}\,r_{12}\cdots r_{1j}\cdots r_{1m}\\r_{21}\,r_{22}\cdots r_{2j}\cdots r_{2m}\\r_{i1}\,r_{i2}\cdots r_{ij}\cdots r_{im}\\r_{n1}\,r_{n2}\cdots r_{nj}\cdots r_{nm}\end{bmatrix}^T$$

$$=\begin{bmatrix}U_1^I\\U_2^I\\U_i^I\\U_n^I\end{bmatrix}^T$$

$$UP=\begin{bmatrix}P_1\\P_2\\P_i\\P_n\end{bmatrix}\times\begin{bmatrix}R_1\\R_2\\R_i\\R_n\end{bmatrix}^T=\begin{bmatrix}p_{11}\,p_{12}\cdots p_{1j}\cdots p_{1m}\\p_{21}\,p_{22}\cdots p_{2j}\cdots p_{2m}\\p_{i1}\,p_{i2}\cdots p_{ij}\cdots p_{im}\\p_{n1}\,p_{n2}\cdots p_{nj}\cdots p_{nm}\end{bmatrix}\times\begin{bmatrix}r_{11}\,r_{12}\cdots r_{1j}\cdots r_{1m}\\r_{21}\,r_{22}\cdots r_{2j}\cdots r_{2m}\\r_{i1}\,r_{i2}\cdots r_{ij}\cdots r_{im}\\r_{n1}\,r_{n2}\cdots r_{nj}\cdots r_{nm}\end{bmatrix}^T$$

$$=\begin{bmatrix}U_1^P\\U_2^P\\U_i^P\\U_n^P\end{bmatrix}^T$$

需要指出的是，虽然根据模糊综合评价方法确定了风险影响和风险概率的等级量化值，但是所有的战略目标的风险因素并非完全相同的地位，有的风险因素要比别的风险因素更加重要，所以就会涉及风险因素的权重问题，应根据具体的企业内部控制体系的需要，设置相应的风险因素权重。各风险因素的风险等级量化值与相对应的风险权重相乘，然后将得到的结果累加，可得到待评估系统的综合风险等级量化值（李海凌等，2008）。公式如下：

$$RRT=\sum_{i=1}^{N}RR_i\times W_i$$

风险因素的风险等级量化值为 RR_i，风险权重为 W_i，风险评估项目的综合风险 N 等级量化值为 RRT，风险模块的总数为 N。按企业分类的企业内部控制体系构建时，并非图 5－6 所示的所有风险因素都涉及，而是根据控制主体的差异选择自身真正面临的风险因素进行风险评估。

由此可知，风险评估是识别企业面临的各种风险，评估风险发生概率和可能性来确定企业承受风险的能力，从而进一步确定风险消减和控制的优先等级来推荐风险消减对策等等。同时需要说明，其一，风险评估并非一次事项的风险可能性的评价，而是在整个企业运行活动中的一个持续性和重复性的互动过程。其二，风险评估的时间范围应与相关的战略和控制目标的时间范围相一致，特别是战略目标是一个中长期的规划，在确立战略风险时，仅仅关注中短期风险发生的可能性是不够的，会缩小风险评估的范围，因此，不能忽略那些可延伸的风险。

（6）风险应对。风险应对是在风险识别和风险评估的基础上，对风险进行的应对。风险管理框架中有关风险应对的措施包括风险回避、降低、分担和承受。在风险应对的过程中，控制主体对风险可能性和影响的效果以及成本效益，选择能够是剩余风险处于期望的风险容限以内的应对，并且从控制主体范围或者组合的角度去认识风险，以确定总体剩余风险是否在主体的风险容量之内。由此，风险应对是在风险偏好和风险承受度确定的基础上，根据风险评估结果，对风险级别比较高的风险制定相应的风险应对策略，包括风险回避、风险降低、风险分担和风险承受（如图5－7所示）等，将风险控制在可接受的范围内。风险回避是指面对此类风险，应退出产生风险的活动，如拒绝向一个新的地区的市场拓展；风险降低是指采取相应的降低风险的可能性或者影响，或者同时降低二者，此风险应对的主要措施用于日常的经营决策中；风险分担是指转移降低风险的可能性或影响，或者分担一部分，如给产品或者事项购买保险，或外包某些业务活动等等；风险承受是指不采取任何措施去干预风险的可能性或者影响。

在分析风险应对的过程中，不仅应考虑过去的事项和趋势，还应考虑到潜在的未来事项和情景。在评价备选方案时，利用和衡量战术目标相同的或者适合的计量方式。同时，在风险应对时，还应注意到成本效益原则，每一个风险应对的备选方案必须

回避	• 处置一些重大决策 • 导致新的风险的出现	• 各类合作项目风险 • 其他利益相关者的合作	分担
降低	• 多元化产品 • 经营范围扩大 • 调整资产组合	• 可接受的风险容限内 • 自然抵消 ……	承受

图 5－7　风险应对类型说明图

要考虑到成本效益原则，也就是尽量精确量化相关的直接成本和间接成本，以及使用资源所形成的相关机会成本。一旦选择风险应对，就确定了控制主体应该如何管理风险，选择一个旨在使风险的可能性和影响处于风险容限之内的应对或者应对组合。风险应对并不是必须达到最低数量的剩余风险，但是如果一个风险应对会导致剩余风险超过风险容限，管理当局就要对该应对进行相应的反思和修改，或者在特定的情形下重新考虑既定的风险容限。在评价固定风险的备选应对时，应考虑应对可能带来的附加风险，管理固定风险也是一个反复的过程。企业风险管理需要管理者建立一种企业层面上的风险组合的理念。在风险评估方面，企业治理层应从企业层面考虑企业的整体风险。管理层还应考虑对企业中各业务单位、职能部门、生产过程或相应的其他活动的风险进行复合式评估。

风险识别、风险评估和风险应对一经确定，就需要制定一项实施计划来执行。实施计划的一个关键部分就是确定控制活动以确保风险应对得以有效地实施。特别需要明确的是，风险管理的过程经过风险识别、风险评估和风险应对，即使该过程计划如何周密和细致，在某种程度上剩余风险仍然存在。这是因为资源的有限性，环境的变化性以及所有活动都存在对未来的不确定性和局限性。

（7）控制活动。控制活动是帮助确保管理当局的风险应对得以实施的政策和程序。企业内部控制活动，即企业管理当局在既定控制环境的基础之上，通过风险评估确定内部控制的关键控制点后，针对这些关键控制点所设计和执行的各种制度、政策和方法。控制活动应该贯穿整个企业，遍及各个层级和各个职能机构。控制活动一方面要实现与风险应对的对接，另一方面要与控制目标相联系。

首先，控制活动包括控制制度和控制程序两个具体的控制活动要件。控制制度是确定控制活动要做什么、有政策可循，即控制制度是为了实现企业控制目标，通过规章制度、准则等形式规范与限制企业中各级管理者与员工的行为，以保证管理活动不违背或有利于组织战略目标的实现。控制制度要保证其长期稳定性、机械的执行性。控制制度可能是书面的、长期沉淀形成的，也可能是口头的、约定俗成的。如果某项控制制度是一个长期持续并且充分理解的惯例，那么，该项制度的落实就需要信息沟通和企业文化控制两个内部控制要素来保证其执行效力，使得那些约定俗成、非成文的政策也能在企业员工内部有意识地贯彻执行。而另一个要件，控制程序是要根据控制制度政策所设定控制活动的具体实施过程，即企业控制程序是一个由治理结构、权力、责任和信息构成的有机整体，它是保证控制其他一系列管理活动实施的过程。控制程序一方面要符合企业经营管理程序；另一方面要遵循控制制度和风险应对的规定。控制程序是被用来保证对既定行动计划的坚持，也是保证控制主体在实现其目标道路上前进。

其次，控制活动的类型。控制活动按照企业目标体系的层级性可以划分为企业层面的控制活动、治理层面的控制活动、管理层面的控制活动和业务层面的控制活动；控制活动也可以按照控制目标的不同，划分为战略控制活动、报告控制活动、经营控制活动和合规控制活动。控制活动也可以按照控制对象的不同划分为高层复合、直接职能或活动管理、信息处理、实物控制、业绩指标和职责分离等项目。无论控制活动如何划分，其根本目的就是保证企业控制目标的顺利实现，实现与风险应对的有效对接。

因此，本书企业内部控制体系将控制活动在企业目标体系层级性的基础上拓展到各个具体控制目标层面（如图 5－8 所示）。企业层面的控制活动不能通过企业内部控制体系自身实现，只有通过企业分类研究针对不同控制主体的企业设计不同的企业内部控制体系来实现。治理层面的控制活动主要是针对企业战略目标设定的合理性进行高层复核，包括预算、预测等手段。管理层面的控制活动包括直接职能和活动管理的控制，以及经营目标、报告目标和合规目标的具体控制活动。控制活动与具体控制目标并非一一对应，而是两者之间存在相互交叉，根据具体企业的具体问题设定合理的控制活动。

（8）信息沟通。信息沟通是指那些对信息技术管理、信息技术基础结构、信息交流的控制，以及数据获取和处理的完整性、准确性、授权和有效性等方面的控制。一个企业组织各个层次都需要信息，以便识别、评估和应对风险；信息是大量的，来自企业内部和外部的，以定量或定性的形式出现。在大量的信息中如何处理和提炼大量的数据以形成可资行动的信息，这是一项挑战也是信息沟通要素需要解决的问题。可以构建信息系统基础结构来追溯、获取、处理和报告相关信息。同样，信息系统控制也是要随着控制主体的改变而发生变化的，信息系统根据需要变化，以便支持新的控制目标。它们识别和获取财务和非财务信息，并且以有助于控制主体活动的时机和方式去处理和报告这些信息。

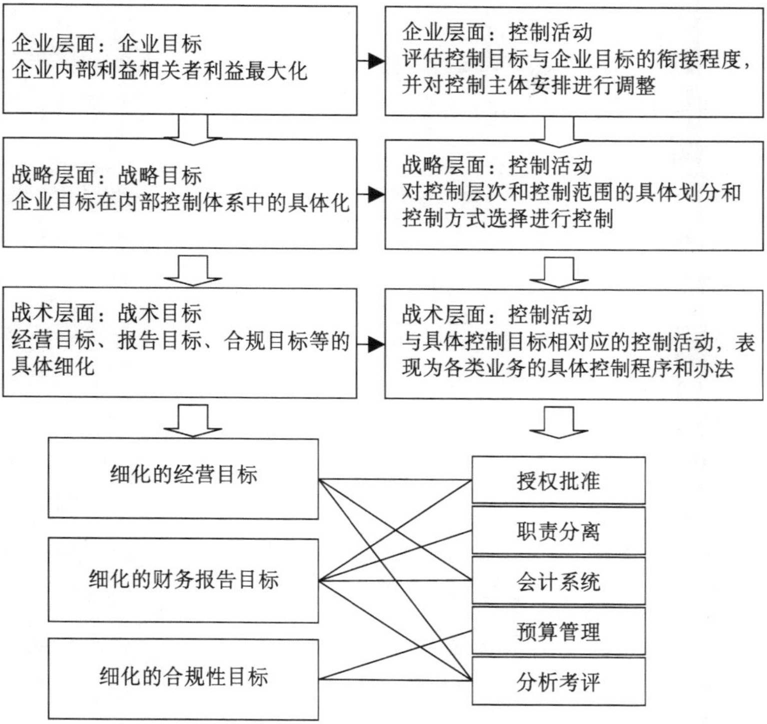

图 5－8　企业内部控制体系控制活动示意图

资料来源：作者整理。

信息是战略和经营的整合。一方面，信息系统构造的设计和技术是主体战略的重要方面。与技术选择和执行有关的决策取决于许多因素，包括组织的目的、市场的需要和竞争的需要。同时，信息系统也是支持经营战略的需要，随着经营需要的变化，技术为战略优势创造新的机会。另一方面，信息系统与经营的结合更为紧密。例如最为出名的企业资源计划（ERP），它运用在企业管理中，使得交易被实时记录和跟踪，使管理人员更有效地获取财务和经营信息，以便控制经营活动。信息是企业主体获得的历史和现在的数据。历史数据是主体能够对照任务、计划和期望来追踪实际的业绩。他是管理者识别相互关系和趋势，预测未来业绩的重要手段；同时也是控制主体对潜在事项发出及早警告的信息来源。

信息质量不仅包括信息的准确性，还包括信息的及时性。信息质量主要体现在是否恰当，并且处于正确的详细程度？是否及时得到需要的信息？信息是否能够被人们容易地准确取得？……提高数据的质量，不仅要建立企业范围内的数据管理程序，包括相关信息的获取、维护和分配，还要包括防止错误进入系统或者是在错误发生时予以察觉和矫正的相关措施。

（9）监督。监督是指要对企业内部控制体系进行全面的监控，对在各个控制要素执行过程中出现的问题及时修正。同一个控制主体的企业内部控制体系会随着时间的变化而变化，曾经有效的风险应对，在现有的经济环境或者操作层面上已不再适用；控制活动也因此变得不那么有效了，或者很难用这个控制活动再去执行对风险的应对；甚至有时控制目标的具体项目都会发生变化。因此，仅靠上面八个控制要素来诠释企业内部控制体系不够完善。监督包括持续的日常监督和非正常情况下的个别评价。监督与管理控制中的反馈控制有着紧密的联系。不仅保证了企业内部控制体系的有效性，也保证了企业的正常运行，以及对于偏差事件的不断修复和改正。因此，监督是企业内部控制体系中的自我监督，一般情况不需要控制主体过分关注。

持续的监督是包含在一个主体正常的、反复的经营活动之中。持续的监控被实时执行，动态地应对变化，并且植根在主体之中，是由直线式的经营管理人员或者职能式辅助管理人员来执行，以便对他们所接收的信息的含意予以深入考虑。需要指出的是，持续监督过程中的政策应与所要求执行的活动区分开来，也就是应将控制活动和监督区分开。个别评价的范围和频率取决于对风险的评估和持续监控程序的有效性。只要持续监控的有效性程度越高，就越不需要个别评价。风险评估的等级越低则不需要个别评价，个别评价主要集中在那些优先程度较高的风险领域和应对，主要存在于战略制定及重大的活动中。个别评价的方法包括核对清单、调查问卷和流程图技术等等。

同样，任何一个有效的内部控制体系都会或多或少存在缺陷，这种缺陷表现在企业内部控制体系中任何一个值得注意的情况，有可能被察觉、有可能未被察觉，它是潜在的缺点，也有可能它会是未来目标的一个机会。它可能会通过持续性的监控程序、个别评价和外部环境表现出来。虽然缺陷不一定被监督所查出，但是，监督仍然是企业内部控制体系中不可缺少的一部分。

5.2.4　利益相关者视角的企业文化控制要素

企业文化控制要素作为企业内部控制体系的另一个基本要素，对企业结构控制要素起到辅助作用。企业文化控制要素是企业组织在其发展过程中所形成的组织成员所共同信仰的管理哲学、行为规范和价值体系的总和。企业文化，是一种给企业管理建立观念形态的价值观，是企业长期形成的稳定的文化观念和历史传统以及特有的经营理念和风格，包括一个企业独特的指导思想、发展战略、经营哲学、价值观念、道德规范、风俗习惯等（科莱斯国际企业管理咨询机构）。同时，企业文化是社会文化体系中一个有机的重要组成部分，它是民族文化和现代意识在企业内部的综合反映和表现，是民族文化和现代意识影响下形成的具有企业特点和群体意识以及这种意识产生的行为规范。在传统内部控制理论研究中，企业文化作为其内部环境的一个组成部分，主要是增强风险意识和风险理念的企业文化建设。随着利益相关者理论中诚信合作意识的逐渐深入人心，是否应从利益相关者视角构建企业文化控制要素呢？

（1）利益相关者视角的企业文化。企业基本经营思想、企业精神和企业目标远远比技术资源或经济资源、企业结构、发明创造及随机决策更加重要。但是，仅认为股东就是企业利益的全部，无法实现企业发展的要求。在利益相关者理论丰富企业理论的同时，将利益相关者理论融入到企业文化并指导企业其他的运行具有重大的意义。汤姆·彼得斯、约翰·科特、詹姆斯·赫斯克特（1996）先后提出客户、股东和员工对企业的发展同等重要，要实现企业业绩长期的增长，就要特别注重客户、股东和员工因素以及重视各级管理人员的领导艺术。利益相关者视角的企业文化已不仅仅只是对企业经营边界内部利益相关者如管理者、员工有着积极性的影响；他还将触角延伸到企业经营边界外部，如客户、股东、供应商和政府等其他利益相关者的影响。企业文化可以影响到企业对于自身社会责任的敏感性以及企业与社会之间的文化交流。下面分别从各个利益相关者角度分析企业文化对其影响以及各个利益相关者如何反作用于企业文化的塑造。

首先，企业股东文化。企业股东文化就是传统意义上从股东至上视角的企业文化研究。曼克斯（Mannlx，1995）等人提出的经济导向的企业文化，是指企业强调稳定的经济效益，往往以绩效为工作中心，力求通过一致的行为获取稳定的收益。此时企业的价值观就是趋利的观念根深蒂固，企业存在的目的就是为股东创造价值。股东利益最大化的思想使得企业文化放弃了其他利益相关者的利益，忽视了企业的社会责任，忽视了员工的利益，忽视了顾客的利益等等。虽然在物质资本稀缺的时代股东文化思想也极大地促进了社会经济发展。然而，这种文化与当今社会追求和谐和可持续发展的理念相去甚远，一味追求股东的价值最大化的企业越来越难以持续生存和发展。

其次，企业管理者文化。企业文化能提高企业管理者的道德水平从而减少寻租问题。从纳什均衡的寻租理论可以发现，如果代理人寻租的成本越高，相对他的寻租收入也就越高，代理人寻租可能性就会越小；反之，委托人监督成本越高，则会导致代理人寻租可能性增大。当物质激励无法实现监督企业管理者要求时，就需要在道德精神方面激发人的积极性。道德激励可以协调企业管理者个人目标与企业目标之间关系的一致性，使充当企业管理职能的企业管理者一直能按照企业目标的方向管理企业。科学主义者寄希望于“硬性”规范而忽视道德协调的“柔性”管理。而“硬性”规范只能作用于有限领域，而道德协调的“柔性”管理则可通过诉诸个体修养、舆论褒贬、沟通疏导、教育感化、价值观念等来协调职业经理人与企业间的目标差异。企业文化的协调功能一般不带有强制色彩，十分注重个体内在的道德人格培养和道德自律，其不仅具有内部管理功能，而且具有外部正效应——社会管理功能（杜春颖，2012）。管理者道德素养的提高能够塑造良好的企业道德形象，企业管理者道德素养形成的企业精神不仅是企业家个人的道德品质的体现，同时也会影响到企业员工的整体道德风貌。因此，通过管理者道德精神与企业员工道德风貌的良性互动促成了现代企业的以道德为基础的核心竞争力的真正形成。

再次，企业员工文化。企业文化为员工提供了内部生存环境和发展的空间。它是企业的战略思路、行为宗旨、经营理念及员工精神层面追求的集中体现。对企业内部来说，文化是围绕着“人”来开展的，它是企业的价值理念和行为规范，连接着全体员工，激励它们为共同的目标而努力，充分调动着员工的积极主动性和创新力。企业员工文化的形成一方面受到企业管理者道德精神的影响；另一方面受到自身“心理契约”的影响。在企业管理者道德影响方面，主要是客服团队理论中员工道德及搭便车的风险。如果在团队中每个员工都尽力工作，集体的状况会变好，相反，如果每个员工都有一定程度的偷懒动机，而且会认为当自己减少工作努力时，团队成员的人均产出不会受到很大影响，团队规模越大，影响力越小，这样导致偷懒的动机就会越强。而这种懒惰动机很容易在员工之间“传染”，从而导致整个团队生产能力的下降。那么，这种在员工之间“传染”媒介就受到企业文化的影响。相反，如果积极的思想和价值观在员工间蔓延，就会使员工心里产生个人偷懒会导致内疚负罪感的出现，这种负罪感超越了偷懒心里，就会使员工放弃偷懒，选择积极地工作。另一方面，员工自身心理契约的建立。员工在进入企业时不仅要签订劳动合同，以规定其在企业中所获得的收益和应实现的价值；同时也要注意在有形契约签订的同时的心理契约。心理契约包括着合作双方的物质奖赏、精神激励和愿望期待。心理契约的适宜会带来双方的满意和信任，它有利于调整企业与员工之间、员工与员工之间的关系，提高组织绩效，增强企业的核心竞争力（杜春颖，2012）。大量的实证研究表明，当员工感觉自身技能和可雇佣性较高时，那么他们寻找更好工作的机会就会增加，心理担忧就会降低，心理契约得以满足；相反，如果员工对企业的依赖度越高，那么他们的心理契约违约可能性就会越高（Moorman. Blakely 和 Niehoff，1995；Eisenbergerder，2000）。由此可知，企业员工是由于无力兑现、不愿兑现、理解偏差和有意背叛导致了心理契约违背的出现。

再其次，企业客户文化。汤姆·彼得斯从企业经营模式角度分析，认为企业文化应该重视“客户因素”，从而能促进企业改革以满足消费者的需求，这种企业文化有助于企业提高自己对市场环境的适应程度（帅萍，2004）。要实现"客户因素"的企业文化主要从两个方面入手：一方面是塑造良好的企业形象，提高顾客满意度是以客户为中心最为直接的体现。企业形象是企业在社会公众心目中的总形象（产品服务形象、员工形象、社会关系形象等），其中，社会公众包括客户、债权人、股东、政府供应商和其他社会公众等利益相关者。企业形象可以通过产品质量、传播媒介和员工营销服务三个途径实现（如图5－9所示）。客户接收企业的价值途径主要是通过产品质量的口碑相传、与员工的营销接触和售后服务、以及传播媒介（电视、网络和报刊等）接触到该企业的相关信息。其中，员工对客户提供积极且符合实际产品相关信息的企业良好形象，会使客户对产品价值的印象超过产品实际价值，从而降低客户对产品信息的不对称性。客户满意是指客户对一个商品或者服务感觉到的作用和效果，与他的预期比较后而形成的内心满意和愉悦状态。客户满意是在第一次交易形成之后客户的一种心理反应，当客户出现第二次购买之后，就形成了客户忠诚。客户满意度和忠诚度是企业形象传播效果的检验。获得一个客户的信任，实现其满意度，会起到广而告之的作用，以增加企业产品知名度与顾客对产品品牌的忠诚度。另一方面，企业对于其他利益相关者的态度也会影响客户的价值判断。在原有股东价值最大化的企业文化导向下，企业过分关注股东价值盈利目的，而忽视了其他利益相关者在社会中的地位和利益，因此，社会的其他利益相关者就会采取相应的反击措施，如政府监管介入、媒体曝光等等。该种企业文化背景导致了企业形象严重受损，这种企业很难翻身甚至恢复原样。

最后，企业其他利益相关者文化。企业文化对企业其他利益相关者的影响主要体现在与企业有合作关系的利益相关者。他们之间是建立在相互信任、相互合作的关系文化基础之上的。由于

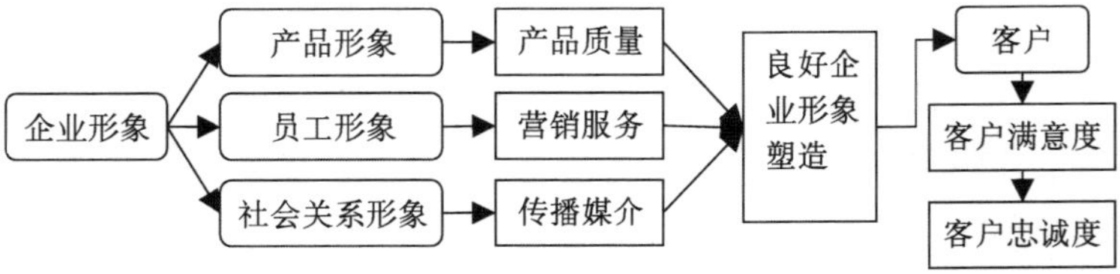

图 5-9 企业形象塑造和传播途径图

资料来源：作者整理。

市场经济发展产生的信息不对称和利己主义的思想出现，导致在供应链上的企业与企业之间都存在信任危机。如企业与供应商之间的合作，并没有一个长期合作的打算，企业内在理念就是要同时与几个相同产品的供应商保持联系迫使他们之间相互竞争，在价格战中获取利润。相反，如果企业的理念是“信任为先”，意味着诚实、可靠、开放、公平合作和遵守已经达成的合同和协议，以及积极的合作态度，如信息共享、联合开发产品，以及超越合同的理解等等，那么，该企业与供应链上的其他企业的合作就会减少人力、物力、财力与精力上的不必要耗损，提高了供应链的周转效率。同时，从监督成本的角度来看，企业与供应商长期的信任合作关系，能降低企业不必要的监督机制从而减少监督成本。

除此之外，企业文化还对政府等监管部门产生影响，在某个地区内企业具有良好的企业形象，代表着该地区的企业文化，那么，当地政府就会对该企业更加重视，在税收、财政上给予适当倾斜，这也是体现企业文化重要性的表现形式。但是，如果政府在企业文化中受到过分的重视，那么并不会有利于企业的长期发展，因为垄断利润会随着时间的流失逐渐消失。因此，诚信是企业文化的核心，也是企业制度和理念的基础。诚信不同于高科技和企业制度，它是具有诚实正义品格的人经过长期培养和有效管理的结果。

（2）企业文化是内部控制的柔性辅助。企业文化对内部控制具有重要的补充和矫正作用，以调节内部控制制度无法调节的环节。制度的刚性解决“硬控制”问题，文化的熏陶解决“软控制”问题，文化所造就的“潜意识”将弥补、修正和抵抗内部控制制度的空缺、缺陷和干扰，在很大程度上提高了控制的功效（冯均科，2009）。如果说企业结构控制是企业内部控制体系的核心，那么，企业文化就是企业内部控制体系核心的精神支柱，也是上层建筑的核心价值观。由于企业文化具有一种难以被改变的刚性特征，这种特征一般是个体和群体在与组织及其环境相互作用时所使用的一些基本假设，文化与特定的群体相关，并为该群体所特有（Louis，1983）。考察一个企业文化的特征，不仅要从总体上去把握，也要从企业文化在企业中不同层次、不同方面的表现去理解（陈传明、张敏，2005）。企业文化对内部控制环境的影响最为重要（程静茹，2011）。企业文化是内部控制环境的集中体现，以人为本的企业文化有助于内部控制环境的优化，同时，良好企业文化的缺失阻碍内部控制环境的优化。企业内部控制建设应与企业文化建设相协调统一，企业文化建设的目的是推动企业的长远发展，而企业要发展，则完善的内部控制是必不可少的。充分发挥“软控制”对企业结构控制的辅助作用，要根据不断变化的外部环境及时地改进和完善内部控制体系，特别是企业文化控制要素的与时俱进。使得员工能够借助价值观念达到自律，矫正其价值观，规范其日常行为，解决员工个体价值与企业价值之间的矛盾，使个体价值与企业价值目标相一致。

（3）企业内部控制体系企业文化控制要素的构建。将企业文化作为企业内部控制体系的控制要素时，也要从整体到个体全方位考虑。无论是同心圆图（Neuhauser，2000）、冰山图（Lewis，1995）、睡莲图（Williams 等，1989）还是三层次模型（Schein，1985），都说明企业文化具有层次性。企业文化会随着企业内部控制主体的不同，他们的信仰、价值观、伦理标准和行为规范也会千差万别。由于企业文化对企业利益相关者的影响是潜移默化的，有时甚至是被动执行的，因此，要实现企业目标，企业文化必不可少，应该作为企业内部控制的构成要素（王竹泉、隋敏，2010）。同时，借鉴科莱斯企业文化要素的构成体系，将企业内部控制体系的企业文化控制要素划分为核心价值观、企业精神、道德修养和心理契约四类（如图 5－10 所示）。企业文化控制要素四个具体控制要素是对企业结构控制要素的补充和渗透，相反，企业结构控制要素也会对企业文化控制要素进行修正。同时，企业文化控制要素也受到来自企业外部社会关系网络的影响，也不断地对企业文化进行修正。

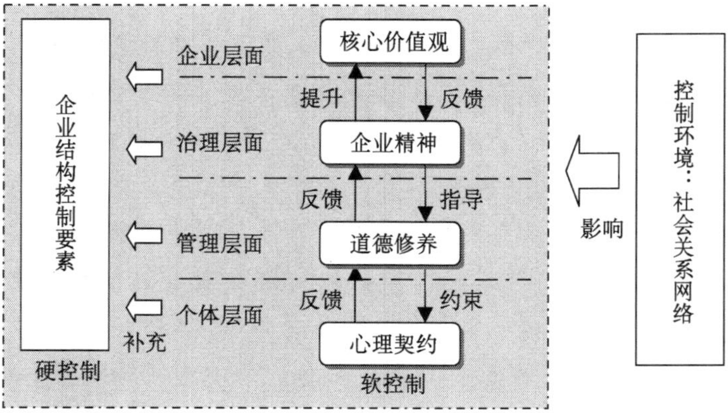

图 5－10　企业内部控制体系文化控制要素示意图

资料来源：作者整理。

首先，企业文化在企业层面表现为核心价值观，具有核心性和全局性。价值观是指企业内成员对某个事件或某种行为好与坏、善与恶、正确与错误、是否值得仿效的一致认识。Kluokhohn（1951）认为，价值观是个人或群体在内隐性和外显性方面对什么是好的、值得做的一种认知理念，是一种较持久的知觉架构，能塑造并影响个人行为（郑文山，2010）。因此，企业的价值观应体现价值观是人们向往的终极目标；也是人们认识判断事物是非的标准；同样也是人们行动的指南。具体而言，企业的价值观是指企业员工对企业存在的意义、经营目的、经营宗旨的价值评价和为之追求的整体化、个异化的群体意识，是企业全体员工共同的价值准则。价值观是企业文化的核心，统一的价值观使企业内成员在判断自己行为时具有统一的标准，并以此来选择自己的行为。企业的一切活动都应围绕着企业目标展开，企业目标通过企业控制目标会对企业的具体任务行为施加压力，企业的全体员工都会向着企业目标而努力，对具体业务而言是一种向心力，这种无形的向心力即为正向企业文化，能促进企业的发展；相反，如果没有有效监管和控制，那么，这种向心力就会转变成一种离心力。因此，在企业层面的企业文化应该是企业核心价值观的体现，具有核心性和全局性。企业文化通过位于核心地位的价值观，为企业及其员工提供一套判断和行为的标准，并影响着企业及其员工的一切活动（李建升，2008）。企业内部控制体系在处理和维护利益相关者利益行为的同时，也必然受到企业文化及其价值观的影响。

其次，企业文化在治理层面表现为企业精神，这是企业内外部相互交流的纽带。企业精神是指企业基于自身特定的性质、任务、宗旨、时代要求和发展方向，由治理层发起的能够影响企业成员群体相互合作、相互信任的意识形态。企业精神是企业文化的思想中心，在整个企业文化中起到传达核心价值观和指引道德修养和心理契约的作用。企业精神以企业核心价值观为基础，以价值目标为动力，对企业经营哲学、管理制度、道德风尚、团体意识和企业形象起着决定性的作用。

再次，企业文化在管理层面表现为道德修养。管理层面的道德修养主要体现在管理层对自我的道德人格和敬业精神的培养，对员工行为的道德激励以及对企业道德形象的塑造，并通过一些“寓教于乐”组织形式，使企业员工更具有凝聚力，如企业内的各种表彰、奖励活动、聚会以及文娱活动等。在企业核心价值观的基调下，管理层要注重道德人格的自我培养，以激发工作的积极性和忠诚度。使企业的管理层在企业文化的影响下激发出其个人努力精神和“超常规效率”。敬业精神表现为对某一岗位的社会认同和对该岗位所联系的责、权、利以及岗位价值的认可程度。爱岗敬业是道德修养的核心，它直接影响管理层的主动性和贡献度，管理层在岗位上能否做到尽职尽责，除了规章制度的规定和职责约束外，还取决于管理层的价值追求。道德协调的“柔性”管理则可通过诉诸个体修养、舆论褒贬、沟通疏导、教育感化、价值观念等来协调管理层与企业间的目标差异。信任和社会整合的缺乏是效率增长的障碍，各个企业通过企业内部独特的准则法典，如企业文化、企业哲学等来增强企业内部凝聚力，提高企业成员的实际行为与期望行为之间的一致性，提高企业员工的积极性和行为效率（杜春颖，2012）。

最后，企业文化在业务层面表现为心理契约。心理契约是指企业员工与企业之间形成的物质奖赏、精神激励和愿望期待。恰当的心理契约会使双方感到满意和信任，它有利于调整企业与员工之间、员工与员工之间的关系，提高组织绩效，增强企业的核心竞争力（杜春颖，2012）。企业只有满足成员的目标、要求、愿望，才能对员工的行为动机和情绪状况产生积极影响，只有了解了员工的期望，才能满足员工的期望。心理契约正是员工与组织之间与愿望的序列。缓冲变量是指在心理契约违背和员工的消极行为之间会受到很多因素的影响，Turnley 和 Feldman 提出了一些缓冲变量，心理因素包括性格的悲观和乐观、对公平感的敏感性、程序公平、互动公平、是否尽职、员工的退出成本、企业的可替代成本等。如何克服心理契约违背现象的出现主要包括以下几点：提高员工的满意度，进而实现其对企业的归属感和工作的积极投入；增强员工之间相处融洽、合作亲密、沟通畅达、团结高效的凝聚力；发挥员工的能动性，提供良好的制度保证、有效的管理机制、宽松的氛围。除此之外，作为企业的员工不仅要提供自己的劳动，更重要的是其知识技能在企业中的运用。

由此可知，企业文化控制要素是由核心价值观、企业精神、道德修养和心理契约这四个具体控制要素构成的。其中，在"风险管理框架"中的内部环境要素中也有类似于企业文化的内容，如风险管理理念影响企业风险容量的设定。企业的核心是人，人的品行应包括诚信、道德价值观和胜任能力。因此，企业文化控制要素也包括道德价值观、员工的胜任能力和开发、管理当局管理风险的理念以及如何分配权力和职责等因素。

综上所述，利益相关者视角的企业内部控制体系要素是由两个基本控制要素企业结构控制要素和企业文化控制要素构成的。其中，企业结构控制要素包括控制目标、控制主体、控制环境、风险识别、风险评估、风险应对、控制活动、信息沟通和监督九个具体控制要素；企业文化控制要素包括核心价值观、企业精神、道德修养和心理契约四个具体控制要素。它们之间相辅相成、互相影响构成企业内部控制体系要素整体。此外，由于每个管理主体都有其自己的一套目标和执行方法，所以风险应对和相关的控制活动都会存在差异。即使两个主体有类似的目标，并且在实现目标决策方面做法类似，它们的控制活动也会存在差异。

每个主体由不同的人员进行管理，他们运用个人的判断来影响控制。同时，控制反映着一个主体经营所处的环境和行业，以及它的组织规模和复杂性，它的活动性质和范围、历史和文化。由于企业控制主体的不同，其价值取向不同，会导致行动偏好不同，从而单一的企业内部控制体系不能满足不同企业控制主体的需要。因此，根据企业控制主体的不同，需要构建不同的企业内部控制体系。

5.2.5 利益相关者视角企业内部控制体系的补充说明

（1）企业内部控制体系是由基本控制要素和具体控制要素构建的完整系统。企业内部控制体系，首先它是一个体系，体系就是一个有结构或由若干因素组成的整体。企业内部控制体系是由两个基本控制要素即企业结构控制要素和企业文化控制要素以及九个具体结构控制要素和四个具体企业文化控制要素构成的。这些控制要素之间并非相互独立存在，而是存在着千丝万缕的联系。他们相互影响、相互制约；互为前提、互为条件，相互渗透共同作用于企业内部控制体系之中，是企业内部控制体系的基础，也是内部控制体系的结构。基本控制要素起到企业内部控制体系统领作用，使企业内部控制体系不只是一个空架子和理论空壳，应进一步落到企业内部控制的实处，真正为企业的内部控制所服务。从图 5 - 11 可知，左半部分企业控制结构的诸要素构成了企业内部控制体系的“硬控制”；而企业文化控制要素则是企业内部控制体系的“软控制”，从而达到软硬兼施，相得益彰的效果。因此，本书在构建企业内部控制体系的框架时，不只是像企业风险框架是由控制要素构成，而是在一个统一的有机结构中由有序的控制要素构成的完整系统。内部控制构成是一个有目的组织起来的系统。企业为了达到一定的目的由若干子系统或分系统组成，并依靠各个要素间的相互联系、相互作用有机结合在一起的、复杂的耦合运行的人造经济系统。同时，该企业组织并非独立存在，而是存在于一个特定的经济环境之中。

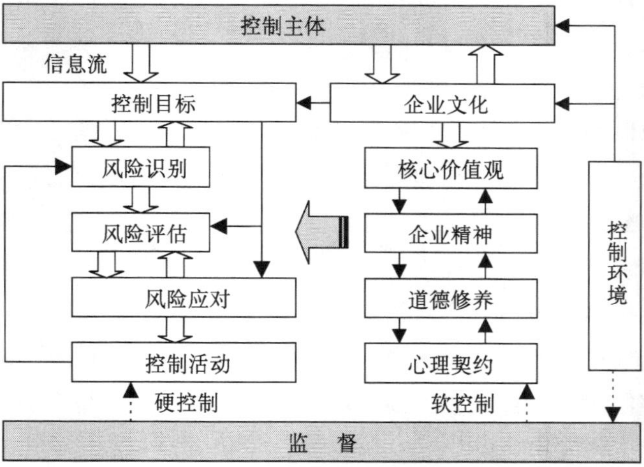

图 5－11　企业内部控制体系控制要素关系图

资料来源：作者整理。

（2）企业内部控制体系是企业目标导向。企业内部控制体系是一个先确立它的企业目标，然后对其进行风险评估，以此为依据再进行内部控制基本要素和具体要素的构建以更好地完成企业目标，控制目标是由企业目标和控制主体共同决定的。企业目标是指签订企业契约的利益相关者的利益最大化；当控制主体并非单个利益相关者时，在达到企业集体选择均衡的时候隐含着一个条件就是作为控制主体的利益相关者之间关系的最优化（或均衡化）。此时，利益相关者关系最优化也是利益相关者之间相互博弈的结果。从而导致企业控制目标也应在企业目标这两个方面具体展开，即企业内部控制体系的控制目标既要涵盖企业所有者利益最大化，又要实现企业所有者之间关系的最优化。为了实现企业目标，企业内部控制体系制定企业控制目标，此控制目标并不是简单的目标罗列，而是自上而下、分层次、分对象的目标体系。有了明确的控制目标，就更容易在风险识别中进行判断。

（3）企业内部控制体系是一个基于企业利益相关者理论的内部控制系统。企业内部控制体系是在利益相关者理论和集体选择理论的基础上构建的利益相关者视角的企业内部控制体系。纵向延伸到公司治理结构的层面，将股东纳入到企业的控制边界内；站在利益相关者理论的高度，重新认识企业的本质，从而确认企业控制主体使其横向拓展到利益相关者范围。扩大了原有内部控制仅仅局限在“股东至上”视角的狭窄研究范围，将企业内部控制的研究边界拓展到了利益相关者层面，丰富了利益相关者理论的研究内容。

（4）企业内部控制体系是一个有层次、动态变化的系统。企业内部控制体系本身是一个动态的过程，它不能仅仅局限于一些控制手段和方法的表现形式方面。企业内部控制体系的动态过程主要体现在：第一，在利益相关者理论和企业集体选择理论的支持下，企业边界的变化导致企业控制主体的差异。企业控制参与者包含企业所有者，包含企业控制主体。企业控制主体有可能是单个利益相关者，也有可能是多个利益相关者实现共同利益的控制主体。第二，企业内部控制体系要素结构是由总体和部分构成，它们之间存在着层级差异。企业的控制目标不是简单地罗列，控制目标之间也应该是有层次的。企业的控制目标也是一个自上而下、由高到低的有层次的目标体系。

5.3　本章小结

本章的主要研究内容是企业内部控制体系的框架构建。从传统理论的内部控制框架剖析展开，在充分研究美国 COSO 报告（内部控制框架和风险管理框架）的构成体系和构成要素之后，为构建本书研究的企业内部控制体系框架提供理论支持。企业内部控制体系不仅要注重各项“硬控制”，还需要特别关注企业的“软控制”即企业文化，这也是本书控制要素构建的重点。本书企业内部控制体系不同于内部控制制度、内部控制模式和内部控制框架，内部控制体系并非内部控制制度的简单罗列；也非企业内部控制具体模式的具体应用；亦非内部控制框架中控制要素的简单构成；而是由基本控制要素和具体控制要素按照相互的逻辑关系有结构、有层次架构而成的。为使企业内部控制体系在利益相关者理论指导下实现企业控制结构和企业控制要素的有机结合，企业内部控制体系分为基本控制要素和具体控制要素两个部分。其中，基本控制要素包括：企业结构控制要素和企业文化控制要素。具体控制要素是在各个基本控制要素的基础上具体细分功能实现。企业结构控制要素和企业文化控制要素是企业内部控制体系构架的“两条腿”，一方面是内部控制制度成文实现的过程，是企业不可缺少的内部控制“硬控制”；另一方面是内部控制意识形态和核心价值观形成的过程，是对企业内部控制最有力的辅助和保证企业“软控制”。

基本控制要素包括：企业结构控制要素和企业文化控制要素。具体控制要素是在基本控制要素的基础上具体细分功能实现，共有 13 个具体控制要素。企业结构控制要素包含九个具体控制要素分别是：控制目标、控制主体、控制环境、风险识别、风险评估、风险应对、控制活动、信息沟通和监督。企业文化控制要素包括核心价值观、企业精神、道德修养和心理契约四个具体控制要素。这些控制要素之间并非相互独立存在，而是存在着千丝万缕的联系。他们相互影响、相互制约；互为前提、互为条件，相互渗透共同作用于企业内部控制体系之中，是企业内部控制体系的基础，也是内部控制体系的结构。基本控制要素起到企业内部控制体系统领作用。使企业内部控制体系不只是一个空架子和理论空壳，它应进一步落到企业内部控制的实处，真正为企业的内部控制所服务。

第6章

企业内部控制体系设计基础——企业分类

企业内部控制体系构建相对于企业会计准则，其社会属性较高（赵爽，2010）。由前文分析可知，企业是企业契约选择者的一种集体选择，或企业是内部利益相关者的一种集体选择（王竹泉，2006、2012）。企业本质是利益相关者的集体选择，是历史演变而来的，但企业分类是人为地划分的。参与企业集体选择的利益相关者并非一成不变，而是随着企业集体选择的结果变化而不断变化，并由此得出企业组织形式和企业控制主体也随之变化，从而使企业内部利益相关者和企业外部利益相关者处在动态调整的过程之中（赵爽，2010）。随着企业内外部环境的变化，企业内部控制体系也不能一成不变。由于控制主体发生变化，企业的性质和企业目标也会随之发生变化，相应的控制目标、面对的风险也会随之变化，风险应对和控制活动也会不同，仅靠一个内部控制模式不能实现不同企业有效的内部控制。必须从企业控制主体出发，来研究不同企业相应的企业内部控制体系。因此，需要对企业进行分类研究，寻找与企业本质和企业目标相符的企业内部控制体系。

分类是根据事物的特性或特点进行归类。就企业而言，是从不同的角度依据不同的标准对企业进行划分，以从各个层面去理解和把握企业的特质与属性（甘培忠，2002）。根据不同分类标准，企业可以有各种各样的分类形式（如表 6 - 1）。

表 6 - 1　　企业分类形式汇总表

企业分类标准	企业分类	适用范围
企业规模	大型企业、中型企业、小型企业和微型企业	政府经济统计等需要
企业所属经济部门	工业企业、商业企业、服务业企业、建筑业企业等等	政府经济统计等需要
生产要素比重	技术密集型企业和劳动密集型企业	宏观经济研究等需要
企业经济性质	全民所有制企业、集体所有制企业、私人所有制企业和混合所有制企业	法律等需要
企业形态	公司企业、合伙企业和独资企业	不同企业形态适用不同的会计准则，其适用范围也不同
企业控制权形态	物质资本型企业、人力资本型企业、社会资本型企业等	研究企业控制权所属问题
企业利益相关者构成	股东型企业、债权人型企业等	研究企业利益相关者构成

资料来源：作者整理。

如表 6 - 1 所示，企业分类是人们根据自己的需要，依据自己的标准将企业划分成不同的种类。企业分类，是从不同的角度依不同的标准对企业进行划分，以从各个层面去理解和把握企业的特质与属性，其主要目的在于为经济决策提供分类研究和统计经济生活中的企业构成状况（孙长坪，2008）。国内外有关企业分类研究的成果很多，本书选择较有代表性的基于企业法律形态的企业分类、基于利益相关者理论的企业分类和基于控制权资本形态的企业分类三种企业分类方法展开分析，以确定何种企业分类方式更适合企业内部控制体系的研究。

6.1　基于法律形态的企业分类

基于法律形态的企业分类形式最早是由德国学者沙费尔建立的。所谓企业法律形态，是指企业根据不同的法律标准和条件所形成的组织结构形式，一般是以企业形态为基础，主要涉及企业的组织体系、企业的设立、组织形式、管理与运行等方面、具有组织规范性，如公司法、合伙企业法等（孙长坪，2008）。企业形态被认为是企业作为社会关系主体的存在形式。一般意义上，企业形态包括企业经济性质和组织形式两个基本构成要件。其中，企业经济性质是指企业由谁投资或由谁组建，或者是指企业投资结构和组建基础等经济问题，它是企业内在属性，也是企业赖以生存的基础；企业组织形式是指企业应该以何种方式从事生产经营，或者是企业对内对外的责任方式问题，它是企业的外在形式，也是企业赖以运作的基础。因此，企业法律形态实质上就是企业主体法对现实存在的各种不同类型的企业形态的确认，是客观存在的企业形态在法律上的表现（孙长坪，2008）。

现代西方国家同样也认为“企业法律形态是在由市场机制形成的企业种类基础上，再由国家以法律加以确认的，其企业法律形态划分的基本标准是企业产权结构及与其相关的组织形式和责任性质。”孙长坪（2008）并不赞成企业法律形态是法律对现实存在的各种不同类型的企业形态的确认，而认为“企业法律形态是指企业依不同的法律标准和条件所形成的组织结构形式，企业法律形态决定企业内部的组织结构和企业的法律地位，同时也决定投资人的风险和责任范围。”各国企业法律形态一般是由企业的组织方式、企业生产资料所有制形式、企业经营方式和企业的法律资格几方面内容构成的。我国在《公司法》中根据企业法律形态将企业划分为独资企业、合伙企业和公司企业三大类。企业分类具体标准包括企业成员数量、产权形式、责任形式和管理形式等。这三类基本涵盖了一切私人商业组织，而且凸显了各种企业的组织特点和相互间在法律地位、设立条件和程序、管理等诸多立法事项方面的差异。因此，基于企业法律形态的企业分类是否适用于本书企业内部控制体系的构建呢？答案是否定的。具体原因包括：

首先，基于企业法律形态企业分类是从企业形态来进行企业的划分，没有涉及企业内部控制问题。该种企业分类方式不论是从经济性质还是从企业的组织形式，独资形式、合伙形式、公司形式的企业分类方式主要是企业以何种方式组织生产经营。此种分类方法虽然考虑到了企业所有者的个数，但是并没有考虑到企业所有者是否能通过这种分类来解决企业内部控制问题。

其次，基于企业法律形态企业分类所定义的企业所有者并非企业的控制主体。基于企业法律形态企业分类所定义的企业所有者只是根据企业出资人的个数来确定划分为独资形式、合伙形式、公司形式。由此可知，该种形式只考虑到了实物资本投入所构建的企业的分类，并没有考虑到其他资本形式，如人力资本、社会资本、知识资本等等。仅仅是实物资本作为企业所有者，由此就将其界定为企业控制主体，是不严谨和不全面的。

最后，该种企业分类的划分标准并不满足企业内部控制体系构建的需要。就独资企业而言，企业出资人数是一人，产权形式是出资人个人所有，责任形式是个人负无限责任，管理形式是出资人自行管理企业事务，或委托其他具有民事行为能力人管理，一般为单个人管理。对独资企业构建基于利益相关者理论的企业内部控制体系较为简单。企业目标就是实现出资人利益的最大化，出资人是唯一的，他所面临的风险就是在企业价值创造和增值过程中的不确定因素，并针对这些不确定因素来制定控制措施。就合伙企业而言，企业的出资人数是有限的几人，产权形式是合伙人共同所有，责任形式是合伙人负无限连带责任，是一种共同责任，管理形式是由合伙人共同管理，合伙人之间有互相监督和提出异议的权利。对于合伙企业构建企业内部控制体系也较为简单。由于企业的出资人（合伙人）较为明确，企业合伙人共同构成企业的内部利益相关者，他们即为企业的控制主体，决定着企业目标。企业内部控制体系就是在此基础上进行构建的。就公司企业而言，企业构成成员数量不确定，产权形式是企业依法由法人享有财产权，责任形式是依法以其财产为限对外负有限责任，管理形式是依法组织的股东（大）会、董事会、理事会进行管理。给公司直接构建基于利益相关者理论的企业内部控制体系较为困难，由于企业内部利益相关者并不确定，企业目标就无法确定，从而导致企业的控制主体也无法确定。

因此，按企业法律形态划分企业类型是为了从法律上（或为其他原因）设计科学的责、权、利安排，目的是使不同类型企业出资人的责、权、利相匹配。如果按企业法律形态划分企业类型，分别研究各类型的企业内部控制体系，就会发现公司企业没有明确的企业目标，基于利益相关者理论的企业内部控制体系就无法实现。因此，基于企业法律形态的企业分类不适合企业内部控制体系构建的需要。

6.2 基于利益相关者理论的企业分类

利益相关者理论认为企业是利益相关者相互关系的联结，企业的生存和发展离不开所有利益相关者的支持，但不同类型的利益相关者对企业的影响及反作用的程度不同。“等量齐观”并不是利益相关者理论研究的终点，“分类治理”才是企业保持可持续发展的必然选择（赵爽，2010）。利益相关者的分类研究国内外学者研究的较多，但是有关从利益相关者角度的企业分类研究相对比较少。我们可以理解对企业利益相关者的分类研究也是为了更好地认识企业的本质，因此，在利益相关者分类研究的基础上，对企业进行分类研究。

6.2.1 基于全部利益相关者的企业分类

从广义的角度理解利益相关者，应该是任何能够影响组织目标实现或受这种实现影响的群体或个人。综合国内外的文献，可将其列示如下：顾客、供应商、战略合作伙伴、管理人员、员工、竞争者、股东、政府、债权人、自然环境、行业专家、行业协会、媒体、广告公司、市场研究和策划公司、社会公众、相关社团、科研及教育机构、社会活动家、宗教团体等等。以上列示的利益相关者就有20多种，若按照每个利益相关者对企业进行分类，那么就要构建20多种企业内部控制体系。这是一个非常繁琐的、费力的大工程。企业分类研究是能够更准确地认识企业并构建企业内部控制体系。如果按照每个利益相关者都进行企业分类研究，也许现实中很难找到相类似的企业，如以社会公众为控制主体的企业。这样的研究没有现实意义，那么就没有研究价值。因此，当面临众多利益相关者研究问题时，要进一步对利益相关者进行分类研究，寻找共性或者寻找重要性，以缩小研究范围。如同实证研究中，以部分样本量代替总体来进行研究。

6.2.2　基于主要利益相关者的企业分类

按照不同的利益相关者分类方法，选择主要的、关键的、重要的利益相关者，这是利益相关者理论研究的重点。正如马克思矛盾论所说，构成事物的各个矛盾以及矛盾的各个方面在事物发展中的地位和作用是不同的，包括主要矛盾和非主要矛盾、矛盾的主要方面和非主要方面。其中，主要矛盾是在一个矛盾体系中居于支配地位、对事物的发展过程起决定作用的矛盾；非主要矛盾则是在一个矛盾体系中处于从属地位、对事物的发展过程不起决定作用的矛盾；主要矛盾决定和影响非主要矛盾，解决好主要矛盾，非主要矛盾也就比较容易解决。因此，本书按照国内外学者对利益相关者的分类方法，选择主要的、关键的、重要的利益相关者，在整个利益相关者数目繁多的相对较小的范围，研究企业分类问题。

表 6－2　　利益相关者分类的国内外研究现状汇总表

研究人（时间）	利益相关者分类标准	利益相关者分类	企业分类
弗里曼（1984）	所有权、经济依赖性、社会利益	对企业拥有所有权的利益相关者；与企业在经济上有依赖关系的利益相关者；与企业在社会利益上有关系的利益相关者	对企业拥有所有权的利益相关者：股东

续表

研究人（时间）	利益相关者分类标准	利益相关者分类	企业分类
弗雷德里克（1988）	是否与企业发生市场交易关系	直接利益相关者；间接利益相关者	直接利益相关者：股东、企业员工、债权人、供应商
查克汉姆（1992）	是否存在交易性合同	契约型利益相关者；公众性利益相关者	契约型利益相关者：股东、雇员、顾客、分销商、供应商、贷款人
克拉克逊（1994）	在公司经营活动中承担的风险种类	自愿利益相关者；非自愿利益相关者	自愿利益相关者：物质资本或人力资本投资的利益相关者
克拉克逊（1995）	与企业联系的紧密性	首要利益相关者；次要利益相关者	首要利益相关者：股东、投资者、雇员、顾客、供应商
威勒（1998）	与企业发生联系的社会性与紧密性	首要的社会利益相关者；次要的社会利益相关者；首要的非社会利益相关者；次要的非社会利益相关者	首要的社会利益相关者：股东、投资者、雇员、顾客、供应商
万健华（1998）	是否与企业有正式的、官方的契约	一级利益相关者；二级利益相关者	一级利益相关者：财务资本所有者、人力资本所有者、政府、供应商和顾客
李心合（2001）	合作潜在性或威胁潜在性	支持型利益相关者；边缘型利益相关者；不支持型利益相关者；混合型利益相关者	支持型利益相关者：股东、债权人、经营者、顾客、供应商和提供服务者

续表

研究人（时间）	利益相关者分类标准	利益相关者分类	企业分类
沃克（2002）	对企业承诺的不同层次对其加以评估，按态度和行为的忠诚度	完全忠诚型利益相关者；易受影响型利益相关者；可保有型利益相关者；高风险型利益相关者	完全忠诚型利益相关者：股东、雇员
科鲁克、斯文（2001）；雷切尔（2004）	权力性、合法性、紧急性	确定型利益相关者；预期型利益关者；潜伏型利益相关者	确定型利益相关者：股东、雇员和顾客
杨瑞龙、周业安（2000）；李苹莉（2001）	公司治理结构和企业内外标准	内部利益相关者；外部利益相关者	内部利益相关者：董事会、经营者、员工、股东、债权人
陈宏辉（2003）	利益相关者的主动性、重要性和紧急性	核心利益相关者；蛰伏利益相关者；边缘利益相关者	核心利益相关者：管理人员、员工、股东
贺红梅（2005）	企业生命周期特征、企业各阶段面临的危机和关键利益相关者的特征	关键利益相关者；非关键利益相关者；边缘利益相关者	关键利益相关者：股东、企业经营者、债权人、员工
吴玲（2006）	资源基础理论、资源依赖理论	关键利益相关者；重要利益相关者；一般利益相关者；边缘利益相关者	关键利益相关者：股东、企业经营者、债权人、员工
江若尘（2006）	根据经营目标对利益相关者的重要性排序	影响企业最大的利益相关者：经营者、经销商、股东、顾客、战略伙伴	影响企业最大的利益相关者：经营者、经销商、股东、顾客、战略伙伴
郝桂敏（2007）	企业实力、企业需求	重要利益相关者；次要利益相关者；一般利益相关者	重要利益相关者：股东、企业经营者、债权人、员工

资料来源：作者整理。

从表6-2中可知，按照不同的标准将利益相关者分类后，选择主要的、关键的、重要的利益相关者作为企业分类的研究对象似乎也不能满足企业内部控制体系研究的需要。每个分类标准得到的主要的利益相关者至少也存在4—5种利益相关者是对企业的生产经营有着重要的影响，若排列组合后也要50—100种企业类型需要构建企业内部控制体系，以此为标准对企业进行分类研究，较为繁琐。

由于利益相关者分类方式和分类标准不同，仅上述列示的就有20余种，该选择哪种标准进行操作，更适合企业内部控制体系的需要呢？似乎从公司治理结构和产权视角划分的内部利益相关者更适合本书研究的需要，即按照该种内部利益相关者（如董事会、经营者、员工、股东、债权人）划分的企业具有一定的代表性，更贴近企业内部控制体系构建的需要。如陈丽（2008）将企业划分为单方主导型、全体参与型和几方共享型。其中，单方主导型是指企业的公司治理由企业利益相关者中的一类利益相关者所主导，也就是企业所有权被一类利益相关者独占，如“投资人企业”、“经理人企业”、“债权人企业”等。全体参与型，是指全体参与的利益相关者治理结构（如战略联盟和网络型企业）。其特点是所有利益相关者共同分享企业的所有权，共同参与企业的治理，企业的目标体现所有利益相关者的利益要求。几方共享型是一种企业利益相关者的几方共享的状态，这里的几方可能是两方、三方或者更多，而几方的构成也是不同的，所以组合的方式有很多种，如“股东—职工型”、“股东—债权人型”、“股东—职工—政府型”等等。但是，这种分类方法只是主观地将企业按照主要的利益相关者进行分类，并没有揭示企业本质，即企业的控制权所有者是谁；也无法正确划分企业的内部控制边界，容易对企业边界造成模糊区域。因此，无论是按照全部利益相关者进行企业分类还是按照主要的利益相关者进行企业分类，都不能实现企业内部控制体系企业分类的标准。

6.3 基于控制权资本形态的企业分类

通过对基于法律形态和基于利益相关者理论的企业分类研究发现，按照法律形态的企业分类只是企业形式上分类，没有体现出企业本质的企业分类是不适合企业内部控制体系构建；基于利益相关者理论的企业分类虽然在一定程度上体现的企业的所有者，但是利益相关者分类的繁杂和企业控制权归属的模糊性，都很难实现企业分类的企业内部控制体系的构建研究。必须要真正了解企业本质寻找企业的控制者，以确定企业目标的实现是企业分类的根本出发点。本节将从控制权资本形态的企业分类方式来研究，分析它是否适合企业内部控制体系的构建需要。

6.3.1 控制权资本的概念

在了解企业控制权资本之前，要明确企业所有权、企业财产权和企业控制权三者的关系。在进入企业之前，每种要素都有其所有者，财产所有权是交易的前提（张维迎，1996）。企业财产权是指对给定财产的占有权、使用权、收益权和转让权。所有权是指对某种财产的所有权。企业所有权是对企业的所有权，是对企业的剩余索取权和剩余控制权的所有权。从契约收益来看，剩余索取权是指对企业收入在扣除所有固定的合同支付（如原材料成本、固定工资、利息等）的余额的要求权。企业剩余索取者也即企业风险的承担者，因为剩余是不确定的，没有保证的，在固定合同索取被支付之前，剩余索取者什么也得不到。另一方面，企业契约的不完备性，也是企业剩余控制权产生的原因。把剩余索取权和控制权结合在一起，就可以让决策者承担决策的全部财务后果，这样，在自利动机的驱使下，决策者就会尽可能地做出好的决策，而避免坏的决策（费方域，1998）。

资本，在经济学意义上，指的是用于生产的基本生产要素。资本抽象了它的最初含义，成为可以带来价值增值的所有资源的代名词。企业本质被看作是各种生产要素的所有者通过一系列契约关系所形成的特殊组织，这种组织通过组合能够形成某种“集体生产力”，创造可观的“公司组织租金”，组织租金是各种参与公司经营生产要素共同作用的结果（杨瑞龙、杨其静，2001）。而这种生产要素有时又被称作是一种“关键性资源”，对“关键性资源”的控制权是企业权力的来源。对于企业的分类应充分体现具有相同特质的企业控制权归为一类，具有企业控制权的利益相关者是通过拥有某种“关键性资源”来实现的。因此，企业的控制权主体所拥有的“关键性资源”即为企业控制权资本（赵爽，2010）。随着经济的发展和企业模式的多样化，现今主流宏观经济学观点，“关键性资源”可以划分为物质资本、人力资本、自然资源、技术知识和社会资本。本书主要的研究集中在物质资本、人力资本和社会资本。其中，将技术知识融入到人力资本的范畴，将自然资源融入到物质资本的范畴。

（1）物质资本。物质资本的本质是人类劳动的物化形态，具体表现为货币、有价证券等金融资本，土地、设备、房屋等实物资本和具有价值的专利技术、品牌等无形资本以及自然资源。从利益相关者角度来看，股东投入的资本是一种货币资本，供应商提供的是实物资本。物质资本是企业价值最大化的主要实现者，人力资本在企业中的作用并不明显，人力资本至多不过是物质资本身后的一个“影子”而已。另外，在企业发展初期，往往只有一个物质资本所有者，且贷款有着很苛刻的条件，职工只是简单的被雇佣者。企业所有权安排自然体现为一种“股东至上”的逻辑，即企业是为股东服务的，企业就是物质资本所有者一人，企业所有权自然合理地由股东独自享有（李伟，2008）。物质资本稀缺，理所当然地应该由股东独自享有，“天然地”形成了一种物质资本对人力资本的制约。

（2）人力资本。人力资本是体现在劳动者身上的，通过投资形成并由劳动者的知识、技能和体力（健康状况）所构成的资本。这种资本是人自身在经济活动中可以获得收益并不断增值的能力（舒尔茨，1960）。现代企业理论认为，作为主动要素的人力资本和被动要素的物质资本有机结合，构成了企业契约的两大主体，并且形成企业的经营能力和竞争能力，从而使企业获得成长（曹振杰、周冉，2004）。人力资本也逐渐被人们所接受和所重视。随着知识信息经济时代的到来，人力资本所有者分享企业所有权已成为一种趋势，这是因为人力资本所有者是企业风险的真正承担者，是企业财富的创造者（方竹兰，1997）。相对于认为人力资本仅仅包含企业家才能的观点，本书更倾向于周其仁教授为代表的“泛人力资本观”，即人力资本指企业员工、经理人和企业家。经营者和职工投入到企业的资产开始明显具有一定的专用性和抵押性。当劳动者进入企业并长期把精力投入企业，就会逐渐积累起企业专用性资产，如专业技能、团队精神和学习等，企业内部相互默契、熟知的协作精神更加深了这种专用性，这就是人力资本的诞生（李伟，2008）。人力资本的作用是非常重要的，因为如果没有人力资本所有者签约，就不会有企业的存在，没有企业的存在，也就不会有企业所有权，更不会有企业剩余索取权。

（3）社会资本。社会资本是社会学范畴，由法国社会学家布迪厄（P. Bourdieu）于1980年正式提出，后来被科尔曼（J. S. Coleman）、普特南（R. Putnam）、波茨（E. Portes）等学者所重视，使其从90年代开始成为社会学、经济学等学科所关注的热门概念和分析的重要起点。普特南的定义是“社会组织的特征，例如信任、规范和网络”，它“能够通过推动协调的行动来提高社会的效率”。社会资本是由社会或社会的一部分普遍信任所产生的一种力量（福山，2001）。社会资本是镶嵌于个人或企业及企业成员所涉入的社会网络（企业内部社会网络和企业外部社会网络）中，并可通过企业内部和外部各种社会连带有目的地获取或动员的资源（赵晶等，2010）。社会资本是行动主体通过社会联系获取稀缺资源并由此获益的能力，这种社会联系主要是指通过建立在人们相互信任与合作基础之上的持续的社会关系网络，社会资本数量的大小和质量的高低决定于这种社会关系网络的规模和数量。社会资本是社会团结、文化、有机团结并影响生产力在人们之间形成的“横向联系”，包含“公民关系网”和“社会准则”（Putnam，1993）。社会资本是由资源、社会连带和动员所构成，包括个人社会资本和组织社会资本（赵晶等，2010）。因此，李文钊、蔡长昆（2012）将社会资本进一步理解为结构性的社会资本和认知性的社会资本。结构性的社会资本与各种社会组织有关，包括规范、规则、先例和程序以及大量有助于合作的网络；认知性的社会资本是从认知过程中得来的，被文化和意识形态强化，即那些有助于合作和互利性集体行动的标准、价值、态度和信仰（Uphoff，2000）。本书将有关认知性的社会资本融汇到了企业文化控制要素中，作为企业内部控制体系的一部分来进行分析，并不作为企业分类标准的社会资本形态。因此，本书所涉及的社会资本作为控制权资本形态的社会资本仅仅是结构性的社会资本，是与一系列社会组织、社会网络关系及非正式制度有关的那些具有政治关联的社会资本。

大量的实证证明，社会资本对企业绩效和企业价值有着显著的促进作用。首先，政治关联导致企业组织绩效的提高。表现在管理层与其他公司高管以及政府部门关系的紧密度（Peng 和 Luo，2000）；边燕杰、丘海熊（2000）从社会资本的功效分析将其划分成三个维度：纵向联系、横向联系和社会联系，其中，纵向联系被理解为政治联系，即企业与上级领导机关、当地政府部门以及下属企业、部门的联系。得出社会资本对企业的经营能力和经济效益都有促进作用；横向联系指企业与其他企业的联系；这种联系是多种多样的，如业务关系、协作关系、借贷关系和控股关系等等。社会联系是指企业经营者的社会交往和联系，这种联系虽不是企业的属性，却是企业必要的财富（王利晓、田旭锋，2008）。其次，政治关联也为企业带来了实惠和特权。具体而言，政治关联使企业更容易获得债务融资、更低的税率、更多的市场份额、管制行业的准入资格以及更多的政府救助等等（陈冬华，2003；Khwaja and Mian，2005；Faccio，2006；吴文峰等，2009；罗党论、刘晓龙，2009；余明桂等，2008、2010；李敏才、刘峰，2012）。最后，政治关联与企业价值也有着密切的关系。当政治关联消失或者变弱以及政治关联的价值下降时，企业价值会有显著的降低（Fisman，2001；Jonhnson and Mitton，2003；Goldman et al.，2009）。国内外学者普遍认同，政治网络是社会资本的重要组成部分。社会资本能够促进双向信息的传递，降低交易成本（林南，2004；李敏才、刘峰，2012）。社会资本是社会网络或社会规范，其核心是信任。企业的社会资本是企业所拥有的最重要的一种资本形式，它构成企业的核心竞争力，对于企业的成长发展起到至关重要的促进作用。

综上所述，当物质资本控制权主导企业时，物质资本的稀缺性导致了过分强调股东的“主权利益”，使得资金所有者把大量的资金投入企业，极大地提高了企业的发展速度。物质资本所有者与经营者的身份经常是合一的，而且职工的人力资本大都是“同质的”，专用性不强，资本的抵押功能也很弱。但是随着人力资本地位和价值不断上升，人力资本不再是物质资本身后的“影子”，开始成为企业所有权的主体，此时形成了物质资本和人力资本共同主导企业的模式。之后，社会资本逐渐被人们所认识，使得社会资本成为物质资本和人力资本最有力的补充，有时甚至社会资本在企业中也可以唱“独角戏”。因此，物质资本、人力资本和社会资本共同构成了企业控制权资本的三种形态。社会资本是物质资本和人力资本的“肥沃土壤”或“粘合剂”，在二者的配置和效能发挥中起着基础性的激励和支持作用。物质资本和人力资本总是喜爱并追逐着社会资本，并在社会资本的滋养中创造企业经营绩效，从而造就一国一地的经济繁荣（曹振杰、周冉，2004）。物质资本、人力资本和社会资本构成了三维资本空间，社会资本填补了物质资本和人力资本之外的空间部分，使资本的空间理论趋向完备。因此，物质资本、人力资本和社会资本共同构成了企业控制权资本的三种形态，也为本书基于控制权资本形态的企业分类提供了分类标准。

6.3.2 基于控制权资本形态的企业分类

掌握企业控制权资本的企业所有者就是企业内部控制体系的控制主体。按照控制权资本形态划分企业，就是以企业控制主体手中掌握的“关键性资源”的差异性对企业进行分类。企业按照控制权资本形态进行分类，即按照物质资本、人力资本和社会资本这三类控制权资本对企业进行分类。由于企业控制权资本在企业中的存在形式并非唯一，有可能是几种控制权资本同时存在于企业中，将企业划分成单一形态控制权资本企业和多种形态控制权资本的企业（赵爽，2010）。其中，单一形态控制权资本企业包括以物质资本为控制权的企业、以人力资本为控制权的企业和以社会资本为控制权的企业三种类型；多种形态控制权资本企业包括物质资本—人力资本企业、物质资本—社会资本企业、人力资本—社会资本企业和物质资本—人力资本—社会资本企业四种（如图6－1所示）。与基于法律形态和基于利益相关者理论的企业分类形式相比较，根据企业控制权资本形态对企业进行分类，更有利于企业内部控制体系的构建，其优势体现在：

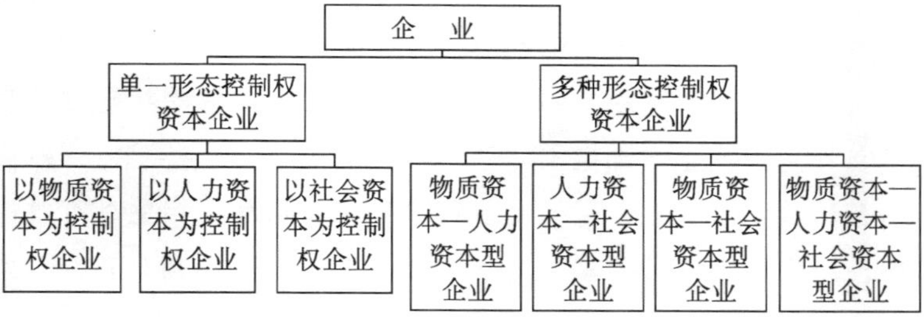

图6－1　基于控制权资本形态的企业分类图

资料来源：作者整理。

（1）以企业控制权资本形态对企业进行分类，解决了企业控制主体与控制权的对等问题。企业的控制主体是企业所有者或内部利益相关者，是企业剩余所有权和剩余控制权的行使者。那些掌握企业“关键性资源”的控制权资本所有者就是企业控制主体。如掌握物质资本的所有者在企业集体选择中与企业签订企业契约，则构成了企业的所有者，成为企业的控制主体。同时，物质资本所有者又是股东这个利益相关者的代名词。因此，按照企业控制权资本形态对企业进行分类，实现了企业控制主体与控制权的对等，同时又能与具体的利益相关者联系起来。

（2）以企业控制权资本形态对企业进行分类，分类较为明确和简单。由于本书将企业控制权资本划分为物质资本、人力资本和社会资本三种形式。那么，企业分类也就是三种形式组合共七种类型的企业，使得企业内部控制体系的构建不会因为利益相关者的众多而无从选择。

因此，从控制权资本形态的角度对企业进行分类是企业内部控制体系构建最佳的选择。控制权资本形态的企业分类实现了“人—控制权—对象”的有效对接。随着利益相关者参与企业集体选择使得企业利益相关者结构发生变化，即由交易契约签订者的利益相关者转变为组织契约的签订者。进一步研究利益相关者之间的共性，就会发现这些内部利益相关者都掌握着相同的控制权资本。基于企业内部控制体系的企业分类研究是在对控制权资本形态分类的基础上，将控制权资本进一步与利益相关者有效地对接，最终形成在利益相关者基础上的企业分类研究。

6.4 本章小结

本章主要针对如何实现构建企业内部控制体系的企业分类进行研究。分别从基于企业法律形态的企业分类、基于利益相关者理论的企业分类和基于控制权资本形态的企业分类三种企业分类方法展开分析，以确定何种企业分类方式更适合企业内部控制体系的研究。

基于企业法律形态的企业分类是为了从法律上（或为其他原因）设计科学的责、权、利安排，目的是使不同类型企业出资人的责、权、利相匹配。如果按企业法律形态划分企业类型，分别研究各类型的企业内部控制体系，就会发现企业没有明确的企业目标，而本书研究的企业内部控制体系就无法实现。因此，基于企业法律形态的企业分类不适合企业内部控制体系构建的需要。

基于利益相关者理论的企业分类，其中，从公司治理结构和产权视角划分的利益相关者分类更适合本书研究的需要。即基于公司治理结构的内部利益相关者和产权主体的利益相关者（如董事会、经营者、员工、股东、债权人），更贴近企业内部控制体系构建的需要。虽比按法律形式的企业分类有意义，但是这种分类方法只是主观地将企业按照主要的利益相关者进行分类并没有揭示企业本质，即企业的控制权所有者是谁；也无法正确划分企业内部控制边界，容易对企业边界造成模糊区域。因此，无论是按照全部利益相关者进行企业分类还是按照主要的利益相关者进行企业分类，都不能实现企业内部控制体系企业分类的标准。

基于控制权资本形态的企业分类，是按照企业所有者掌握的控制权资本形态来划分企业的一种企业分类形式。按照企业控制权资本形态对企业进行分类，实现了企业控制主体与控制权的对等，同时又能与具体的利益相关者联系起来。同时，相较于利益相关者的企业分类形式，控制权资本形态的企业分类较为明确和简单，并将企业划分成以物质资本为控制权资本的企业、以人力资本为控制权资本的企业和以社会资本为控制权资本的企业以及两者或三者的组合共七种类型的企业。

因此，本书确定从控制权资本形态的角度对企业进行分类是企业内部控制体系构建最佳的选择。控制权资本形态的企业分类实现了“人—控制权—对象”的有效对接。随着利益相关者参与企业集体选择使得企业利益相关者结构发生了变化，即由交易契约签订者的利益相关者转变为组织契约的签订者。进一步研究利益相关者之间的共性，就会发现这些内部利益相关者都掌握着相同的控制权资本。基于企业内部控制体系的企业分类研究就是在对控制权资本形态分类的基础上，将控制权资本进一步与利益相关者有效对接，最终形成在利益相关者基础上的企业分类研究。

第7章

单一形态控制权资本企业的企业内部控制体系构建

基于上述章节分析，了解了企业内部控制体系的概念、框架和构成要素，以及企业内部控制体系设计的基础——控制权资本形态的企业分类。本章研究单一形态控制权资本企业的企业内部控制体系的构建，包括以物质资本为控制权资本的企业内部控制体系构建、以人力资本为控制权资本的企业内部控制体系构建和以社会资本为控制权资本的企业内部控制体系构建。按照企业所有者、企业目标、企业内部控制体系基本要素和具体要素来构建企业内部控制体系（如图7-1）。单一形态控制权资本企业的企业所有者包括物质资本所有者、人力资本所有者和社会资本所有者。企业的目标包括企业所有者利益最大化和企业所有者与其他利益相关者之间关系最优化。企业内部控制体系的基本控制要素包括企业结构控制要素和企业文化控制要素，具体要素是由企业基本要素扩展出来的。

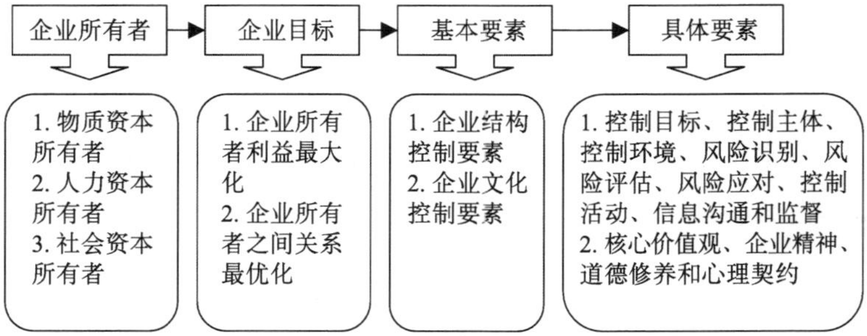

图 7－1　单一形态控制权资本企业的企业内部控制体系构建示意图

资料来源：作者整理。

7.1　以物质资本为控制权资本的企业内部控制体系构建

以物质资本为控制权资本的企业内部控制体系构建，构建的程序包括“企业所有者——企业目标——基本控制要素——具体控制要素”。物质资本所有者不论是属于货币资本所有者还是实物资本所有者，又或是作为利益相关者在企业的角色如何，他们都是属于拥有物质资本这项“关键性资源”的企业所有者和剩余控制权的行使者。通常情况下，拥有物质资本的利益相关者主要是股东，股东作为拥有物质资本的唯一利益相关者成为企业的所有者，股东也是企业内部控制体系的唯一控制主体。因此，本节将从企业所有者、企业目标、企业结构控制要素和企业文化控制要素四个方面逐一分析构建以物质资本为控制权资本的企业内部控制体系（如图 7－2 所示）。

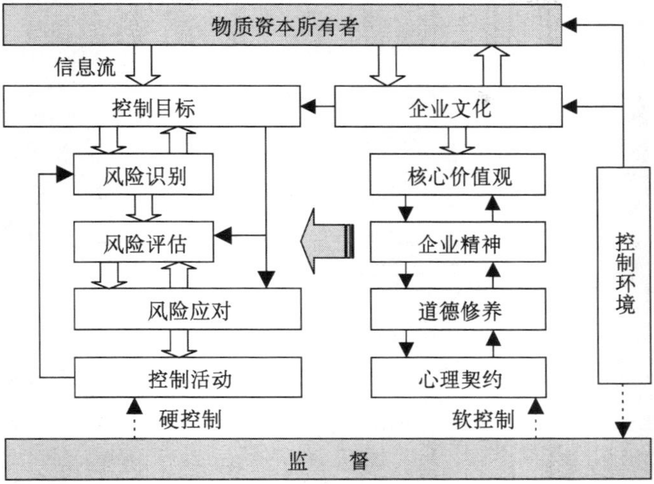

图 7－2　物质资本型企业内部控制体系控制要素关系图

资料来源：作者整理。

7.1.1　企业所有者和企业目标

以物质资本为控制权资本的企业（以下简称物质资本型企业），他们主要是提供企业所需的货币资本或者实物资本来使企业达到价值增值的目的。其主要的提供物质资本的利益相关者就是股东和债权人。其中，股东是主要的物质资本的提供者；而债权人在企业中的表现形式繁多，如银行机构、供应商、国家政府等都可向企业提供物质资本形成借贷行为，但是债权人能成为企业控制权资本的所有者的企业类型较少、较难实现。因此，物质资本型企业的企业所有者主要是股东这个利益相关者，本书在构建企业内部控制体系时也是以此为标准展开分析。这也就是传统的“股东至上”理论逻辑下的单边内部控制模式，主张企业所有权应由股东单方面拥有，股东是公司的唯一所有者，企业经营的目的是实现股东利益最大化。

在企业发展的早期，由于物质资本稀缺，单纯强调股东的“主权利益”有助于资金所有者把大量的资金投资于企业，极大地提高了企业的发展速度。在当时的条件下，股东投入到企业的物质资本已转化为固定资产和原材料等，这些资产具有较强的专用性，相应地也就具备了抵押性，股东成为实际的风险承担者。由于市场是卖方市场，企业其他利益相关者的能力不能体现出来，物质资本所有者与经营者的身份经常是合一的，而且职工的人力资本大都是“同质的”，专用性不强，不承担企业风险。因此，物质资本所有者即股东支配着其他利益相关者，企业是物质资本所有者股东一人所有，企业所有权自然合理地由股东独自享有。掌握物质资本的股东就成为企业的所有者。企业所有者是股东，企业存在的目的就是为股东而服务，其收益的最终所有者也是股东，因此，物质资本型企业的企业目标就是股东利益的最大化以及股东与其他利益相关者关系最优化。该类型的企业是以物质资本为企业所必需的关键性资源，即物质资本在企业中最为重要，该企业生产所需的原材料供给没有限制，生产产品不会滞销，企业决策较为简单，管理要求及技术支持较低。如在原材料基地的简单加工型（煤炭开采）属于此类型的企业。

在构建企业内部控制体系时，就是从物质资本所有者入手，以企业目标物质资本所有者利益的最大化和物质资本所有者与其他利益相关者关系最优化为依据，展开对企业结构控制要素和企业文化控制要素两个基本要素的研究分析。

7.1.2 企业结构控制要素

物质资本型企业的企业结构控制要素是股东导向的公司治理结构和内部控制结构整合的具体控制要素的组合。企业结构控制要素就是要明确企业内部控制体系中股东的权、责、利关系，也就是股东作为企业的所有者与企业、企业的其他利益相关者之间的权、责、利关系，以及在企业目标实现过程中所面临的风险和应对。企业结构控制要素是企业内部控制体系的“硬控制”。包含九个具体控制要素，分别是：控制目标、控制主体、控制环境、风险识别、风险评估、风险应对、控制活动、信息沟通和监督。

（1）控制主体。物质资本型企业内部控制体系的控制主体是物质资本所有者，即股东。物质资本所有者是企业所有者，他们通过自己掌握的物质资源进入到企业，成为企业的内部利益相关者，拥有企业的剩余分享权和剩余控制权（如图7－3所示）。

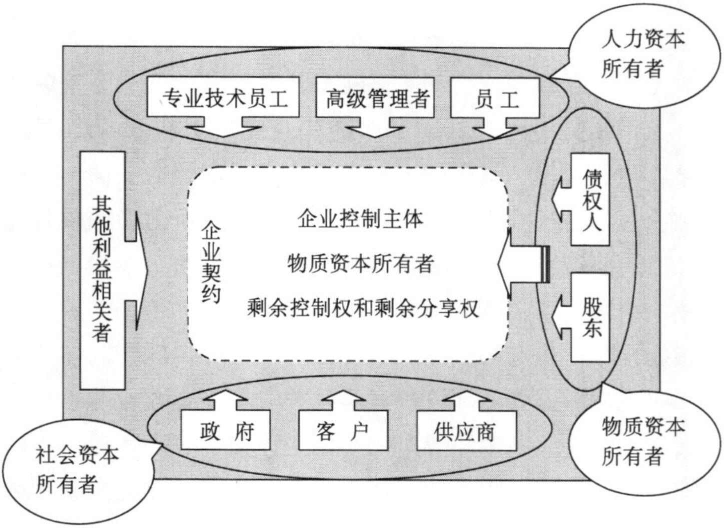

图7－3　物质资本型企业控制主体示意图

资料来源：作者整理

首先，物质资本所有者是企业的参与者和企业目标的决定者。股东是企业物质资本的所有者，他掌握着大量的货币资本。

与其他利益相关者一样都是企业的内部控制参与者，随着股东单独签订了企业契约后，他的身份不再仅仅只是参与者而成为企业的所有者，成为企业的控制主体；其他利益相关者与企业签订的是交易契约或隐形契约，如经营者和职工获得的是固定的工资收入不参与剩余分享，仍然是企业内部控制的参与者。因此，股东这个物质资本所有者决定着企业的生存和发展，他最终成为企业目标的决定者，即企业目标就是实现物质资本所有者利益最大化和物质资本所有者与其他利益相关者关系最优化。

其次，物质资本所有者不是企业内部控制体系的设计者、实施者、监督者和评价者。但是，作为物质资本的所有者股东不直接参与企业具体内部控制流程，企业内部控制体系目标的设计者、企业内部控制体系具体的实施者和操作者、企业内部控制体系有效的监督者和评价者都不是物质所有者，他们是企业的管理者、员工以及其他监督机构。如现代企业所有权和经营权的分离，导致物质资本所有者和人力资本所有者职能的分离，而那些依靠物质资本的资本密集型企业对于物质资本所有者的依赖尤其重要，他的去留决定着企业的存亡，可见，物质资本的资本密集型企业中的股东是企业的实际控制主体，但是，由于企业股东身份的特殊性，他不参与企业管理，因此，企业内部控制体系的设计者、实施者、监督者和评价者是代替股东管理企业的管理者或者代理机构。这并不影响股东的控制主体地位，因为他们才是真正的掌握企业的利益相关者，从而实现了真正意义上实现收益与分配对等原则的企业内部控制。

因此，股东成为物质资本型企业的控制主体，是参与企业契约的签订者，是企业的所有者，又是企业剩余分享权和剩余控制权的行使者。企业所有权安排体现为一种“股东至上”的逻辑，即企业是为股东服务的，企业就是物质资本所有者一人，企业所有权自然合理地由股东独自享有（李伟，2008）。股东在实现其自身财富最大化时，同样会面临各种各样形形色色的风险，如股东提供的物质资本保值的风险、分享剩余收益的风险等等。股东作为企业唯一的控制主体，一方面要实现其经济利益的增值；另一方面要尽量减少企业面临的诸多风险。

（2）控制目标。物质资本型企业控制目标是物质资本型企业在确定企业目标和控制主体的基础上，如何实现股东利益最大化的企业目标的进一步细分（如图 7－4 所示）。企业控制目标是由战略目标、经营目标、财务目标和合规目标构成的。这些目标都是由物质资本型企业的企业目标所决定的，即股东利益最大化和股东与其他利益相关者关系最优化。

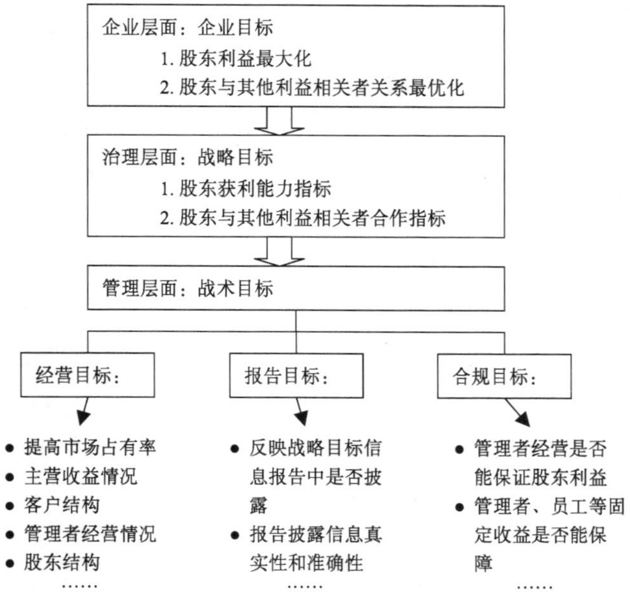

图 7－4　物质资本型企业控制目标构成图

资料来源：作者整理

首先，战略目标是治理层的目标，是与股东的使命（愿景）相协调，并支持企业目标实现的目标。物质资本型企业内部控制体系中战略目标主要是在符合股东价值最大化要求的企业目标的基础上进一步体现股东愿景的目标，如股东的长远规划，企业未来走向等等。因此，物质资本型企业战略目标就是通过净剩余收益的模型来评价股东财富情况。公式如下：

$$BRt = BVt - 1 + Rt - Dt$$

其中，BR——表示股东财富情况；

BV——表示账面净资产；

R——表示会计盈余；

D——表示股利的发放。

如公式所示，“净剩余关系”是一个相当于“总括收益观”的会计关系，它要求除了资本的增加和投资的返还以外，所有的净权益的变化都通过利润表来反映（孙菊生，2003；张腾文、黄友，2008）。通过账面净资产、会计盈余和股利发放来衡量物质资本型企业物质资本所有者的收益情况，此方法在实际操作中较为简便，但是也存在不精确性的问题。除此之外，也可以利用一些股东获利能力的指标如股利分派率和市盈率来衡量股东的收益能力。股利政策是股东收益最基本的保证，股价的变化也关系到股东实际收益率。可以选择股利分派率和市盈率这两个指标的实际值作为物质资本型企业的战略目标，也可以选择每年的增长率作为物质资本型企业的战略目标，如公式所示：

股利分派率 = 每股股利/每股收益

市盈率 = 每股市价/每股收益

股东与其他利益相关者关系最优化的战略目标，一方面防止大股东侵害小股东的利益，造成小股东的不满；另一方面防止其他利益相关者出现的“搭便车现象”，对股东利益的不公平，等等。通过股东与其他利益相关者合作指标来评价股东与其他利益相关者关系最优化。物质资本所有者与其他利益相关者关系最优化的战略目标，可以通过利益相关者之间合作关系指标来测度（如表7－1所示）。其中，A_i表示同一控制权资本形态内资本所有者之间的合作关系，通过集中度指标反映；C_i表示控制主体与其他利益相关者之间的合作关系，通过依赖度指标反映。α_i表示某种资本所有者在企业中的重要程度。股份集中度是确定大股东在企业股份中所占得份额，所占份额越大，则侵害小股东的可能性越大；其他利益相关者稳定度指标是考察其他利益相关者是否能稳定地出现在企业内，以五年为限和在某个利益相关者范围内排在前十位的利益相关者，来确定该企业股东与其他利益相关者的合作关系情况。

表7－1　　利益相关者之间合作关系指标汇总表

关系指标	物质资本所有者	人力资本所有者	社会资本所有者	……
物质资本所有者	A_1	C_{12}	C_{13}	C_{1j}

$A_1=\alpha_1\times\Sigma$排在该企业当年前五位大股东所持股份/当年发行股份数$+\alpha_2\times$其他的物质资本所有者的集中度

$C=$物质资本所有者与其他利益相关者关系依赖度

$=C_{12}+C_{13}+\cdots\cdots+C_{1j}$

$=\Sigma$近五年内排在前十位保持稳定的人力资本所有者人数/人力资本所有者人数总额$+\Sigma$近五年内排在前十位保持稳定的社会资本所有者人数/社会资本所有者人数总额$+\Sigma$近五年内排在前十位保持稳定的其他利益相关者人数/其他利益相关者人数总额

其次，战术目标（经营目标、财务报告目标和合规目标）的确定。股东型企业的战略目标进一步划分成经营目标、财务报告目标和合规目标，这也就是风险管理框架中所提及的企业内部控制的控制目标。如图 7－4 所示，经营目标可以包括市场占有率、企业收益情况等等；财务目标包括战略目标中出现的财务数据在财务报告中是否存在、报告披露信息真实性和准确性等等；合规目标包括其他利益相关者的收益是否能保证以及管理者经营是否能保证股东利益等等。

（3）控制环境。物质资本型企业控制环境包括物质资本型企业的经营方向、外部环境、企业的社会形象、与外界的联系等方面，具体划分为企业内部环境和企业外部环境（包括经营环境、社会关系网络等）。

首先，物质资本型企业董事会是内部环境的一个关键部分，他对其他内部环境要素有重大的影响。当物质资本型企业的控制主体物质资本所有者不参与企业直接管理时，董事会是物质资本所有者的直接代理人，代替物质资本所有者对企业实施控制。一个积极的和高度参与的董事会、托管委员会或者类似的代理机构，应具有适当程度的管理、技术和其他专长，以及履行监督职责所需要的思维方式，这是企业内部控制体系中控制环境至关重要的方面。有效的董事会管理层也是企业内部控制体系运行的保障。

其次，外部环境对物质资本型企业内部控制体系的影响。企业的经营环境和企业在行业中所处的地位都会对企业内部控制目标产生影响，物质资本型企业还要注意企业在供应链中上下游的原材料来源和产品的销售渠道问题。除此之外，物质资本型企业的控制环境要特别注重企业经济环境、行业地位以及与投资者之间的平衡关系等等。物质资本所有者通过其掌控的货币资源可以控制企业其他资源，维护好与其他利益相关者的关系是保证物质资本所有者型企业稳定发展的关键。

（4）风险识别。风险识别是企业管理当局认为会影响企业目标实现的潜在的负面影响事项的认定，风险识别是解决风险存在性的问题。物质资本型企业内部控制体系的风险识别同样也是要与企业目标、控制目标以及企业文化联系起来发现企业潜在的负面影响事项。

首先，控制主体风险。主要包括企业层面和治理层面的风险识别。由于股东作为企业的控制主体，他并不直接参与企业管理。首要面临的即为委托代理的风险问题，也就是企业目标所指向的股东利益最大化目标不能实现的问题。治理层面的风险识别包括对战略目标的风险识别，即那些物质资本所有者获利能力指标和物质资本所有者与其他利益相关者合作指标不能实现的不确定事项和负面影响事项。

其次，风险因素识别。主要包括管理层面和业务层面的风险识别。企业风险识别同样要与企业战略目标、经营目标、报告目标和合规目标相联系，寻找那些与该目标可能存在偏差的事项。物质资本型企业主要关注的外部因素是经济方面，如资本的可用性、信贷发行及违约情形、货币资本的流动性问题、金融市场的准入机制等等。物质资本型企业主要关注的内部因素包括资产结构、人员等，即资产的可利用性、资本的获取能力、员工的诚信和工作能力，是否存欺诈行为等等。

最后，风险识别的技术方法。风险识别方法通过首要风险指标和扩大风险指标来区分日常风险和特别风险，同样可以采取定性和定量的方法计量。物质资本型企业风险识别方法如表7－2所示。

（5）风险评估。物质资本型企业风险评估是在物质资本型企业风险识别的基础上股东对潜在风险事项影响目标实现的程度。风险评估是企业根据预期可能的结果和概率，结合企业股东

表 7－2　物质资本型企业风险识别——首要风险指标和扩大触发器

目标事项	计量方法	目标容限	潜在不确定性	首要指标	扩大触发器
战略目标事项					
股东股利发放情况	股利派发率	目标：今年应该达到的数值或者比去年增长的幅度；容限：设定范围	管理者将该部分不用来发放股利，而是挪作他用等	股东预期的股利派发率	股利派发率低于某个设定值
企业与客户的合作程度	客户稳定性	目标：客户稳定度的某个数值；容限：设定范围	客户可能会选择其他企业的产品	客户稳定度	客户稳定度低于某个设定值
……					
经营目标事项					
……					
报告目标事项					
……					
合规目标事项					
……					

资料来源：作者整理

风险偏好和承受能力进行风险和收益组合选择的过程。风险评估对事项的评估主要从可能性和影响这两个方面开展，此过程是一个定量与定性相结合的过程。其中，风险评估的方法可参见第 5 章中战略目标风险的分析方法，其他目标层面的风险评估也可选择此方法确定风险影响程度和概率。物质资本型企业的战略目标风险因素通过第 5 章的分析可确定，如图 7－5 所示。在战略资源中，物质资本型企业风险评估的关键因素是物质资产风险。

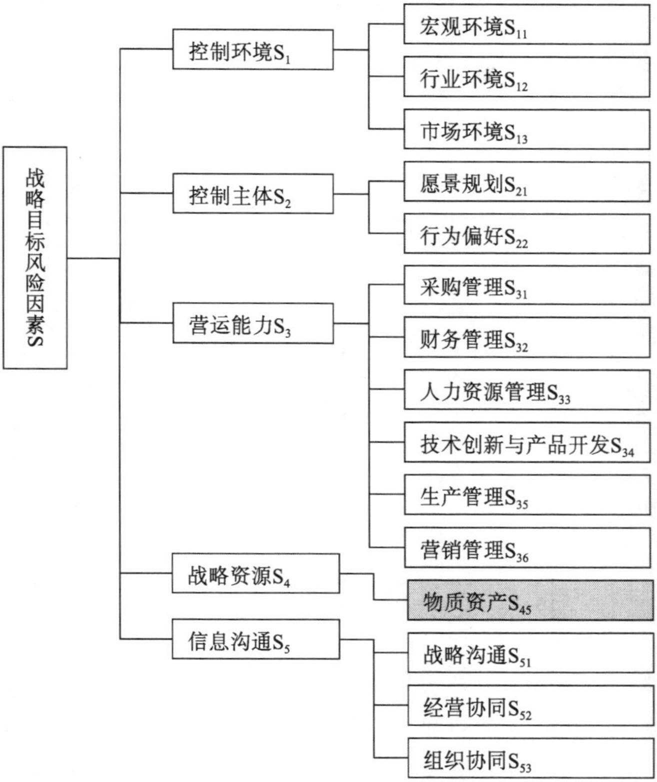

图 7－5　物质资本型企业内部控制体系风险评估战略目标风险因素图

资料来源：作者整理

在业务层面上，影响有关具体业绩指标、经营指标等实现的风险，较容易对其定量分析，主要是通过与标准指标偏离的差距来确定风险的大小。股东在判断与企业管理者合作的紧密度和顺畅度时，就没有经营指标可供比较，很难进行定量分析，只能通过定性分析或者是描述性分析来判断和评估企业风险。如表7－3所示，有关具体经营目标的固有风险评估和剩余风险评估方法，这也是风险评估中一般通用的方法，该种方法较为直观，但是在预测可能性时会存在一定的主观性，不够客观。

表 7－3　　物质资本型企业风险评估分析表

<table>
<tr><td>控制目标</td><td colspan="5">股利分派率</td></tr>
<tr><td>风险</td><td colspan="5">管理者将该部分不用来发放股利，而是挪作投资</td></tr>
<tr><td>风险容限</td><td colspan="5">股利分派率合理范围值</td></tr>
<tr><td rowspan="2">风险评估</td><td colspan="2">固有风险评估</td><td rowspan="2">风险应对</td><td colspan="2">剩余风险评估</td></tr>
<tr><td>可能性</td><td>影响</td><td>可能性</td><td>影响</td></tr>
<tr><td>投资项目 1</td><td></td><td></td><td>没有采取措施</td><td></td><td></td></tr>
<tr><td>投资项目 2</td><td></td><td></td><td rowspan="2">将每年保证的股利分派率写入章程等</td><td></td><td></td></tr>
<tr><td>投资项目 3</td><td></td><td></td><td></td><td></td></tr>
<tr><td>……</td><td></td><td></td><td></td><td></td><td></td></tr>
</table>

资料来源：作者整理

最后，在股东与其他利益相关者的合作关系分析中，可以通过数值分析实现其风险评估。如客户信息稳定性，也可以将当年的所有客户进行分析制作饼图，以及大客户的地域分布等等。

（6）风险应对。风险应对，是在风险偏好和风险承受度确定的基础上，根据风险评估结果，对级别较高的风险制定相应的风险应对策略，包括风险回避、风险降低、风险分担和风险承受等，使得风险控制在可接受的范围内。风险应对是实现风险控制中风险对策的计划性，也是综合风险识别和风险评价的结果，得出对风险控制的计划性对策。在物质资本型企业中，若存在股东价值不能实现的事项时，就要采取风险规避，退出有关不能实现股东价值的潜在事项。股东利益最大化是经过众多利益相关者集体选择的结果，在股东脱颖而出时，那些违背股东价值最大化的潜在事项，自然就会被屏蔽掉，无需风险应对采取任何措施。这也就是企业根据利益相关者进行分类控制的根本所在，也就是从源头寻找问题，解决问题。在面临战术目标的风险应对时，就要结合风险评估结果进一步确认固有风险经过风险应对后的剩余风险的情况是否需要进一步采取措施。

（7）控制活动。物质资本型企业的控制活动是帮助确保物质资本型企业的风险应对得以实施的政策和程序。控制活动应该贯穿整个企业，遍及各个层级和各个职能机构。控制活动一方面要实现与风险应对的对接，另一方面要与控制目标相联系。

首先，物质资本型企业控制活动包括控制制度和控制程序。物质资本型企业控制活动的控制制度是对物质资本型企业风险应对的进一步解释和规范，控制程序是控制活动的具体实施过程，回答了控制活动应该怎么控制的问题。同样，控制活动也是要不违背或有利于物质资本型企业的企业目标、战略目标、经营目标、报告目标和合规目标的实现。

其次，物质资本型企业控制活动的实施。控制活动应按照企业目标体系自上而下逐级展开包括企业层面的控制活动、治理层面的控制活动、管理层面的控制活动和业务层面的控制活动。企业层面的控制活动已经通过按照控制权资本形态企业分类实现。治理层面的控制活动主要是针对企业战略目标设定的合理性进行高层复核，包括预算、预测等手段。管理层面的控制活动包括直接职能和活动管理的控制，以及经营目标、报告目标和合规目标的具体控制活动。控制活动与具体控制目标并非一一对应，而是两者之间存在相互交叉，根据具体企业的具体问题设定合理的控制活动。

最后，控制活动的技术方法。企业控制活动的方法包括批准、授权、验证、调节、经营业绩审核、资产安全和职责分离。

相关内容见表7－4，将具体的控制活动在下面列示，以实现进一步降低企业剩余风险的目的。

表7－4　物质资本型企业目标、风险应对和控制活动分析表

控制目标	股利分派率				
风险	管理者将该部分不用来发放股利，而是挪作投资				
风险容限	股利分派率合理范围值				
风险评估	固有风险评估		风险应对	剩余风险评估	
	可能性	影响		可能性	影响
投资项目1			没有采取措施		
投资项目2			将每年保证的股利分派率写入章程等		
投资项目3					
控制活动	1. …… 2. …… ……				

资料来源：作者整理

（8）信息沟通。物质资本型企业信息沟通是指股东通过对那些信息技术管理、信息技术基础结构、信息交流的控制，以及数据获取和处理的完整性、准确性、授权和有效性等方面的控制。物质资本型企业组织的各个层次都需要信息，以便识别、评估和应对风险；信息是大量的，股东应在众多的信息中寻找出对自己的决策起到关键作用的信息；来自企业内部和外部的以定量或定性的形式出现，股东更应该关注那些企业内部的、定性形式的信息。在大量的信息中如何处理和提炼数据以形成股东可资行动的信息，这是对股东的挑战也是企业内部控制体系信息沟通要素需要解决的问题。

（9）监督。物质资本型企业监督是指要对企业内部控制体系进行全面的监控，对在各个控制要素执行过程中出现的问题及时修正。由于企业内部控制体系是一个开放式的管理活动，随着时间的更替，内部控制体系的相关风险应对或者控制活动已不再适用，仅靠前面八个控制要素来反馈管理当局某些控制要素的具体内容已不再适用，因此监督的作用就格外重要。物质资本型企业包括持续的日常监督和非正常情况下的个别评价。持续性的监督是企业内部控制体系中的自我监督，一般情况不需要控制主体过分关注。同样，个别评价的范围和频率取决于对风险的评估和持续监控程序的有效性。持续监控的有效性程度越高，越不需要个别评价。个别评价的方法包括核对清单、调查问卷和流程图技术等等。非正常情况下的个别监督是物质资本所有者监督关注的重点，主要集中在那些优先程度较高的风险领域和应对，主要存在于战略制定及重大的活动中。

7.1.3　企业文化控制要素

企业文化控制要素是在企业结构控制要素构建完成后，在企业内部逐渐沉淀累积形成的。同样它也是通过自上而下的培养和自下而上的反馈，经过不断磨合、不断提升最终成型的，是与企业结构控制要素这个“硬控制”相对应的“软控制”。企业文化控制是在企业层面形成以股东为中心的核心价值观，企业文化也是企业价值观体系的一部分。物质资本型企业的核心价值观就是物质资本所有者利益最大化，即做任何事都是有回报的，都是以创造经济利益为目的的。类似于曼克斯（Mannlx，1995）等人提出的经济导向的企业文化，是指企业强调稳定的经济效益，往往以绩效为工作中心，力求通过一致的行为获取稳定的收益。企业层面的企业文化进一步渗透到或者直接是由治理层面的控制主体股东所决定的，而这种企业精神的实现，是股东变成物质资本所有者之前就已经形成的理念，就是要实现股东投入的货币资本的增值。在以股东为核心的企业文化中，过去贡献或成绩最大的人被认为有较多的权力，更注重过去的成功经验。这种企业精神理念进一步体现在每个层次的管理者要为下属指明工作内容以及完成工作应得的收益，强调努力工作与奖酬是公平的，并监督员工对于其不规范的行为得以纠正，这是一种交易契约型领导者的管理理念（Bass，1993）。因此，物质资本型企业的企业文化是一种以经济为导向的企业文化格局，企业文化控制要素具体包括企业的核心价值观、企业精神、道德修养和心理契约。核心价值观决定企业精神，是企业文化的中心思想，而核心价值观和企业精神又指导着管理层的道德修养和个体层面的心理契约，四个具体要素是一个相互影响、互相反馈不断提升的过程。

（1）核心价值观。物质资本型企业的核心价值观，是物质资本所有者在内隐性和外显性方面对什么是好的、值得做的一种认知理念，是一种较持久的知觉架构，能塑造并影响个人行为。物质资本型企业的价值观是人们向往的终极目标；也是人们认识判断事物是非的标准；同样也是人们行动的指南。物质资本型企业的核心价值观就是物质资本所有者利益最大化，即做任何事都是有回报的，都是以创造经济利益为目的的。价值观是企业文化的核心，统一的价值观是企业员工判断自己行为的标准。企业的一切活动都应围绕着企业目标展开，企业目标通过企业控制目标会对企业的具体任务行为施加压力，企业的全体员工都会向着企业目标而努力，对具体业务而言是一种向心力，这种无形的向心力即为正向企业文化，能促进企业的发展；相反，如果没有有效的监管和控制，那么这种向心力就会转变成一种离心力。企业文化控制要素中的核心价值观要素要与企业目标相对应，物质资本型企业的企业目标就是物质资本所有者利益最大化和与其他利益相关者关系最优化，那么物质资本型企业的核心价值观要素就要使企业全体成员形成股东财富最大化的以经济收益为导向的价值观。同时，利益相关者理论倡导下的利益相关者之间的合作共赢思想也保证了股东与其他利益相关者关系的最优化。

（2）企业精神。企业精神是指企业基于自身特定的性质、任务、宗旨、时代要求和发展方向，并经过精心培养而形成的企业成员群体的精神风貌。企业精神是治理层治理理念和管理哲学的体现，是在核心价值观指引下的企业文化的精神传达。企业精神是企业治理层存在的企业文化形式，物质资本型企业的治理层即为企业控制主体股东，企业精神就是反映股东的伦理道德、价值观念、意识形态等。此时，股东的管理哲学就是一种“股东文化”，“股东文化”就如同“公民文化”，公民是一个国家的主体，政府是为公民服务的，是人类文明的最重大社会建设。说明了一个国家的所有权是国家是每个公民的，而不是某个独裁者或者家族的。也就是说，“股东文化”说明物质资本型企业是属于股东的，股东是股东型企业的主体，董事会、经营者等都是为股东服务的，任何股东都是企业的控制主体，这种管理哲学的形成，就会使小股东知道通过法律武器来保护自己的权益，并让大股东为自己的暗箱操作和独断专行付出代价。

（3）道德修养。物质资本型企业的道德修养主要体现在管理层对自我的道德人格和敬业精神的培养，对员工行为的道德激励以及对企业道德形象的塑造。其中，爱岗敬业是道德修养的基础，它影响着管理者或员工的主动性和贡献度。管理者或员工是否能尽职尽责，不仅需要规章制度的规定和职责的约束，更重要地取决于管理者或员工的价值追求。道德协调的“柔性”管理则可通过诉诸个体修养、舆论褒贬、沟通疏导、教育感化、价值观念等来协调管理层与企业间的目标差异。管理层道德修养的培养有助于增强物质资本所有者与其他利益相关者的合作，使企业在实现物质资本所有者利益最大化的同时，也能满足其他利益相关者的利益要求，优化物质资本所有者与其他利益相关者之间的关系。

（4）心理契约。心理契约是指企业员工与企业之间形成的物质奖赏、精神激励和愿望期待。心理契约的恰当与否能够使企业与员工之间感到满意和信任，这种信任和满意能使得企业与员工之间的关系更加融洽，以提高组织业绩和增强企业核心竞争力。由此可知，企业需要尽量满足员工的要求和愿望，更加了解那些促使员工积极性提高的行为动机和情绪状况。物质资本型企业中就是要使员工心理形成这种正能量的心理契约，即十分乐观的、对本职工作满意、工作环境互帮互助等等。这是企业文化通过积极的价值观，所要培养的员工实现的。物质型资本企业为了克服心理契约出现违背情况要做到：提高员工的满意度，进而实现其对企业的归属感和工作的积极投入；增强员工之间相处融洽、合作亲密、沟通畅达、团结高效的凝聚力；发挥员工的积极能动性，提供良好的制度保证、有效的管理机制、宽松的氛围。

通过以上分析，物质资本所有者型企业的内部控制体系主要是由其控制主体物质资本所有者所决定的内部控制体系。拥有物质资本的物质资本所有者成为了企业的控制主体，决定着企业目标和控制目标的制定，决定着企业内部控制体系的控制基本要素和具体要素的构成。现实中，如大型的煤炭开采企业就属于物质资本型企业，适用于以上企业内部控制体系。

7.2　以人力资本为控制权资本的企业内部控制体系构建

人力资本是体现在劳动者身上的，通过投资形成并由劳动者的知识、技能和体力（健康状况）所构成的资本。在现代企业中，人力资本与物质资本的有机结合，创造出了大于仅依靠物质资本的价值。以人力资本为控制权资本的企业（以下简称人力资本型企业）内部控制体系构建就是在理解人力资本所有者的基础上构建起来的。而那些掌握着企业人力资本这项控制权资本的利益相关者构成了企业所有者，也是企业控制主体，决定着企业内部控制体系的构建。以人力资本为控制权资本的企业是指只有一种拥有人力资本的利益相关者经过集体选择最终成为企业的所有者，也是企业剩余控制权的行使者。这些利益相关者有可能是管理者、员工中的任何一者或者两者的组合。以人力资本为控制权资本的企业内部控制体系构建，构建的程序包括“企业所有者——企业目标——基本控制要素——具体控制要素”。因此，本节将从企业所有者、企业目标、企业结构控制要素和企业文化控制要素四个方面逐一分析构建以人力资本为控制权资本的企业内部控制体系（如图7－6所示）。

7.2.1　企业所有者和企业目标

人力资本型企业不同于物质资本型企业，物质资本型企业的所有者不直接参与企业的生产经营，人力资本型企业的企业所有者则是直接参与企业的生产经营的全过程，也是企业内部控制体系具体细节的制定者和实施者。随着委托代理论的发展，股东对

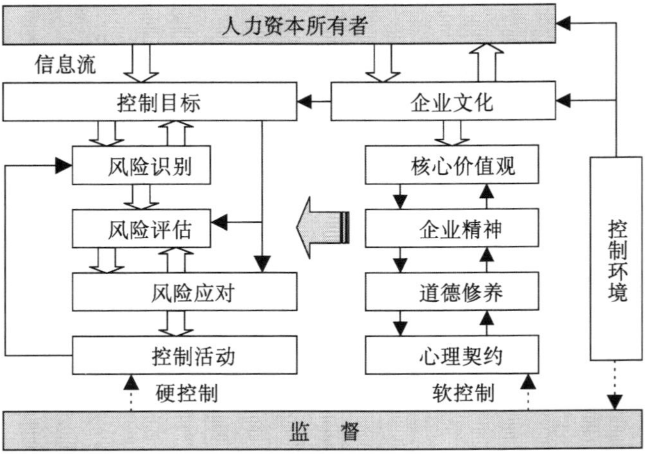

图 7-6　人力资本型企业内部控制体系控制要素关系图

资料来源：作者整理

企业管理者控制越加薄弱，企业逐渐被人力资本所有者的“人”所控制。那是因为该类型企业对于物质资本的需求较少，对于供应链上下游的依赖度也不高，唯一“关键性资源”就是人力资本。人力资本型企业的所有者就是人力资本所有者，特别是那些企业所必需的知识或技能的所有者，如高级管理者、高级专业技术人员以及员工等。人力资本所有者是企业的所有者，是企业剩余控制权和剩余分享权的行使者。

人力资本型企业的所有者就是人力资本所有者，企业存在的目的是为人力资本所有者而服务，它们的收益也要归人力资本所有者。因此，人力资本型企业的企业目标就是人力资本所有者利益的最大化以及人力资本所有者与其他利益相关者关系最优化。该企业类型主要例子，如王竹泉教授认为契约型基金的企业就类似于管理者型企业，并认为该企业管理者即为企业的实际所有人。契约型基金是由契约管理人（基金经理等管理者）、基金托管人（一般是信誉和资质较高的银行）和基金持有人（投资方）三方通过签订契约设立的基金。所有的基金只凭一纸契约就买断了基金持有人除收益权以外的所有权利，并主动回避了诸如公司治理这样的外部和内部制约机制。基金管理人作为委托人、基金托管人作为受托人的特殊关系也决定了基金托管人不具有真正意义上的企业契约签订主体的资格，本质上契约型基金的企业契约的签订者就是基金管理人，即基金管理人就是契约型基金的所有者。

在构建企业内部控制体系时，就是从人力资本所有者入手，以企业目标人力资本所有者利益的最大化和人力资本所有者与其他利益相关者关系最优化为依据，展开对企业结构控制要素和企业文化控制要素两个基本要素的研究分析。

7.2.2　企业结构控制要素

人力资本型企业的企业结构控制要素是人力资本所有者导向的公司治理结构和内部控制结构整合的控制要素的组合。企业结构控制要素就是要明确企业内部控制体系中人力资本所有者的权、责、利关系，也就是人力资本所有者作为企业的所有者与企业、企业的其他利益相关者之间的权、责、利关系，以及在企业目标实现过程中所面临的风险和应对。企业结构控制要素是企业内部控制体系的“硬控制”。包含九个具体控制要素分别是：控制目标、控制主体、控制环境、风险识别、风险评估、风险应对、控制活动、信息沟通和监督。

（1）控制主体。人力资本型企业内部控制体系的控制主体是人力资本所有者，如企业管理者和员工。人力资本所有者是企业所有者，他们通过自己自身拥有的人力资本进入到企业，成为企业的内部利益相关者，拥有企业的剩余分享权和剩余控制权

（如图 7－7 所示）。

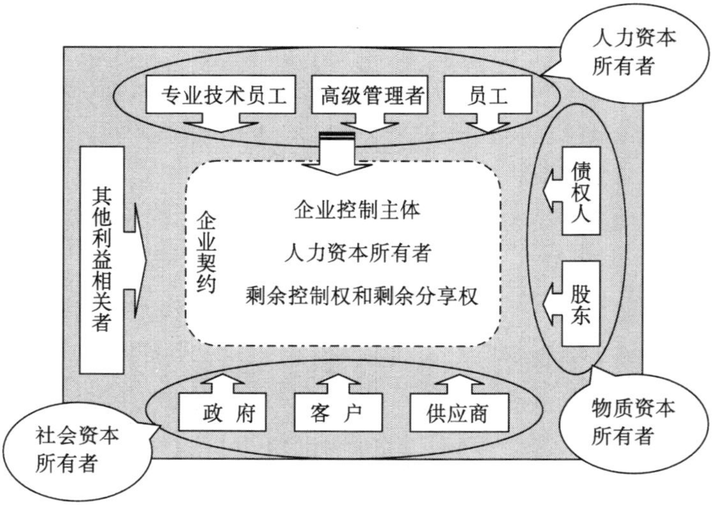

图 7－7　人力资本型企业控制主体示意图

资料来源：作者整理

首先，人力资本所有者是企业的参与者和企业目标的决定者。人力资本所有者是企业人力资本的拥有者，他们或有管理才能、或有特殊的知识技能。与其他利益相关者一样都是企业的内部控制参与者，随着人力资本所有者单独签订企业契约后，他的身份不再仅仅只是参与者而成为企业的所有者，成为企业的控制主体；其他利益相关者与企业签订的是交易契约或是隐形契约，如债权人通过固定的利息收益不参与剩余分享，仍然是企业内部控制的参与者。因此，人力资本所有者决定着企业的生存和发展，他最终成为企业目标的决定者，即企业目标就是实现人力资本所有者利益最大化和人力资本所有者与其他利益相关者关系最优化。

其次，人力资本所有者有可能是企业内部控制体系的设计者、实施者、监督者和评价者。但是，作为人力资本的所有者与物质资本所有者不同，他们直接参与企业具体内部控制流程。企业的内部控制体系目标的设计者、企业内部控制体系具体的实施者和操作者、企业内部控制体系有效的监督者和评价者是人力所有者，他们是企业的管理者、员工以及其他监督机构。人力资本密集型企业不需要大量的货币资金作为企业生存的根本，企业生存的依据是企业内部那些特殊的知识资本所有者，他们通过自身的人力资本创造企业的价值，此时物质资本所有者已退出企业所有者的行列，取而代之的是人力资本所有者。因为他们才是真正的企业利益相关者，从而实现了真正意义上实现收益与分配对等原则的企业内部控制。

人力资本所有者成为人力资本型企业的控制主体，是参与企业契约的签订者，是企业的所有者，又是企业剩余分享权和剩余控制权的行使者。人力资本所有者在实现其自身财富最大化时，同样会面临各种各样的风险，如人力资本所有者要一直保持人力资本的价值，防止其由于环境的变化导致其自身价值的贬值等等。人力资本所有者作为企业唯一的控制主体，一方面要实现企业价值的增值；另一方面要避免企业面临的诸多风险。

（2）控制目标。人力资本型企业控制目标是人力资本型企业在确定企业目标和控制主体的基础上，如何实现人力资本所有者利益最大化和与其他利益相关者关系最优化的企业目标的进一步细分（如图7-8所示）。企业控制目标是由战略目标、经营目标、财务目标和合规目标构成的。这些目标都是由人力资本型企业的企业目标所决定的，即人力资本所有者利益最大化和人力资本所有者与其他利益相关者关系最优化。

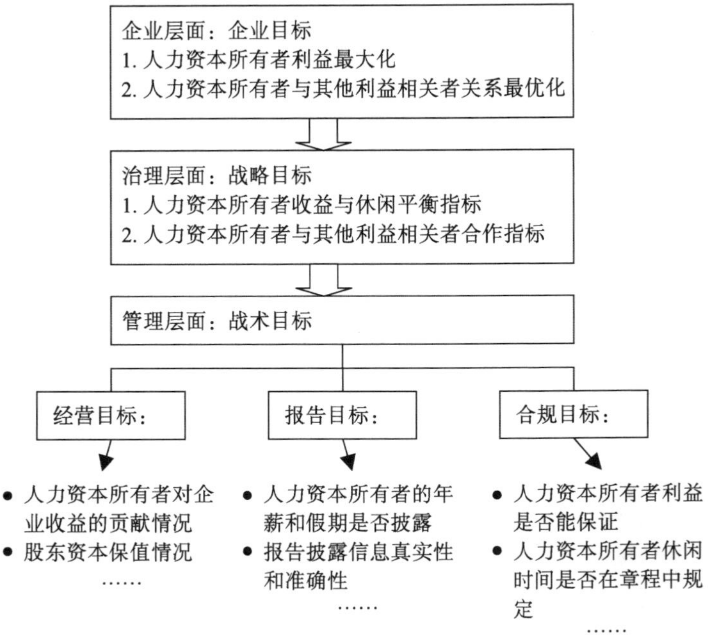

图7-8 人力资本型企业控制目标构成图

资料来源：作者整理

首先，战略目标是治理层的目标，是与人力资本所有者的使命（愿景）相协调，并支持企业目标实现的目标。人力资本型企业内部控制体系中的战略目标主要是在符合人力资本所有者利益最大化和企业目标的基础上进一步体现管理者、员工的愿景目标，如管理者的长远规划，企业未来走向；员工在企业中未来的发展情况等等。因此，人力资本型企业战略目标就是通过人力资本所有者收益与休闲平衡指标来评价人力资本所有者收益情况。人力资本所有者收益与休闲平衡指标具体包括：

本书采用两个模型来衡量企业的人力资本所有者收益情况，一个是企业人力资本所有者工资收益的总和，其中，企业人力资本所有者工资收益全集的公式为：

企业人力资本所有者工资收益 = ∑企业各个人力资本所有者工资

另一个是某个特殊的人力资本收益的衡量，即企业高管薪酬作为衡量企业人力资本收益状况，作为人力资本型企业的战略目标的收益目标。本书高管薪酬是指“董事会成员的平均薪酬”作为高管薪酬代替指标[①]，同时，高管薪酬中只考虑货币薪酬，而放弃股权薪酬（李增泉，2000；魏刚，2000；辛清泉等，2007、2009；方军雄，2009、2012）。高管薪酬由于还受到企业所在地区、企业规模及行业的影响（Firth，Fung and Rui，2006；Ke，Rui and Yu，2010），应将企业高管薪酬指标进行加工：

高管薪酬 = b_1 × ∑董事会成员排在前 5 位的当年高管年薪/5 + b_2 × 销售收入 + b_3 × 地区系数

人力资本所有者休闲情况主要是通过分析企业的规章制度中有关休假的规定，分析该企业法定节假日是否休闲，包括国家规定的节假日以及周末时间；还应分析企业年假放假的情况。并分别赋予这三个指标不同的权重，从而衡量人力资本所有者休闲情况。人力资本所有者休闲指标如下：

人力资本所有者休闲指标 = a_1 × 法定节假日的天数 + a_1 × 周六周日的天数 + a_1 × 年假天数

同样，人力资本所有者与其他利益相关者合作指标，可以参照物质资本所有者与其他利益相关者合作指标来设置企业的战略目标。人力资本所有者与其他利益相关者关系最优化的战略目标，都可以通过利益相关者之间合作关系指标来测度（如表

---

① 根据方军雄（2012）按照最高董事平均薪酬衡量的高管薪酬与董事长薪酬之间的相关系数达到 0.747，此替代可行。

7－5所示）。其中，A_i表示同一控制权资本形态内资本所有者之间的合作关系，通过集中度指标反映；C_i表示控制主体与其他利益相关者之间的合作关系，通过依赖度指标反映。

表7－5　　利益相关者之间合作关系指标汇总表

关系指标	人力资本所有者	物质资本所有者	社会资本所有者	……
人力资本所有者	A_1	C_{12}	C_{13}	C_{1j}

A_1 = ∑排在该企业当年前五位薪酬总额/当年企业全部薪酬

C = 人力资本所有者与其他利益相关者关系依赖度

= C_{12} + C_{13} + …… + C_{1j}

= ∑近五年内排在前十位保持稳定的物质资本所有者人数/物质资本所有者人数总额 + ∑近五年内排在前十位保持稳定的社会资本所有者人数/社会资本所有者人数总额 + ∑近五年内排在前十位保持稳定的其他利益相关者人数/其他利益相关者人数总额

其次，战术目标（经营目标、财务报告目标和合规目标）的确定。人力资本型企业的战略目标进一步划分成经营目标、财务报告目标和合规目标，这也就是风险管理框架中所提及的企业内部控制的控制目标。如图7－8所示，经营目标可以包括人力资本所有者对企业收益的贡献情况、股东资本保值情况等等；财务目标包括人力资本所有者的年薪和假期是否披露、报告披露信息真实性和准确性等等；合规目标包括人力资本所有者利益是否能保证以及人力资本所有者休闲时间是否在章程中规定等等。

（3）控制环境。人力资本型企业控制环境包括企业的经营方向、外部环境、企业的社会形象、与外界的联系等方面，具体划分为企业内部环境和企业外部环境（包括经营环境、社会关系网络等）。

首先，人力资本型企业应关注董事会在企业内部环境中的地位。董事会是企业的核心管理层，对于管理者的独立性、其成员的经验和才能、对活动参与和审察的程度以及适当性都起着重要的作用。由于人力资本型企业的控制主体人力资本所有者与股东不同，他们直接参与企业管理，董事会有可能是其控制主体，也有可能是控制主体的代理人，在一定程度上负责管理控制主体（如员工），因此，一个积极的和高度参与的董事会、托管委员会或者类似的代理机构，应具有适当程度的管理、技术和其他专长，以及履行监督职责所需要的思维方式，这时企业内部控制体系中控制环境至关重要。除此之外，也要关注合理的战略、胜任的员工、合理的经营流程、可靠的技术以及完善的控制机制等企业内部其他控制要素。

其次，人力资本型企业也要关注外部环境对企业内部控制体系的影响。企业所处的行业及经营环境都对企业内部控制体系产生影响。社会关系网络是企业长期经营形成的战略性的资源，但由于其所具有的异质性、稀缺性和不可模仿性而使企业的核心价值观变得难以改变。除此之外，人力资本型企业的控制环境要特别注重企业经济环境、行业地位以及与投资者之间的平衡关系等等。在以人力资本所有者作为控制主体的企业中，企业的社会关系网似乎要比股东为控制主体的企业更加重要，人力资本所有者通过其优势的管理才能控制企业其他资源，维护好与其他利益相关者的关系是保证人力资本型企业稳定发展的关键。

（4）风险识别。风险识别是企业管理当局认为会影响企业目标实现的潜在的负面影响事项的认定，风险识别是解决风险存在性的问题。人力资本型企业内部控制体系的风险识别同样也是要与企业目标、控制目标以及企业文化联系起来发现企业潜在的负面影响事项。

首先，控制主体风险。风险识别包括企业层面的风险识别、治理层面的风险识别和管理层面的风险识别。其中，企业层面的风险识别就是要识别那些不能实现企业目标的风险，即那些不能实现人力资本所有者利益最大化和人力资本所有者与其他利益相关者关系最优化的不确定事项和负面影响事项；其次，治理层面的风险识别包括对战略目标的风险识别，即那些人力资本所有者收益与休闲平衡指标和人力资本所有者与其他利益相关者合作指标不能实现的不确定事项和负面影响事项。

其次，风险因素识别。主要包括管理层面和业务层面的风险识别。企业风险识别同样要与企业战略目标、经营目标、报告目标和合规目标相联系，寻找那些与该目标可能存在偏差的事项。人力资本型企业主要关注的外部因素是经济方面和技术方面，如经济方面的资本的可用性、信贷发行及违约情形、货币资本的流动性问题、金融市场的准入机制以及技术方面的行业新兴技术、电子商务和外部数据等等。人力资本型企业主要关注的内部因素包括资产结构、人员和内部技术等，即资产的可利用性、资本的获取能力、员工的诚信和工作能力，是否存欺诈行为，专业技术人才的知识储备和更新等等。

风险识别的技术方法如物质资本型企业讨论的首要风险指标和扩大风险识别方法，实现日常风险和特别风险的区分，同样，具体分析可以采取定性和定量的方法计量，如表 7 – 6 所示。

（5）风险评估。人力资本型企业风险评估是在人力资本型企业风险识别的基础上人力资本所有者对潜在风险事项影响目标实现的程度。风险评估是企业根据预期可能的结果和概率，结合企业人力资本所有者的风险偏好和承受能力进行风险和收益组合选择的过程。风险评估对事项的评估主要从可能性和影响这两个方面开展，此过程是一个定量与定性相结合的过程。其中，风险

表 7－6　人力资本型企业风险识别——首要风险指标和扩大触发器

目标事项	计量方法	目标容限	潜在不确定性	首要指标	扩大触发器
战略目标事项					
人力资本所有者收益情况	高管薪酬指标	目标：今年应该达到的数值或者比去年增长的幅度；容限：设定范围	企业未能完成当年的销售任务	预期销售增长额	销售增长额低于某个设定值
……					
经营目标事项					
……					
报告目标事项					
……					
合规目标事项					
……					

资料来源：作者整理

评估的方法可参见第 5 章中战略目标风险的分析方法，其他目标层面的风险评估也可选择此方法确定风险影响程度和概率。人力资本型企业的战略目标风险因素通过第 5 章的分析可确定如图 7－9 所示。在战略资源中，人力资本型企业风险评估的关键因素是人力资源、信息资源、技术资源和管理资源的风险。

其中，在收益和经营层面，影响有关具体业绩指标、经营指标等实现的风险，较容易对其定量分析，主要是通过与标准指标偏离的差距来确定风险的大小。人力资本所有者在判断与企业其他利益相关者合作的紧密度和顺畅度时，相对可参照的经营性指标较少，很难进行定量分析，只能通过定性分析或者是描述性分析来判断和评估企业风险。如表 7－7 所示，有关具体的经营目

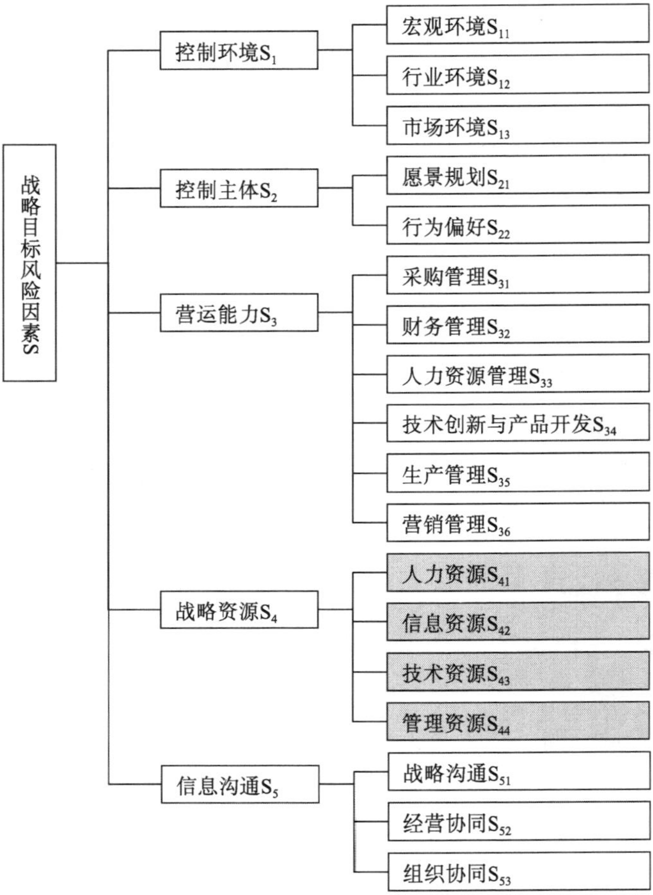

图 7-9 人力资本型企业内部控制体系风险评估战略目标风险因素图

资料来源：作者整理

标的固有风险评估和剩余风险评估方法，这也是风险评估中一般通用的方法，该种方法较为直观，但是在预测可能性时会存在一定的主观性。

表 7－7　　人力资本型企业风险评估分析表

控制目标	人力资本所有者收益情况——高管薪酬指标				
风险	企业未能完成当年的销售任务				
风险容限	高管薪酬指标合理范围值				
风险评估	固有风险评估		风险应对	剩余风险评估	
	可能性	影响		可能性	影响
产品质量			没有采取措施		
管理模式			加大宣传力度和提高产品质量等		
销售情况					
……					

资料来源：作者整理

其次，在人力资本所有者与其他利益相关者的合作关系分析中，可以通过数值分析实现其风险评估。如客户信息稳定性，也可以将当年的所有客户进行分析制作饼图，以及大客户的地域分布等等。

（6）风险应对。风险应对，是在风险偏好和风险承受度确定的基础上，根据风险评估结果，对级别较高的风险制定相应的风险应对策略，包括风险回避、风险降低、风险分担和风险承受等，使得风险控制在可接受的范围内。风险应对是实现风险控制中风险对策的计划性，也是综合风险识别和风险评价的结果，得出对风险控制的计划性对策。人力资本所有者利益最大化是经过众多利益相关者集体选择的结果，在人力资本所有者脱颖而出时，那些违背人力资本所有者价值最大化的潜在事项，自然而然就会被屏蔽掉，无需风险应对采取任何措施。同时，若出现人力资本所有者价值不能实现的事项时，就要采取风险规避，退出有关不能实现人力资本所有者价值的潜在事项。这也就是企业根据控制权资本进行分类控制的根本所在，也就是从源头寻找问题，解决问题。在面临战术目标的风险应对时，要结合风险评估结果进一步确认固有风险经过风险应对后的剩余风险的情况是否需要进一步采取措施。

（7）控制活动。人力资本型企业的控制活动是确保人力资本型企业的风险应对得以实施的制度、政策和程序。控制活动在自上而下贯穿整个企业的同时，要实现各个层级和各个职能机构的全覆盖。控制活动一方面要实现与风险应对的对接；另一方面要与控制目标相联系。

首先，人力资本型企业控制活动包括控制制度和控制程序。人力资本型企业控制活动的控制制度是对人力资本型企业风险应对进一步解释和规范，控制程序是控制活动的具体实施过程，回答了控制活动应该怎么控制的问题。同样，控制活动也是要不违背或有利于人力资本型企业的企业目标、战略目标、经营目标、报告目标和合规目标的实现。

其次，人力资本型企业控制活动的实施。控制活动应按照企业目标体系自上而下逐级展开包括企业层面的控制活动、治理层面的控制活动、管理层面的控制活动和业务层面的控制活动。企业层面的控制活动已经通过按照控制权资本形态企业分类实现。治理层面的控制活动主要是针对企业战略目标设定的合理性进行高层复核，包括预算、预测等手段。管理层面的控制活动包括直接职能和活动管理的控制，以及经营目标、报告目标和合规目标的具体控制活动。控制活动与具体控制目标并非一一对应，而是两者之间存在相互交叉，根据具体企业的具体问题设定合理的控制活动。

最后，控制活动的技术方法。企业控制活动的方法包括批准、授权、验证、调节、经营业绩审核、资产安全和职责分离。相关内容见表 7－8，将具体的控制活动在下面列示，以实现进一步降低企业剩余风险的目的。

表 7－8 人力资本型企业目标、风险应对和控制活动分析表

控制目标	人力资本所有者收益情况——高管薪酬指标				
风险	企业未能完成当年的销售任务				
风险容限	高管薪酬指标合理范围值				
风险评估	固有风险评估		风险评估	剩余风险评估	
	可能性	影响	可能性	可能性	影响
产品质量			没有采取措施		
管理模式			加大宣传力度和提高产品质量等		
销售情况					
……					
控制活动	1. ……；2. ……；……				

资料来源：作者整理

（8）信息沟通。人力资本型企业信息沟通是指管理者通过对那些信息技术管理、信息技术基础结构、信息交流的控制，以及数据获取和处理的完整性、准确性、授权和有效性等方面的控制。人力资本型企业组织的各个层次都需要信息，以便识别、评估和应对风险；信息是大量的，人力资本所有者应在众多的信息中寻找出对自己的决策起到关键作用的信息；来自企业内部和外部的以定量或定性的形式出现，人力资本所有者更应该关注那些企业内部的、定性形式的信息。在大量的信息中如何处理和提炼数据以形成管理者可资行动的信息，这是对人力资本所有者的挑战也是企业内部控制体系信息沟通要素需要解决的问题。

（9）监督。人力资本型企业监督是指要对企业内部控制体系进行全面的监控，对在各个控制要素执行过程中出现的问题及时修正。由于企业内部控制体系是一个开放式的管理活动，随着时间的更替，内部控制体系的相关风险应对或者控制活动已不再适用，仅靠前面八个控制要素来反馈管理当局某些控制要素的具体内容已不再适用，因此监督的作用就格外重要。物质资本型企业包括持续的日常监督和非正常情况下的个别评价。持续性的监督是企业内部控制体系中的自我监督，一般情况不需要控制主体过分关注。同样，个别评价的范围和频率取决于对风险的评估和持续监控程序的有效性。持续监控的有效性程度越高，越不需要个别评价。个别评价的方法包括核对清单、调查问卷和流程图技术等等。非正常情况下的个别监督是人力资本所有者监督关注的重点，主要集中在那些优先程度较高的风险领域和应对，主要存在于战略制定及重大的活动中。

7.2.3 企业文化控制要素

企业文化控制要素是在企业结构控制要素构建完成后，在企业内部逐渐沉淀累积形成的。同样他也是自上而下的培养和自下而上的反馈不断磨合、不断提升最终成型的，是与企业结构控制要素这个“硬控制”相对应的“软控制”。人力资本型企业是那些高科技企业，该企业需要的是创新型文化，也就是当企业文化以创新和挑战为导向时，能够激发员工的主动性与积极性，并通过吸取新的知识与观念，促进人员素质的提高。同时，当人力资本型企业是专业性的咨询公司时，该企业需要的是支持型文化，也就是当企业文化以和谐关系为导向时，能在企业内形成和谐、信任的工作氛围，因而有利于企业良好关系的建立（朱瑜等，2007）。因此，人力资本型企业的企业文化是一种以人为本的企业文化格局，企业文化控制要素具体包括企业核心价值观、企业精神、道德修养和心理契约四个控制要素。核心价值观决定企业精神，是企业文化的中心思想，而核心价值观和企业精神又指导着管理层的道德修养和个体层面的心理契约，四个具体要素是一个相互影响、互相反馈的不断提升的过程。

（1）核心价值观。人力资本型企业的核心价值观是人力资本所有者在内隐性和外显性方面对什么是好的、值得做的一种认知理念，是一种较持久的知觉架构，能塑造并影响个人行为。人力资本型企业的价值观是人们向往的终极目标；也是人们认识判断事物是非的标准；同样也是人们行动的指南。人力资本型企业的核心价值观就是人力资本所有者利益最大化的以人为本、鼓励创新的文化氛围。不同于物质资本型企业强调经济人的角色，主要以自利与竞争的心态取胜的价值观；当今信息时代则是强调社会人的角色，重视人性的关怀、情感交流、利他、与环境共生的价值观。因此，人力资本型企业的核心价值观是重视他人想法及感受与内部团队合作的价值观，而不是强调自我中心与内部竞争的价值观。企业的一切活动都应围绕着企业目标展开，企业目标通过企业控制目标会对企业的具体任务行为施加压力，企业的全体员工都会向着企业目标而努力，对具体业务而言是一种向心力，这种无形的向心力即为正向企业文化，能促进企业的发展；相反，如果没有有效的监管和控制，那么这种向心力就会转变成一种离心力。企业文化控制要素中的核心价值观要素要与企业目标相对应，人力资本型企业的企业目标是人力资本所有者利益最大化和与其他利益相关者关系最优化，那么，人力资本型企业的企业文化核心价值观就要使企业全体成员形成人力资本所有者利益最大化的以人为本导向的价值观。同时，利益相关者理论倡导下的利益相关者之间的合作共赢思想也保证了人力资本所有者与其他利益相关者关系的最优化。

（2）企业精神。企业精神是指企业基于自身特定的性质、任务、宗旨、时代要求和发展方向，由治理层发起的能够影响企业成员群体相互合作、相互信任的意识形态。企业精神以企业核心价值观为基础，以价值目标为动力，对企业经营哲学、管理制度、道德风尚、团体意识和企业形象起着决定性的作用。人力资本型企业的企业精神应该体现人力资本所有者的管理理念和管理哲学，以及人力资本所有者的风险在风险方面的偏好。人力资本所有者对风险偏好程度决定了企业的风险容量，对企业内部控制体系产生影响。这种特殊的企业资源，有价值、稀缺性、不可模仿性和不可替代的企业文化是企业战略的重要成份。

（3）道德修养。人力资本型企业的道德修养主要体现在管理层对自我的道德人格和敬业精神的培养，对员工行为的道德激励以及对企业道德形象的塑造。其中，爱岗敬业是道德修养的基础，它影响着管理者或员工的主动性和贡献度。管理者或员工是否能尽职尽责，不仅需要规章制度的规定和职责的约束，更重要地取决于管理者或员工的价值追求。道德协调的“柔性”管理则可通过诉诸个体修养、舆论褒贬、沟通疏导、教育感化、价值观念等来协调管理层与企业间的目标差异。管理层道德修养的培养有助于增强人力资本所有者与其他利益相关者的合作，使企业在实现人力资本所有者利益最大化的同时，也能满足其他利益相关者的利益要求，优化人力资本所有者与其他利益相关者之间的关系。

（4）心理契约。心理契约是指企业员工与企业之间形成的物质奖赏、精神激励和愿望期待。心理契约的恰当与否能够使企业与员工之间感到满意和信任，这种信任和满意能使得企业与员工之间的关系更加融洽，以提高组织业绩和增强企业核心竞争力。由此可知，企业需要尽量满足员工的要求和愿望，更加了解那些促使员工积极性提高的行为动机和情绪状况。人力资本型企业中就是要使员工心理形成这种正能量的心理契约，即十分乐观的、对本职工作满意、工作环境互帮互助等等。这是企业文化通过积极的价值观，所要培养的员工实现的。人力型资本企业为了克服心理契约出现违背情况要做到：提高员工的满意度，进而实现其对企业的归属感和工作的积极投入；增强员工之间相处融洽、合作亲密、沟通畅达、团结高效的凝聚力；发挥员工的能动性，提供良好的制度保证、有效的管理机制、宽松的氛围。

通过以上分析，人力资本所有者型企业的内部控制体系主要是由其控制主体人力资本所有者所决定的内部控制体系。拥有企业家才能和知识技能的人力资本所有者成为了企业的控制主体，决定着企业目标和控制目标的制定，决定着企业内部控制体系的控制基本要素和具体要素的构成。现实中，如契约型基金的经营企业就属于人力资本型企业，适用于以上企业内部控制体系。

7.3　以社会资本为控制权资本的企业内部控制体系构建

以社会资本为控制权资本企业（以下简称社会资本型企业）的企业内部控制体系构建，是指掌握社会资本的利益相关者经过利益相关者的集体选择进入企业内部，成为企业的所有者，是企业的剩余索取权和剩余控制权的行使者。社会资本所有者作为企业唯一控制权资本所有者，他掌握着不同于物质资本、人力资本的“关键性资源”，是与一系列社会组织、社会网络关系及非正式制度有关的那些具有政治关联的关系资本。社会组织、社会网络关系中最关键的利益相关者就是政府，政府是独立于企业之外的，在法律上、经济上都不应也不会拥有企业所有权。而在我国目前的转型市场经济中，某些政府官员凭借着掌握的政府权力可以在某些企业中非法寻租，获取企业的股份（王竹泉，2012）。甚至有些政府行政单位或多或少都会影响企业的命运，干预企业的经营管理。而这种关系资本不仅体现在企业与政府的关系上，还体现在企业与客户、供应商之间的关系上，他们之间也存在着某种高度信任、风险共担和利益共享的关系。

通过上文对以物质资本为控制权资本和以人力资本为控制权资本的企业内部控制体系构建，了解了物质资本所有者作为控制主体的企业内部控制体系的基本构成要素和具体构成要素。本节将进一步分析以社会资本为控制权资本的企业内部控制体系构建问题，并从控制权资本形态拓展到了利益相关者范畴。同样，企业内部控制体系的构建主要是沿着“企业所有者——企业目标——基本控制要素——具体控制要素”研究主线。因此，本节将从企业所有者、企业目标、企业结构控制要素和企业文化控制要素四个方面逐一分析构建以物质资本为控制权资本的企业内部控制体系（如图 7－10 所示）。

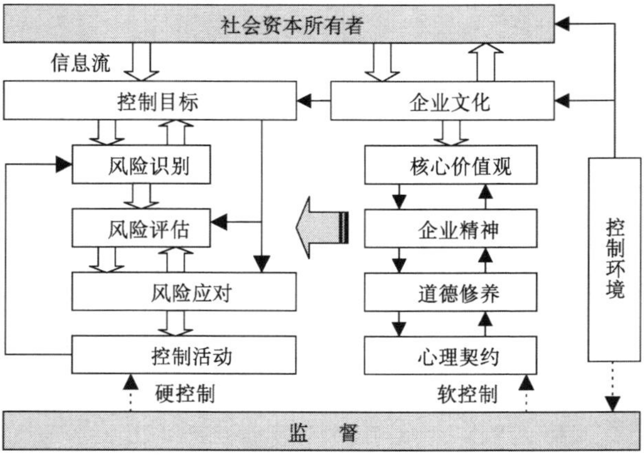

图 7－10　社会资本型企业内部控制体系控制要素关系图

资料来源：作者整理

7.3.1　企业所有者和企业目标

社会资本型企业是以社会资本为控制权资本的企业类型。社会资本是企业从拥有的关系网络中所能获得的实际和潜在资源的总和，这种在社会交往过程中形成的社会关系资本通常是依赖交往主体之间的相互信任、相互团结和相互联系逐渐建立起来的，并在这种“关键性资源”的支配下，企业能从中获得额外的收益。其中，作为利益相关者主体的政府、客户和供应商都具有类似的关键性资源，如政府可以凭借自己的政府权利给予企业经营上的方便，使企业容易进入到某个垄断性的生产领域；又如，供应商和客户作为企业供应链中的上下游关系，能决定企业的原材料供应和企业销售的顺畅性，以上这些都体现了企业的一种关系资本。这种网络的关系资本最具代表性的就是客户资源，即如果有一定的销售渠道，那么从中就能获得稳定的收入，只要能满足客户的需要，同时又能找到供给给客户的资源，那么企业就可以凭借这个关系资本长足发展。典型的类似企业如进出口的贸易公司，各类中介公司等。因此，社会资本型企业的企业所有者是社会资本所有者，是企业契约的签订者，是企业剩余控制权和剩余分享权的行使者。

社会资本型企业的所有者就是社会资本所有者，企业存在的目的是为社会资本所有者而服务，它们的收益也要归社会资本所有者。因此，社会资本型企业的企业目标就是社会资本所有者利益的最大化以及社会资本所有者与其他利益相关者关系最优化。

在构建企业内部控制体系时，就是从社会资本所有者入手，以企业目标社会资本所有者利益的最大化和社会资本所有者与其他利益相关者关系最优化为依据，展开对企业结构控制要素和企业文化控制要素两个基本要素的研究分析。

7.3.2 企业结构控制要素

社会资本型企业的企业结构控制要素是社会资本所有者导向的公司治理结构和内部控制结构整合的控制要素组合。企业结构控制要素就是要明确企业内部控制体系中社会资本所有者的权、责、利关系，也就是社会资本所有者作为企业的所有者与企业、企业的其他利益相关者之间的权、责、利关系，以及在企业目标实现过程中所面临的风险和应对。企业结构控制要素是企业内部控制体系的“硬控制”。包含九个具体控制要素，分别是：控制目标、控制主体、控制环境、风险识别、风险评估、风险应对、控制活动、信息沟通和监督。

（1）控制主体。社会资本型企业内部控制体系的控制主体是社会资本所有者，如政府、客户和供应商等关系资本所有者。社会资本所有者是企业所有者，他们通过自己掌握的关系资本资源进入到企业，成为企业的内部利益相关者，拥有企业的剩余分享权和剩余控制权（如图 7－11 所示）。

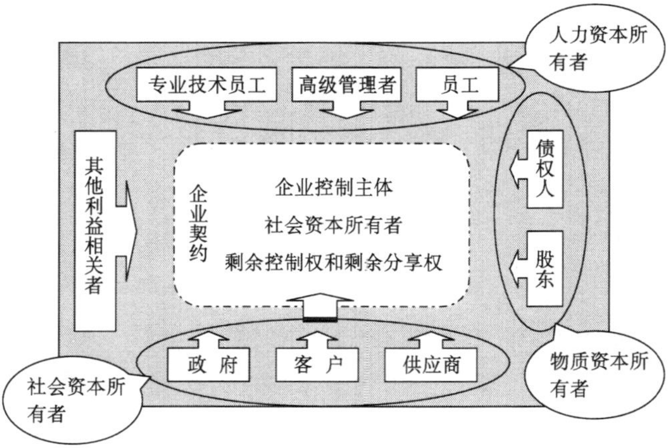

图 7－11 社会资本型企业控制主体示意图

首先，社会资本所有者是企业的参与者和企业目标的决定者。社会资本所有者，他们掌握着大量的企业不可缺少的社会关系资源。与其他利益相关者一样都是企业的内部控制参与者，随着社会资本所有者单独签订了企业契约后，他的身份不再仅仅只是参与者而成为企业的所有者，成为企业的控制主体；其他利益相关者与企业签订的是交易契约或是隐形契约，如经营者和职工获得的是固定的工资收入不参与剩余分享，仍然是企业内部控制的参与者。因此，社会资本所有者决定着企业的生存和发展，他最终成为企业目标的决定者，即企业目标就是实现社会资本所有者利益最大化和社会资本所有者与其他利益相关者关系最优化。

其次，社会资本所有者不是企业内部控制体系的设计者、实施者、监督者和评价者。作为社会资本所有者不直接参与企业具体内部控制流程，企业的内部控制体系目标的设计者、企业内部控制体系具体的实施者和操作者、企业内部控制体系有效的监督者和评价者都不是社会资本所有者，他们是企业的管理者、员工以及其他监督机构。作为社会资本所有者他们所拥有的社会资本体现的是一种关系资本，关系资本是企业与利益相关者为实现其目标而建立、维持和发展关系并对此进行投资而形成的资本（彭星、闾龙怒，2004）。现在大型商场卖场如国美，它们拥有着优质的客户资源，进入该企业的商品，他们只是提供一个交易平台，不是真正的产品的生产商和供货商，事实上，国美就是掌握着这种客户关系资本即社会资本，他的去留决定着企业的存亡。因此，企业内部控制体系的设计者、实施者、监督者和评价者是代替社会资本所有者管理企业的管理者或者代理机构。这并不影响社会资本所有者的控制主体地位，因为他们才是真正掌握企业的利益相关者，从而实现了真正意义上实现收益与分配对等原则的企业内部控制。

社会资本所有者成为社会资本型企业的控制主体，是参与企业契约的签订者，是企业的所有者，又是企业剩余分享权和剩余控制权的行使者。如一个拥有良好客户资源的企业，再加上高效的生产经营和内部控制，那么这个企业未来的利润是非常丰厚的。这种客户资源的拥有者有着企业十分重要的客户关系资本，他们就是社会资本型企业的所有者，也就是社会资本型企业内部控制体系的控制主体。社会资本所有者在实现其自身财富最大化时，同样会面临各种各样的风险，如关系资源的稳定性等等。社会资本所有者作为企业唯一的控制主体，一方面要实现其经济利益的增值；另一方面要尽量减少企业面临的诸多风险。

（2）控制目标。社会资本型企业控制目标是社会资本型企业在确定企业目标和控制主体的基础上，如何实现社会资本所有者利益最大化和与其他利益相关者关系最优化的企业目标的进一步细分（如图 7－12 所示）。企业控制目标是由战略目标、经营目标、财务目标和合规目标构成的。这些目标都是由社会资本型企业的企业目标所决定的，即社会资本所有者利益最大化和社会资本所有者与其他利益相关者关系最优化。

首先，战略目标是治理层的目标，是与社会资本所有者的使命（愿景）相协调，并支持企业目标实现的目标。社会资本型企业内部控制体系中战略目标主要是在符合社会资本型企业利益最大化要求和企业目标的基础上进一步体现社会资本所有者愿景的目标，如社会资本所有者的长远规划，企业未来走向等等。社会资本型企业战略目标通过社会资本所有者关系资本收益和社会资本所有者与其他利益相关者合作情况两个指标来衡量。

社会资本所有者关系资本收益指标在财务报告中没有直接的指标与其对应，本书结合国内外学者有关社会资本成本的衡量指标，将其转化成社会资本所有者关系资本收益指标进行分析。

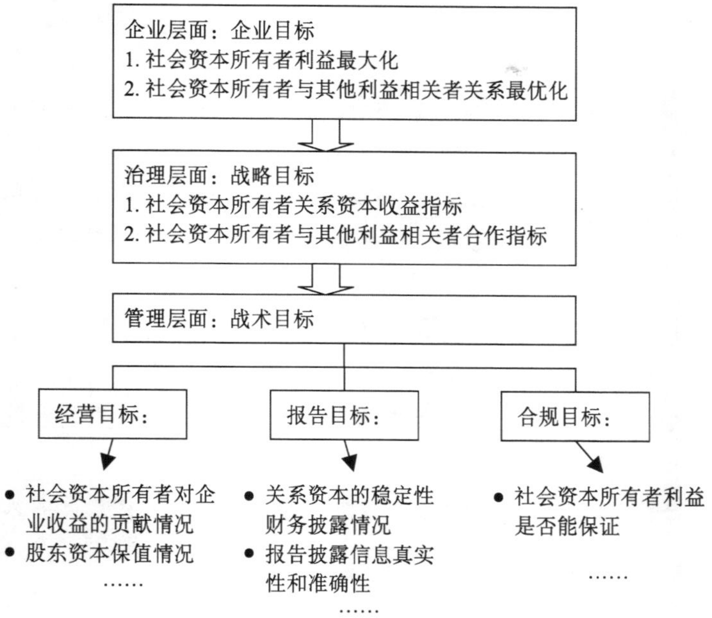

图 7－12　社会资本型企业控制目标构成图

一方面，利用格兰诺维特四个测量社会关系网络关系强弱的指标以确认社会资本所有者拥有的社会关系资本大小，包括社会资本所有者互动频率、情感密度、信任程度以及互惠交换。其中，一是互动频率，即社会关系所有者花费在某种关系上的时间。如果社会关系所有者在这种关系中花费的时间越长或互动的次数越多，则认为社会资本所有者所得到的收益将会越大；二是情感密度，即社会关系所有者之间感情越深，则社会资本所有者所得到的收益将会越大；三是信任程度，即社会关系所有者之间熟识或信任程度越高，则社会资本所有者所得到的收益将会越大；四是互惠交换，即社会关系所有者之间互惠交换越多，则社会资本所有者所得到的收益将会越大。另一方面，边燕杰、丘海雄

(2000)进一步选择了三个替代指标来衡量企业的社会资本价值，分别是纵向网络关系（企业法人是否在上级领导机关任职）；横向网络关系（企业法人是否跨行业在其他企业任职或工作）以及综合网络关系（法人代表的社会交往和联系）。从企业社会资本收益角度对企业社会资本价值进行计量，形成企业社会资本价值计量的收益模式。本书将社会资本所有者关系资本收益指标设定为：

社会资本所有者关系资本收益 $R=\sum$（直接收益+间接收益）$=\sum(b_1\times R_1+b_2\times R_2+b_3\times R_3+b_4\times R_4)$

其中，R_1——表示社会关系所有者花费在某种关系上的时间增加所带来的收益；

R_2——表示社会关系所有者之间感情增加所带来的收益；

R_3——表示社会关系所有者之间熟识或信任程度增加所带来的收益；

R_4——表示社会关系所有者之间互惠交换越多所带来的收益；

b_i（$i=1, 2, 3, 4$）——表示 R_i（$i=1, 2, 3, 4$）在社会资本所有者关系资本收益中所占的比重。

需要注意的是，由给与企业提供社会资本的个体不同，企业衡量的社会资本所有者的收益可能是一个加总值。按照收益的取得是否需要借助其他条件，企业社会资本价值所能创造的收益可分为直接收益与间接收益。直接收益是企业社会资本本身所能给企业带来的收益。间接收益是企业社会资本借助物质资本、人力资本等给企业带来的收益，如在社会关系网络获取的稀有信息及新技术等，必须借助企业的物质资本或人力资本给企业带来收益（朱廷辉，2006）。进而按照社会资本所有者互动频率、情感密度、信任程度以及互惠交换这四个方面来确定社会资本所有者的收益，并赋予每个指标相应的权重，权重的设定应根据具体企业的具体情况加以衡量，最终确定社会资本所有者关系资本收益的情况。

同样，社会资本所有者与其他利益相关者合作指标，可以参照物质资本所有者与其他利益相关者合作指标来设置企业的战略目标。社会资本所有者与其他利益相关者关系最优化的战略目标，都可以通过利益相关者之间合作关系指标来测度（如表7－9所示）。其中，A_i表示同一控制权资本形态内资本所有者之间的合作关系，通过集中度指标反映；C_i表示控制主体与其他利益相关者之间的合作关系，通过依赖度指标反映。

表7－9　　利益相关者之间合作关系指标汇总表

关系指标	社会资本所有者	物质资本所有者	人力资本所有者	……
社会资本所有者	A_1	C_{12}	C_{13}	C_{1j}

$A_1=\sum$排在该企业当年前五位客户数/当年客户数$+\sum$排在该企业当年前五位供应商数/当年供应商数$+\sum$排在该企业当年前五位其他社会资本所有者人数/当年其他社会资本所有者人数

$C=$人力资本所有者与其他利益相关者关系依赖度

$=C_{12}+C_{13}+\cdots\cdots+C_{1j}$

$=\sum$近五年内排在前十位保持稳定的物质资本所有者人数/物质资本所有者人数总额$+\sum$近五年内排在前十位保持稳定的人力资本所有者人数/人力资本所有者人数总额$+\sum$近五年内排在前十位保持稳定的其他利益相关者人数/其他利益相关者人数总额

其次，战术目标（经营目标、财务报告目标和合规目标）的确定。社会资本型企业的战略目标进一步划分成经营目标、财务报告目标和合规目标，这也就是风险管理框架中所提及的企业内部控制的控制目标。如图 7－12 所示，经营目标可以包括社会资本所有者对企业收益的贡献情况、股东资本保值情况等等；财务目标包括关系资本的稳定性财务披露情况、报告披露信息真实性和准确性等等；合规目标包括社会资本所有者利益是否能保证等等。

（3）控制环境。社会资本型企业控制环境包括企业的经营方向、外部环境、企业的社会形象、与外界的联系等方面，具体划分为企业内部环境和企业外部环境（包括经营环境、社会关系网络等）。

首先，社会资本型企业应关注董事会在企业内部环境中的地位。董事会是企业的核心管理层，对于管理者的独立性、其成员的经验和才能、对活动参与和审察的程度以及适当性都起着重要的作用（冉瑾，2006）。由于社会资本型企业的控制主体社会资本所有者不参与企业直接管理，董事会是企业控制主体的直接代理人，代替控制主体对企业实施控制。一个积极的和高度参与的董事会、托管委员会或者类似的代理机构，应具有适当程度的管理、技术和其他专长，以及履行监督职责所需要的思维方式，这时企业内部控制体系中控制环境至关重要。除此之外，也要关注合理的战略、胜任的员工、合理的经营流程、可靠的技术以及完善的控制机制等企业内部其他控制要素。

其次，社会资本型企业也要关注外部环境对企业内部控制体系的影响。企业所处的行业及经营环境都对企业内部控制体系产生影响。还要关注社会关系网络是企业长期经营形成的战略性的资源，但由于其所具有的异质性、稀缺性和不可模仿性而使企业的核心价值观变得难以改变。除此之外，还要特别注重国家政策的变化以及国家、地方政治环境对企业的影响等。在社会资本型企业似乎要比物质资本所有者和人力资本所有者为控制主体的企业更加关注社会网络关系资源，这是一直以来控制企业的关键性资源，同时，维护好与其他利益相关者的关系是保证社会资本型企业稳定发展的关键。

（4）风险识别。风险识别是企业管理当局认为会影响企业目标实现的潜在的负面影响事项的认定，风险识别是解决风险存在性的问题。社会资本型企业内部控制体系的风险识别同样也是要与企业目标、控制目标以及企业文化联系起来发现企业潜在的负面影响事项。

首先，控制主体风险。风险识别包括企业层面的风险识别、治理层面的风险识别和管理层面的风险识别。其中，企业层面的风险识别就是要识别那些不能实现企业目标的风险，即那些不能实现政府权力所有者利益最大化、政府权力所有者与其他利益相关者关系最优化的不确定事项和负面影响事项；治理层面的风险识别包括对战略目标的风险识别，即那些社会资本所有者关系资本稳定性指标和社会资本所有者与其他利益相关者合作指标不能实现的不确定事项和负面影响事项。

其次，风险因素识别。主要包括管理层面和业务层面的风险识别。企业风险识别同样要与企业战略目标、经营目标、报告目标和合规目标相联系，寻找那些与该目标可能存在偏差的事项。社会资本型企业主要关注的外部因素是经济方面和政治、社会、自然资源方面，如经济方面的资本的可用性、信贷发行及违约情形、货币资本的流动性问题、金融市场的准入机制；政治方面的国家法规、相关政策和管制；社会方面消费者行为、人口统计以及自然资源方面的能源分布、原材料的取得等等。社会资本型企业主要关注的内部因素包括资产结构等，即资产的可利用性、资本的获取能力等等。

风险识别的技术方法如物质资本型企业讨论的首要风险指标和扩大风险识别方法实现日常风险和特别风险的区分，同样，具体分析可以采取定性和定量的方法计量，如表 7－10 所示。

表 7－10　社会资本型企业风险识别——首要风险指标和扩大触发器

目标事项	计量方法	目标容限	潜在不确定性	首要指标	扩大触发器
战略目标事项					
社会资本所有者收益情况	关系资本收益	目标：今年应该达到的数值或者比去年增长的幅度； 容限：设定范围	客户的流失或供应商哄抬物价	预期收益增长额	关系资本收益低于某个设定值
……					
经营目标事项					
……					
报告目标事项					
……					
合规目标事项					
……					

资料来源：作者整理

（5）风险评估。社会资本型企业风险评估是在人力资本型企业风险识别的基础上社会资本所有者对潜在风险事项影响目标实现的程度。风险评估是企业根据预期可能的结果和概率，结合企业社会资本所有者的风险偏好和承受能力进行风险和收益组合选择的过程。风险评估对事项的评估主要从可能性和影响这两个方面开展，此过程是一个定量与定性相结合的过程。其中，风险评估的方法可参见第 5 章中战略目标风险的分析方法，其他目标层面的风险评估也可选择此方法确定风险影响程度和概率。社会资本型企业的战略目标风险因素通过第5章的分析可确定如图7－13所示。在战略资源中，人力资本型企业风险评估的关键因素是市场资源和关系资源的风险。

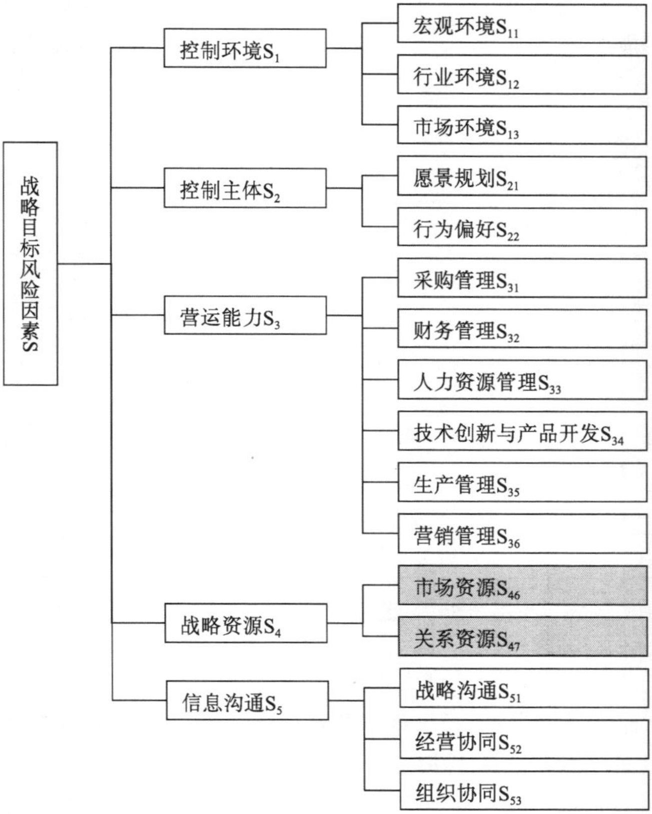

图7－13　社会资本型企业内部控制体系风险评估战略目标风险因素图

资料来源：作者整理

其中，在收益和经营层面，影响有关具体业绩指标、经营指标等实现的风险，较容易对其定量分析，主要是通过与标准指标偏离的差距来确定风险的大小。社会资本型企业影响社会资本所有者利益最大化、社会资本所有者与其他利益相关者关系最优化的不确定事项可能性的大小，将风险进行衡量，评估风险轻重缓急，为风险应对提供有力支撑。如表 7－11 所示，有关具体的经营目标的固有风险评估和剩余风险评估方法，这也是风险评估中一般通用的方法，该种方法较为直观，但是，在预测可能性时会存在一定的主观性。

表 7－11　　　社会资本型企业风险评估分析表

控制目标	社会资本所有者收益情况——关系资本收益指标				
风险	客户的流失或供应商哄抬物价				
风险容限	关系资本收益指标合理范围值				
风险评估	固有风险评估		风险应对	剩余风险评估	
	可能性	影响		可能性	影响
产品质量			没有采取措施		
管理模式			保持良好的社会关系等		
材料采购					
……					

资料来源：作者整理

在社会资本所有者与其他利益相关者的合作关系分析中，可以通过数值分析实现其风险评估。如客户信息稳定性，也可以将当年的所有客户进行分析制作饼图，以及大客户的地域分布等等。

（6）风险应对。风险应对，是在风险偏好和风险承受度确定的基础上，根据风险评估结果，对级别较高的风险制定相应的风险应对策略，包括风险回避、风险降低、风险分担和风险承受等，使得风险控制在可接受的范围内。风险应对是实现风险控制中风险对策的计划性，也是综合风险识别和风险评价的结果，得出对风险控制的计划性对策。社会资本所有者利益最大化是经过众多利益相关者集体选择的结果，在人力资本所有者脱颖而出的时候，那些违背社会资本所有者价值最大化的潜在事项，自然而然就会被屏蔽掉，无需风险应对采取任何措施。同时，若出现社会资本所有者价值不能实现的事项时，就要采取风险规避，退出有关不能实现社会资本所有者价值的潜在事项。这也就是企业根据控制权资本进行分类控制的根本所在，也就是从源头寻找问题，解决问题。在面临战术目标的风险应对时，就要结合风险评估结果进一步确认固有风险经过风险应对后的剩余风险的情况是否需要进一步采取措施。

（7）控制活动。社会资本型企业的控制活动是确保社会资本型企业的风险应对得以实施的制度、政策和程序。控制活动在自上而下贯穿整个企业的同时，要实现各个层级和各个职能机构的全覆盖。控制活动一方面要实现与风险应对的对接；另一方面要与控制目标相联系。

首先，社会资本型企业控制活动包括控制制度和控制程序。社会资本型企业控制活动的控制制度是对社会资本型企业风险应对的进一步解释和规范，控制程序是控制活动的具体实施过程，回答了控制活动应该怎么控制的问题。同样，控制活动也是要不违背或有利于社会资本型企业的企业目标、战略目标、经营目标、报告目标和合规目标的实现。

其次，社会资本型企业控制活动的实施。控制活动应按照企业目标体系自上而下逐级展开包括企业层面的控制活动、治理层面的控制活动、管理层面的控制活动和业务层面的控制活动。企业层面的控制活动已经通过按照控制权资本形态企业分类实现。治理层面的控制活动主要是针对企业战略目标设定的合理性进行高层复核，包括预算、预测等手段。管理层面的控制活动包括直接职能和活动管理的控制，以及经营目标、报告目标和合规目标的具体控制活动。控制活动与具体控制目标并非一一对应，而是两者之间存在相互交叉，根据具体企业的具体问题设定合理的控制活动。

最后，控制活动的技术方法。企业控制活动的方法包括批准、授权、验证、调节、经营业绩审核、资产安全和职责分离。相关内容见表 7－12，将具体的控制活动在下面列示，以实现进一步降低企业剩余风险的目的。

表 7－12　社会资本型企业目标、风险应对和控制活动分析表

控制目标	社会资本所有者收益情况——关系资本收益指标				
风险	客户的流失或供应商哄抬物价				
风险容限	关系资本收益指标合理范围值				
风险评估	固有风险评估		风险评估	固有风险评估	
	可能性	影响	可能性	可能性	可能性
产品质量			没有采取措施		
管理模式			保持良好的社会关系等		
材料采购					
……					
控制活动	1. …… 2. …… ……				

（8）信息沟通。社会资本型企业信息沟通是指社会资本所有者通过对那些信息技术管理、信息技术基础结构、信息交流的控制，以及数据获取和处理的完整性、准确性、授权和有效性等方面的控制。社会资本型企业组织的各个层次都需要信息，以便

识别、评估和应对风险；信息是大量的，社会资本所有者应在众多的信息中寻找出对自己的决策起到关键作用的信息；来自企业内部和外部的以定量或定性的形式出现，社会资本所有者更应该关注那些企业内部的、定性形式的信息。在大量的信息中如何处理和提炼数据以形成社会资本所有者可资行动的信息，这是对社会资本所有者的挑战也是企业内部控制体系信息沟通要素需要解决的问题。

（9）监督。社会资本型企业监督是指要对企业内部控制体系进行全面的监控，对在各个控制要素执行过程中出现的问题及时修正。由于企业内部控制体系是一个开放式的管理活动，随着时间的更替，内部控制体系的相关风险应对或者控制活动已不再适用，仅靠前面八个控制要素来反馈管理当局某些控制要素的具体内容已不再适用，因此监督的作用就格外重要。物质资本型企业包括持续的日常监督和非正常情况下的个别评价。持续性的监督是企业内部控制体系中的自我监督，一般情况不需要控制主体过分关注。同样，个别评价的范围和频率取决于对风险的评估和持续监控程序的有效性。持续监控的有效性程度越高，越不需要个别评价。个别评价的方法包括核对清单、调查问卷和流程图技术等等。非正常情况下的个别监督是社会资本所有者监督关注的重点，主要集中在那些优先程度较高的风险领域和应对，主要存在于战略制定及重大的活动中。

7.3.3　企业文化控制要素

企业文化控制要素是在企业结构控制要素构建完成后，在企业内部逐渐沉淀累积形成的。同样它也是自上而下的培养和自下而上的反馈不断磨合、不断提升最终成型的，是与企业结构控制要素这个“硬控制”相对应的“软控制”。社会资本型企业的企业文化是通过强力的、交错纵横的组织间关系所形成的网络上建立起来的能够提供伙伴们信任、合作与集体行动的指南，该种企业文化必须经过持续的积累和学习而建立和培养自己的核心能力。信任和信用是社会资本型企业宝贵的无形资产和有力的竞争手段，企业应以诚信为自己的行为准则，主动遵守诚信，使得诚信变为内在性的企业理念（杜春颖，2012）。因此，社会资本型企业的企业文化是一种以诚信合作的企业文化格局，企业文化控制要素具体包括企业的核心价值观、企业精神、道德修养和心理契约。核心价值观决定企业精神，是企业文化的中心思想，而核心价值观和企业精神又指导着管理层的道德修养和个体层面的心理契约，四个具体要素是一个相互影响、互相反馈，不断提升的过程。

（1）核心价值观。社会资本型企业的核心价值观是社会资本所有者在内隐性和外显性方面对什么是好的、值得做的一种认知理念，是一种较持久的知觉架构，能塑造并影响个人行为。社会资本型企业的价值观是人们向往的终极目标；也是人们认识判断事物是非的标准；同样也是人们行动的指南。社会资本型企业的核心价值观就是社会资本所有者利益最大化的以诚信合作为导向的文化氛围。不同于物质资本型企业是以强调经济人的角色，以自利与竞争的心态取胜的价值观；而是以强调利益相关者之间要相互合作、诚实守信的核心价值观。因此，社会资本型企业的核心价值观是重视企业内部、外部利益相关者之间的合作关系，而不是强调自我中心与内部竞争的价值观。企业的一切活动都应围绕着企业目标展开，企业目标通过企业控制目标会对企业的具体任务行为施加压力，企业的全体员工都会向着企业目标而努力，对具体业务而言是一种向心力，这种无形的向心力即为正向企业文化，能促进企业的发展；相反，如果没有有效的监管和控制，那么，这种向心力就会转变成一种离心力。企业文化控制要素中的核心价值观要素要与企业目标相对应，社会资本型企业的企业目标是社会资本所有者利益最大化和与其他利益相关者关系最优化，那么，社会资本型企业的企业文化核心价值观就要使企业全体成员形成社会资本所有者利益最大化的以诚信合作为导向的价值观。同时，利益相关者理论倡导下的利益相关者之间的合作共赢思想也保证了社会资本所有者与其他利益相关者关系的最优化。

（2）企业精神。企业精神是指企业基于自身特定的性质、任务、宗旨、时代要求和发展方向，由治理层发起的能够影响企业成员群体相互合作、相互信任的意识形态。企业精神以企业核心价值观为基础，以价值目标为动力，对企业经营哲学、管理制度、道德风尚、团体意识和企业形象起着决定性的作用。社会资本型企业的企业精神应该体现社会资本所有者的管理理念和管理哲学，以及社会资本所有者的风险在风险方面的偏好。社会资本所有者对风险偏好程度决定了企业的风险容量，对企业内部控制体系产生影响。这种特殊的企业资源，有价值、稀缺性、不可模仿性和不可替代的企业文化是企业战略的重要成份。

（3）道德修养。社会资本型企业的道德修养主要体现在管理层对自我的道德人格和敬业精神的培养，对员工行为的道德激励以及对企业道德形象的塑造。其中，爱岗敬业是道德修养的基础，它影响着管理者或员工的主动性和贡献度。管理者或员工是否能尽职尽责，不仅需要规章制度的规定和职责的约束，更重要地取决于管理者或员工的价值追求。道德协调的“柔性”管理则可通过诉诸个体修养、舆论褒贬、沟通疏导、教育感化、价值观念等来协调管理层与企业间的目标差异。管理层道德修养的培养有助于增强社会资本所有者与其他利益相关者的合作，使企业在实现社会资本所有者利益最大化的同时，也能满足其他利益相关者的利益要求，优化社会资本所有者与其他利益相关者之间的关系。

（4）心理契约。心理契约是指企业员工与企业之间形成的物质奖赏、精神激励和愿望期待。心理契约的恰当与否能够使企业与员工之间感到满意和信任，这种信任和满意能使得企业与员工之间的关系更加融洽，以提高组织业绩和增强企业核心竞争力。由此可知，企业需要尽量满足员工的要求和愿望，更加了解那些促使员工积极性提高的行为动机和情绪状况。社会资本型企业中要使员工心理形成这种正能量的心理契约，即十分乐观的、对本职工作满意、工作环境互帮互助等等。这是企业文化通过积极的价值观所要培养的员工实现的。社会型资本型企业为了克服心理契约出现违背情况要做到：提高员工的满意度，进而实现其对企业的归属感和工作的积极投入；增强员工之间相处融洽、合作亲密、沟通畅达、团结高效的凝聚力；发挥员工的能动性，提供良好的制度保证、有效的管理机制、宽松的氛围。

通过以上分析，社会资本型企业的内部控制体系主要是由其控制主体社会资本所有者所决定的内部控制体系。拥有关系资本的社会资本所有者成为了企业的控制主体，决定着企业目标和控制目标的制定，决定着企业内部控制体系的控制基本要素和具体要素的构成。现实中纯粹的社会资本型企业较少，较多的是在下面章节中出现的社会资本所有者与物质资本所有者、人力资本所有者组合的企业类型。

7.4　案例分析：大同煤业内部控制体系构建

物质资本型企业内部控制体系构建，包括企业所有者、企业目标、基本控制要素和具体控制要素四个部分。其中，基本控制要素包括企业结构控制要素和企业文化控制要素，具体控制要素是由企业结构控制要素和企业文化控制要素延伸出来的。根据以上物质资本型企业内部控制体系的构建框架，现通过大同煤业案例进行分析说明以评价物质资本型企业内部控制体系构建的可行性。

7.4.1　公司情况简介

大同煤业股份有限公司（以下简称大同煤业）是由大同煤矿集团有限责任公司为主发起人，联合中国中煤能源集团公司等七家发起人共同发起设立的股份有限公司，于 2001 年 7 月 25 日在山西省工商行政管理局注册成立，并于 2006 年 6 月在上海交易所挂牌交易，发行人民币普通股股票 28000 万股，每股面值 1 元，每股发行价格 6.76 元，注册资本变更为 83685 万元。大同煤业是一个以煤炭采掘、洗选加工、销售为主业的大型煤炭企业。“十二五”企业发展规划是紧抓“综改试验区”这一历史机遇，谋划转型跨越发展大计。同时，按照“建设新同煤、打造新生活”战略愿景，优化生产部署，创新安全管理体系，完善经营思路。2011 年，实现净利润 227548 万元，主营业务收入完成 1227288 万元，煤炭占公司主营业务收入的 99.45%，煤炭总产量完成 3094 万吨。

企业现有内部控制制度。大同煤业严格遵循财政部等五部委联合发布的《企业内部控制规范》、《企业内部控制配套指引》和上海证券交易所发布的《上市公司内部控制指引》，以及中国证监会山西监管局晋证监函［2012］25 号文件《关于做好上市公司内部控制规范有关工作的通知》的相关规定，并本着“坚决导入、稳步实施、步步深入、逐年提高”的实施原则，制定公司内部控制规范实施工作方案，旨在建立以风险管理为核心，以内部环境、风险评估、控制活动、信息与沟通及内部监督为主要内容，涵盖公司经营管理各领域的设计完善、运行有效的内部控制规范体系，合理保证公司经营管理合法合规、资产安全、财务报告及相关信息真实完整，不断提高企业经营效率和效果，确保公司运转正常，保障股东利益，促进公司实现发展战略。

大同煤业是以物质资本为企业所必需的关键性资源，即物质资本在企业中最为重要，该企业生产所需的原材料供给没有限制，生产产品不会滞销，企业决策较为简单，管理要求及技术支持较低。此煤炭企业符合本书作为物质资本型企业的各项条件，现根据大同煤业现有的内部控制现状，结合本书物质资本型企业的内部控制体系构建框架展开分析。

7.4.2 企业所有者和企业目标

企业的物质资本所有者是提供企业所需的货币资本或者实物资本，以达到企业价值增值的目的。提供物质资本的利益相关者就是股东和债权人。其中，股东是主要的物质资本提供者；而债权人在企业中的表现形式繁多，如银行机构、供应商、国家政府等都可向企业提供物质资本形成借贷行为，但是本案例只关注大同煤业作为物质资本提供者股东的企业内部控制体系的构建。如表 7 - 13 所示，大同煤业 2011 年股东持股前五名的情况。

从表 7 - 13 可知，企业所有者就是企业年报中所列示的股东，2011 年，大同煤业股东总数是 193326 户，股份总额是 167370 万股。位于前五名持股股东其中有三位是国有控股股东，大同煤矿集团有限责任公司（以下简称大同公司）是大同煤业最大的控股股东，持有 60.48% 持股比例，持股总数 101220 万股。由于前五位持股股东中后四位的持股比例相对大同公司相差

表 7-13　　2011 年大同煤业前五名股东持股情况

股东名称	股东性质	持股比例	持股总数	备注
大同煤矿集团有限责任公司	国有法人	60.48%	1012200000	
河北港口集团有限公司	国有法人	1.59%	26592080	
兴业银行股份有限公司——兴全趋势投资混合型证券投资基金	其他	0.46%	7643932	
煤炭科学研究总院	国有法人	0.40%	6648020	
中诚信托有限责任公司——中诚·金谷 1 号集合资金信托	其他	0.36%	6000000	
2011 年股份总额	1673700000 股		2011 年股东总数	193326 户

较大，因此，大同公司是大同煤业的绝对持股大股东。大同煤业的持股股东就是大同煤业真正的企业所有者，并非所有的股东都直接参与企业内部进行管理，其中，大同公司作为代表成为了企业股东兼管理者。正是因为它向企业投入了占股份总数 2/3 的货币资本，它拥有了企业的控制权和企业的剩余分享权。其他股东依旧是企业所有者，但是他们控制企业的能力相较于大同公司要弱很多，因此本案例以大同公司代表所有股东作为企业所有者，以后部分对物质资本所有者的分析都是基于大同公司的数据完成的。因此，企业所有者是企业控股股东，即大同煤业的大同公司，企业目标就是实现大同公司利益最大化以及大同公司与其他利益相关者关系最优化。企业存在的目的就是为股东所服务，其收益的最终所有者也是股东。

7.4.3　企业内部控制体系构建

企业内部控制体系是一个动态管理过程，它是由一个或多个控制主体即企业所有者或其代理人实施的，将企业结构控制和企业文化控制应用于企业内部控制边界内，旨在识别可能会影响控制主体的潜在风险事项，使得风险控制在该控制主体的风险容量之内，并为以下控制主体目标的实现提供合理保证：企业所有者利益最大化和企业所有者与其他利益相关者关系最优化。企业内部控制体系包括企业结构控制要素和企业文化控制要素，其中，企业结构控制要素是企业内部控制体系的“硬控制”，包含九个具体控制要素，分别是：控制目标、控制主体、控制环境、风险识别、风险评估、风险应对、控制活动、信息沟通和监督。企业文化控制要素是企业内部控制体系的“软控制”，包括核心价值观、企业精神、道德修养和心理契约。

（1）控制主体。大同公司成为物质资本型企业的控制主体，是参与企业契约的签订者，是企业的所有者，又是企业剩余分享权和剩余控制权的行使者。大同公司作为企业控制主体的代表，一方面要实现其经济利益的增值；另一方面要尽量减少企业面临的诸多风险。

（2）控制环境。煤炭行业环境和市场环境。“十二五”期间，国家进一步倡导节能减排、创新技术、提高煤炭的使用效率；同时，在中西部地区建设大规模火电机组、制造业的中西部转移，不仅减少了煤炭运输途中耗损，也为大同煤业的发展提供了机遇。此外，大同煤业基本垄断了山西北部的煤炭资源，加上集团的发电项目，煤制天然气项目以及涉足内蒙古铁路建设，一个大型多元化的煤炭能源企业的轮廓逐渐清晰起来，未来依托集团公司，上市公司的地位将不断得到加强。煤炭市场需求增幅将趋缓，现呈现供求“宽平衡”的态势。不过随着亚洲经济的复苏，印度、日本、韩国、台湾等主要煤炭进口国家和地区需求不断恢复，未来国际煤炭市场将继续繁荣。结合煤炭行业协会对国内未来有效产能的预测，在资源整合背景下，未来国内煤炭供需大致平衡，略微偏紧。

大同煤业经营环境的分析如表7－14所示。大同煤业属于物质资本型企业，经营环境主要关注其经营能力和股东的获利能力。

表7－14　　大同煤业近五年股东获利能力分析表

大同煤业	2007	2008	2009	2010	2011
营业总收入	51.1亿元	83.95亿元	94.95亿元	104.5亿元	144.18亿元
净利润	5.84亿元	27.13亿元	20亿元	20.85亿元	22.75亿元
流通A股	3.31亿股	3.31亿股	8.37亿股	16.737亿股	16.737亿股
每股收益	0.6	2.4	1.78	0.77	0.65
股利分派率	0.26	0.07	0.23	0.34	0.32
市盈率	53.33	4.73	25.28	27.29	18.71
每股净资产	4.59	7.58	9.83	5.58	6.05
留存收益率	0.78	0.95	0.83	0.79	0.85

资料来源：大同煤业2007－2011年年报及作者整理

如表7－14所示，大同煤业近五年股利分派率逐年增加，2010年与2011年股利分派率基本持平，但略有下降。2011年，公司营业总收入144.18亿元，同比增长37.92%，公司净利润22.75亿元，同比增长9.11%。2008年下半年之后，由于中国的经济结构发生了"被动式"的变化，"全球制造业大国"的出口受阻，导致大量高耗能低附加值产能的过剩，以致2008年大同煤业的营业收入和净利润都有大幅下降；同时，由于2011年下半年房地产调控和抑制流动性效果显现，又遏制了国内钢铁、建材和石化行业的需求，也是导致2011年大同煤业利润增长态势较2010年偏缓，最终导致对煤炭的需求在2011年下半年出现阶段性的拐点，产量上大体呈现弱势平衡的态势，价格相应地呈现出“淡季不淡旺季不旺”的平淡。由于2011企业的经营业绩较2010年的增长偏缓，导致企业股利分派率也有所下降。大同煤业的其他经济参考指标（市盈率、每股净资产、留存收益率等）都呈现了类似的变化规律。

（3）控制目标。大同煤业的控制目标是大同煤业在确定企业目标和控制主体的基础上，如何实现股东财富最大化的企业目标的进一步细分（如图7-14所示）。大同煤业的控制目标是由战略目标、经营目标、财务目标和合规目标构成的。这些目标都是由大同煤业的企业目标所决定的，即大同公司利益最大化和大同公司与其他利益相关者关系最优化。

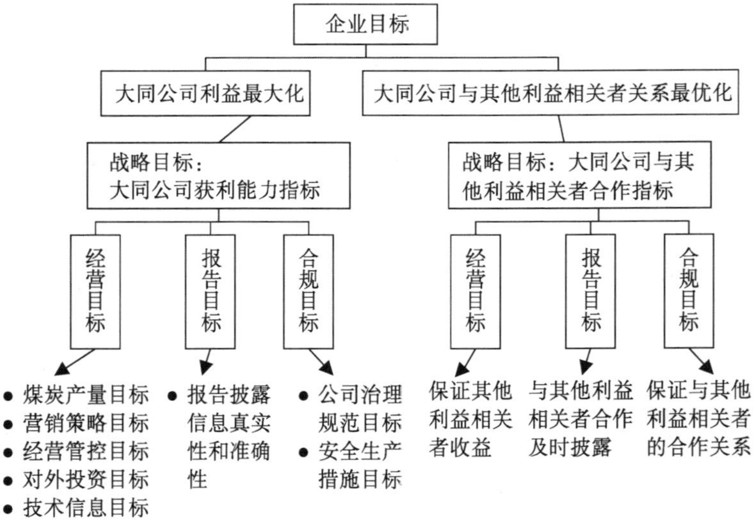

图7-14 大同煤业的控制目标结构图

如图7-14所示，大同煤业战略目标层面，为了设定大同公司未来获利能力指标，也即股东的获利能力指标，可以选择股利派发率指标衡量也可以根据企业股东创造的价值来衡量；在设定大同公司与其他利益相关者合作指标时，可以设定股东与其他利益相关者合作稳定度指标，煤炭企业对企业安全生产特别关注，也是国家关注的重点，这也是体现企业物质资本所有者股东与利益相关者关系优化的主要控制目标。如国家关注企业安全生产，加大监管力度；员工关注安全，出于自身收益与安全平衡的考量；其他金融机构也会关注安全问题，是对其自身资金安全性的平衡。

此外，大同煤业管理层面战术目标的设定，分别包括经营目标、报表目标和合规目标，由于战略目标的差异，导致不同的战略目标将对应不同的经营目标、报表目标和合规目标。其中，经营目标较容易转化成量化指标如表 7－14 中所提供的相关企业经济业绩指标都可以有选择地作为企业未来一年或未来长期的控制目标，但是报告目标和合规目标更多是通过一些描述性指标给其赋予目标值。如企业安全生产的指标，要实现目标：集团公司百万吨死亡率控制在省考核指标以下，杜绝较大事故；集团子公司百万吨死亡率控制在集团公司考核指标以下，杜绝 2 人/起死亡率；同时，生产、建设矿井安全生产无死亡事故，地面生产建设单位无重伤以上事故。

（4）风险识别、风险评估、风险应对和控制活动。作为物质资本型企业的大同煤业在明确物质资本所有者的企业目标和控制目标后，就要针对影响目标实现的事项开展风险识别、风险评估、风险应对即控制活动，以保证实现“控制目标——风险分析——控制活动”的联动机制。在实现企业战略目标时需要面临的一级风险因素为控制环境、控制主体、营运能力、战略资源和信息沟通五个方面。首先，控制环境中包括企业宏观环境、行业环境和市场环境，需要关注影响企业在行业中的地位、行业的未来发展前景、国家对煤炭行业的监督和约束的政策、企业在该领域中的定位等等风险因素。其次，控制主体包括愿景规划和行为偏好，大同煤业应定位在物质资本型国有控股企业，其控制主体即为企业股东，其唯一的控股股东即为大同公司。国有控股上市公司的国有股东在行政上的“超强”控制和在产权上的“超弱”控制，分别导致国有上市公司呈现“政府干预”与“内部人控制”两大公司治理特征。从而导致了不但包括股东与管理层之间的代理冲突，更多的是控制性大股东与其他股东之间的代理冲突（钟海燕，2010）。再次，营运能力包括采购管理、财务管理、人力资源管理、技术创新与产品开发、生产管理和营销管理。这是企业基本经营方面所面临的风险问题，需要在每个环节进行风险控制。再其次，战略资源风险是利益相关者视角所要着重关注的关键点，也是各个企业类型区别的主要方面。大同煤业作为物质资本型企业的实例，它除了要关注物质资产的风险控制问题，还要关注企业安全生产的风险控制问题。这是作为物质资本型企业所涉及的货币资本问题外，所要关注的另一问题。也应将安全生产问题提升到物质资本实现同等重要的高度。最后，信息沟通包括战略沟通、经营协同和组织协同，这也是保证企业信息畅通性不可缺少的一个方面。

因此，在确认风险的同时要注意对其评估，采用定量和定性的手段尽量准确地评价企业存在的每个层次、每个类别的风险，采用适当的风险应对和控制活动，将风险控制在控制主体可接受的范围内，以达到企业内部控制体系控制目标的要求。

（5）信息沟通与监督。信息沟通是将企业控制目标、控制客体与内部控制实施者联系在一起，是内部控制有效性实现的保证。信息的搜集和选择一方面要关注财务经济类定量数据；另一方面要关注企业内部未公开的定量和定性信息。特别是那些在企业内部形成的没有书面化的意识形态信息，如员工对安全知识重视程度等等。使得大同煤业能够在大量的信息中处理和提炼数据以形成股东决策行为的信息，这是对股东的挑战也是企业内部控制体系信息沟通要素需要解决的问题。由于企业内部控制体系是一个开放式的管理活动，随着时间的更替，内部控制体系的相关风险应对或者控制活动已不再适用，仅靠前面的控制要素来实现反馈管理当局某些控制要素的具体内容已不再适用，因此监督就显得非常必要。

（6）企业文化控制要素。大同煤业的企业文化控制要素是在企业结构控制要素构建完成后，在企业内部逐渐沉淀累积形成的。它是一种对企业了解和认识的意识形态，是通过自上而下的培养和自下而上的反馈，经过不断磨合、不断提升最终成型的，是与企业结构控制要素这个“硬控制”相对应的“软控制”。物质资本型企业文化是以股东为中心的核心价值观，应该使员工明确自己的职责以及完成任务能实现的回报，坚持员工的努力与企业的奖酬相互交换的公平原则，监督员工不符合企业规范的行为并促使其改正。特别是在国有企业中，公平公正、同工同酬是物质资本型企业的一种企业文化理念。大同煤业将企业文化的总体思想定位在“制度管企，文化管人”，并出台了《快乐工作法实施意见》和《星级考核评估办法》，使企业文化不再只是空话，将这种意识形态与业绩考核联系在一起也是不错的选择。

7.4.4　大同煤业内部控制体系构建的启示

本书立足于全面提升企业内部控制和管理水平，以突破传统内部控制范畴，对内部控制体系构建的实践进行了有益尝试。通过以上对大同煤业内部控制分析和大同煤业的内部控制构建可以看出，大同煤业对企业内部控制的需求是迫切的，经过 2012 年多方专家参与和企业内部自身的整合，出台了《内部控制自我评价报告》，并从利益相关者视角对企业内部控制提出了独特见解，包括 控制主体重新界定、控制目标体系以及内部控制构成要素的重新构架，以期解决内部控制在现实企业应用中存在的局限性。

（1）加强企业内部控制管控力度，使经济运行更加稳健。

企业应在符合股东愿景的战略目标基础上，针对各下属部门、附属公司以及各业务环节的特点建立相应的内控制度，涵盖经营活动中所有业务环节、贯穿于经营活动各环节之中。公司对内控制度的落实情况进行定期和不定期的检查，公司董事会对公司内控制度的建立健全、有效实施及其检查监督负责。大同煤业应继续围绕着“强管精营做企业，勤俭持家富员工、科学持续谋发展”这条主线，严格落实强化经营管理措施和管理办法，加强过程控制，严细结果考核，加大投资审查力度。通过梳理公司各业务流程的规章制度，归集各业务流程的具体工作情况，对诊断、识别存在的缺陷，公司内控规范实施项目小组制定公司内控缺陷整改方案，并与公司管理层进行确认，以实现管控分开、职能监督机制。不断完善业绩考核机制，创新考核办法，丰富考核内容，延伸考核范围，形成了全覆盖、全方位的综合考核体系。建立健全奖惩体系，强化督察考核职能，层层分解，逐级把关，实现全过程监控，全方位评价，进一步提高工作效率。根据国家“十二五”规划有关“节能减排”的部署，强化现场综合治理和考核检查，低碳节能意识深入人心，各类节能活动广泛开展。

（2）防控与治理并行，使得安全生产管理更加扎实。

为实现股东与利益相关者关系最优化的企业目标，最基本的就是实现煤炭企业安全生产目标。近年来煤矿事故频发，责任事故和安全意识淡泊，安全制度不能落实到实处是存在的主要问题。一方面，要创新安全管理体系，即在“人人都是通风员”安全理念的基础上，提出了“金字塔”安全系统管理法，构建了安全工作全员、全过程、全方位的管理格局，以及建立治理任务分解考核制度，实现安全隐患的闭合治理。另一方面，严格员工培训机制，增加主要工种员工岗位准入考试以及煤矿主要负责人、安全生产管理人员和井下特种作业人员的培训考核和持证上岗等，同时，创新培训考核方式，坚持“培训下基层、下班组”，提高操作技能。最后，要加强内部控制在安全生产方面的监控力度，使那些安全生产的内控措施能得以实现，而非仅仅是一纸空文。

（3）塑造企业文化价值观，增强企业凝聚力和创新能力。

企业文化是企业内部控制的补充和辅助，控制主体可以通过企业文化这个软控制以加强企业凝聚力和创新能力。利益相关者理论指导下的企业文化讲求的是利益相关者之间的“合作、和谐”理念。即利益相关者理论的企业文化思想可以提高控制主体与其他利益相关者相互合作，互助互惠；此文化思想也可使企业员工间形成很好的团队合作精神。企业应继续沿着“制度管企，文化管人”的总体思路，建设企业文化百分考核标准，推行精细化管理，拓展分项文化等，从而实现企业文化与企业内部控制、企业绩效考核的有效结合。

7.5　本章小结

本章研究的是单一形态控制权资本企业内部控制体系的构建，包括以物质资本为控制权资本的企业内部控制体系构建、以人力资本为控制权资本的企业内部控制体系构建和以社会资本为控制权资本的企业内部控制体系构建。按照“企业所有者——企业目标——基本控制要素——具体控制要素”的研究思路构建单一形态控制权资本企业的企业内部控制体系。

物质资本所有者型企业的内部控制体系主要是由其控制主体物质资本所有者所决定的内部控制体系。拥有物质资本的物质资本所有者成为了企业的控制主体，决定着企业目标和控制目标的制定，决定着企业内部控制体系的控制基本要素和具体要素的构成。现实中，如大型的煤炭开采企业就属于物质资本型企业，适用于以上企业内部控制体系。

人力资本所有者型企业的内部控制体系主要是由其控制主体人力资本所有者所决定的内部控制体系。拥有企业家才能和知识技能的人力资本所有者成为了企业的控制主体，决定着企业目标和控制目标的制定，决定着企业内部控制体系的控制基本要素和具体要素的构成。现实中，如契约型基金的经营企业就属于人力资本型企业，适用于以上企业内部控制体系。

社会资本型企业的内部控制体系主要是由其控制主体社会资本所有者所决定的内部控制体系。拥有关系资本的社会资本所有者成为了企业的控制主体，决定着企业目标和控制目标的制定，决定着企业内部控制体系的控制基本要素和具体要素的构成。现实中纯粹的社会资本型企业较少，较多的是在下面章节中出现的社会资本所有者与物质资本所有者、人力资本所有者组合的企业类型。

最后，本章选择大同煤业进行案例分析，为本书的论点提供佐证，也为企业打算从利益相关者视角构建企业内部控制体系提供一定参考。

第 8 章

多种形态控制权资本企业的企业内部控制体系构建

通过对前面单一形态控制权资本企业内部控制体系的分析，基本了解了企业内部控制体系的基本结构和控制要素。但是仅仅以单一形态控制权资本主导的企业并不多见，更多的是两种或多种控制权资本形态的融合，分别是物质资本为控制权资本、人力资本为控制权资本和社会资本为控制权资本三者的排列组合。因此，本章主要研究的是两两组合和三者共同组合，具体可分为“物质资本—人力资本型”企业、“物质资本—社会资本型”企业、“人力资本—社会资本型”企业两两组合以及“物质资本—人力资本—社会资本型”企业。因此，本章对以上四种企业类型分别构建企业内部控制体系并且沿着“企业所有者—企业目标—基本控制要素—具体控制要素”的研究主线展开。

8.1 物质资本－人力资本型企业的企业内部控制体系构建

以物质资本和人力资本为控制权资本的多方共享型企业（以下简称物质资本－人力资本型企业）是指拥有物质资本和人力资本利益相关者经过集体选择最终成为企业的所有者，也是企业剩余控制权的行使者。物质资本控制权的利益相关者可能是股东、客户、债权人和供应商中的任何一者，他们都是物质资本的所有者，凭借物质资本这项“关键性资源”来控制企业。人力资本控制权的利益相关者可能是管理者或者员工，他们都是人力资本的所有者，凭借人力资本这项“关键性资源”来控制企业。因此，以物质资本和人力资本为控制权资本的企业，通过企业集体选择而确定的企业内部利益相关者是企业的物质资本所有者和人力资本所有者。

8.1.1 企业所有者和企业目标

物质资本所有者和人力资本所有者经过两次集体选择进入了企业，成为企业所有者，并掌握着企业的剩余分享权和剩余控制权。其中，物质资本所有者有可能是股东、客户、债权人和供应商中的任何一者，或者是任意几者的组合，由于在上一章节论述过，本节的物质资本所有者就是那群拥有企业物质资本控制权的利益相关者。人力资本所有者有可能是管理者也有可能是员工作为企业内部控制主体，但是本节并不仔细区分到利益相关者层面，他们都代表着人力资本所有者。物质资本所有者和人力资本所有者共同构成企业的所有者，共同成为企业控制主体。与单一形态的企业内部控制体系所不同的是，此时企业的控制主体不再是单一的控制权资本所有者，而是由物质资本所有者和人力资本所有者共同参与。因此，企业的所有者就是物质资本所有者和人力资本所有者。

企业目标是由企业所有者的意愿所决定的，企业的所有者确定后，企业目标也就相应明确。在单一形态控制权资本企业形态时，企业目标就是实现企业所有者利益最大化，实现他们的资本资源的价值增值。物质资本所有者和人力资本所有者各自都要实现其利益的最大化，他们之间必然存在利益冲突。为使企业价值最大化，企业的另一个目标就是要使物质资本所有者和人力资本所有者之间的关系最优化，在双方博弈的过程中实现其利益最大化。因此，物质资本 – 人力资本型企业的企业目标不单是保证物质资本所有者利益最大化和人力资本所有者利益最大化，还要保证物质资本所有者和人力资本所有者二者之间的关系最优化，以及物质资本所有者和人力资本所有者与其他利益相关者之间的关系最优化。

在构建企业内部控制体系时，就是从物质资本所有者和人力资本所有者入手，以物质资本所有者利益最大化和人力资本所有者利益最大化、物质资本所有者和人力资本所有者二者之间的关系最优化、物质资本所有者和人力资本所有者与其他利益相关者之间的关系最优化为企业目标，展开对企业结构控制要素和企业文化控制要素的 13 项具体要素的分析。

8.1.2　企业结构控制要素

物质资本 – 人力资本型企业的企业结构控制要素是物质资本所有者和人力资本所有者导向的公司治理结构和内部控制结构整合的控制要素的组合。企业结构控制要素就是要明确企业内部控制体系中物质资本所有者和人力资本所有者的权、责、利关系，也就是物质资本所有者和人力资本所有者作为企业的所有者与企业、企业的其他利益相关者之间的权、责、利关系，以及在企业目标实现过程中所面临的风险和应对。企业结构控制要素是企业内部控制体系的“硬控制”。包含九个具体控制要素，分别是：控制目标、控制主体、控制环境、风险识别、风险评估、风险应对、控制活动、信息沟通和监督。

（1）控制主体。物质资本－人力资本型企业内部控制体系的控制主体是物质资本所有者和人力资本所有者。物质资本所有者和人力资本所有者是企业所有者，他们通过自己掌握的物质资源和人力资本进入到企业，成为企业的内部利益相关者，拥有企业的剩余分享权和剩余控制权（如图 8－1 所示）。

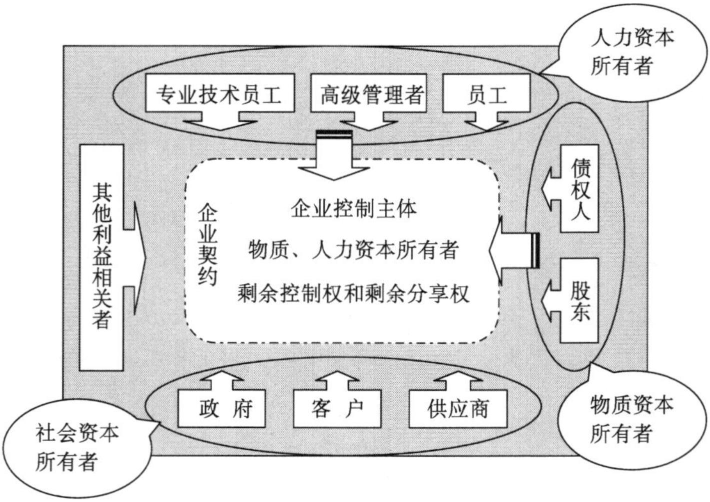

图 8－1　物质资本－人力资本型企业控制主体示意图

资料来源：作者整理

首先，物质资本所有者和人力资本所有者都是企业的参与者和企业目标的决定者。物质资本所有者和人力资本所有者，他们分别掌握着大量的货币资本和人力资本，与其他利益相关者一样都是企业的内部控制参与者，随着物质资本所有者和人力资本所有者一起签订了企业契约后，他们的身份不再仅仅只是参与者而成为企业的所有者，成为企业的共同控制主体；其他利益相关者与企业签订的是交易契约或是隐形契约，仍然是企业内部控制的参与者。因此，物质资本所有者和人力资本所有者决定着企业的生存和发展，他们最终成为企业目标的决定者，即企业目标就是实现物质资本所有者和人力资本所有者二者的利益最大化；物质资本所有者和人力资本所有者二者之间的关系最优化以及物质资本所有者和人力资本所有者与其他利益相关者的关系最优化。

其次，物质资本所有者和人力资本所有者与企业内部控制体系的设计者、实施者、监督者和评价者之间的关系。作为物质资本的所有者股东不直接参与企业具体内部控制流程，企业的内部控制体系目标的设计者、企业内部控制体系具体的实施者和操作者、企业内部控制体系的有效监督者和评价者都不是物质所有者，但是他们却可能是人力资本所有者的管理者、员工以及其他监督机构。由于物质资本所有者和人力资本所有者都是企业的控制主体，这种物质资本 - 人力资本型企业中物质资本和人力资本同样重要，因此，二者的组合实现了企业内部控制体系的设计者、实施者、监督者和评价者与企业控制主体的统一。如那些大型 IT 公司、风险投资公司、资本运作公司、投资性银行、医药制造企业等等（王秀华，2012）。该企业类型需要的不仅是大量的、雄厚的货币资金的支持，还需要一些具有创新精神的管理者或专业技术知识人才的有效运作。因此，物质资本所有者提供货币资本，不参与企业内部控制体系目标的设计，而作为人力资本所有者则是具体参与企业经营运作，是代替股东管理企业的控制主体。这并不影响物质资本所有者和人力资本所有者共同作为企业控制主体的控制权，反而是相互监督、互帮互助。他们是真正的控制企业的利益相关者，从而实现了真正意义上实现收益与分配对等原则的企业内部控制。

物质资本所有者和人力资本所有者成为物质资本－人力资本型企业的控制主体，是参与企业契约的签订者，是企业的所有者，又是企业剩余分享权和剩余控制权的行使者。物质资本所有者在实现其自身财富最大化时，同样会面临各种各样的风险，如股东提供的物质资本保值的风险、分享剩余收益的风险等等。同样，人力资本所有者也会面临各种各样的风险，如人力资本所有者要一直保持人力资本的价值，防止其由于环境的变化导致其自身价值的贬值等等。二者作为企业的控制主体，一方面要实现其企业价值的增值；另一方面要尽量减少企业所面临的诸多风险。

（2）控制目标。物质资本－人力资本型企业控制目标是物质资本－人力资本型企业在确定企业目标和控制主体的基础上，如何实现物质资本所有者和人力资本所有者的利益最大化的企业目标的进一步细分（如图8－2所示）。企业控制目标是由战略目标、经营目标、财务目标和合规目标构成的。这些目标都是由物质资本－人力资本型企业的企业目标所决定的，即物质资本所有者和人力资本所有者二者的利益最大化；物质资本所有者和人力资本所有者二者之间的关系最优化以及物质资本所有者和人力资本所有者与其他利益相关者关系最优化。

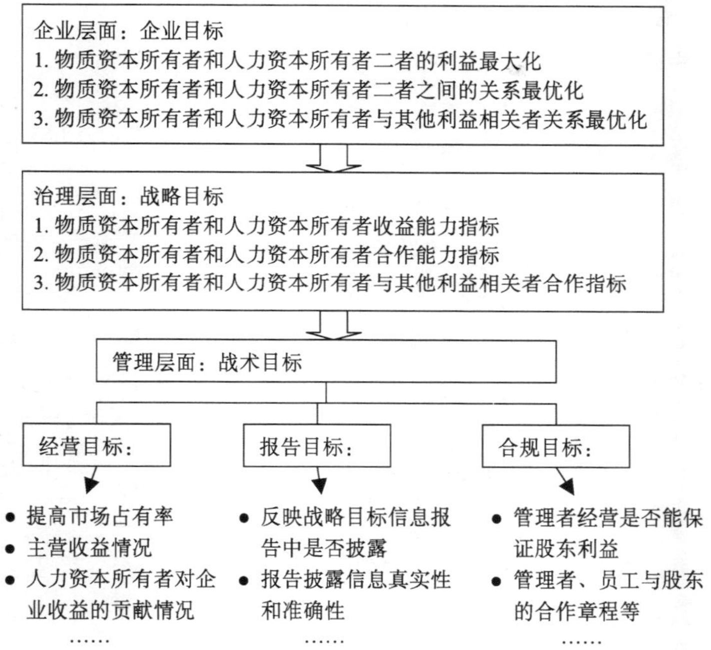

图 8－2　物质资本－人力资本型企业内部控制目标构成图

资料来源：作者整理

首先，战略目标是治理层的目标，是与物质资本所有者和人力资本所有者的使命（愿景）相协调，并支持企业目标实现的目标。物质资本－人力资本型企业内部控制体系中战略目标主要是要在符合物质资本所有者和人力资本所有者二者利益最大化要求的企业目标的基础上进一步体现物质资本所有者和人力资本所有者愿景的目标，如物质资本所有者和人力资本所有者的长远规划，企业未来走向等等。因此，物质资本－人力资本型企业战略目标就是结合物质资本型企业和人力资本型企业有关物质资本所有者收益能力指标和人力资本所有者能力指标整合而成的。物质资本所有者和人力资本所有者收益能力指标公式如下：

物质资本所有者的收益：

$BRt = BVt - 1 + Rt - Dt$

其中，BR——表示股东收益情况；

BV——表示账面净资产；

R——表示会计盈余；

D——表示股利的发放。

人力资本所有者收益情况一个是企业人力资本所有者工资收益的总和，其中，企业人力资本所有者工资收益全集的公式为：

企业人力资本所有者工资收益 = ∑企业各个人力资本所有者工资

另一个是某个特殊的人力资本收益的衡量，即企业高管薪酬作为衡量企业人力资本收益状况，作为人力资本型企业战略目标的收益目标：

人力资本所有者收益 = 高管薪酬

$= b_1 \times$ ∑董事会成员排在前五位的当年高管年薪/5 $+ b_2 \times$ 销售收入 $+ b_3 \times$ 地区系数

物质资本所有者与人力资本所有者之间、物质资本所有者与其他利益相关者关系最优化的战略目标，都可以通过利益相关者之间合作关系指标来测度（如表 8－1 所示）。其中，A_i表示同一控制权资本形态内资本所有者之间的合作关系，通过集中度指标反映；B_{ij}（$i \neq j$）表示不同的控制权资本形态的控制主体之间的合作关系，通过稳定度指标反映；C_i表示控制主体与其他利益相关者之间合作关系；α_i表示某种资本所有者在企业中的重要程度，通过依赖度指标反映。

表 8-1　　利益相关者之间合作关系指标汇总表

关系指标	物质资本所有者	人力资本所有者	社会资本所有者	……
物质资本所有者	A_1	B_{12}	——	——
人力资本所有者	——	A_2	——	——
控制主体与其他利益相关者的合作关系	——	——	C_1	

$A_1 = \alpha_1 \times \sum$ 排在该企业当年前五位大股东所持股份/当年发行股份数 $+ \alpha_2 \times$ 其他物质资本所有者的集中度

$A_2 = \sum$ 排在该企业当年前五位薪酬总额/当年企业全部薪酬

B_{12} = 控制主体间的合作程度

= 物质资本所有者和人力资本所有者的稳定度

$= \sum$ 近五年内排在前十位保持稳定的人力资本所有者人数/人力资本所有者人数总额 $+ \sum$ 近五年内排在前十位保持稳定的物质资本所有者人数/物质资本所有者人数总额

C_1 = 物质资本所有者和人力资本所有者与其他利益相关者关系依赖度

$= \sum$ 近五年内排在前十位保持稳定的社会资本资本所有者人数/社会资本所有者人数总额 $+ \sum$ 近五年内排在前十位保持稳定的其他利益相关者人数/其他利益相关者人数总额

其次，战术目标（经营目标、财务报告目标和合规目标）的确定。物质资本－人力资本型企业的战略目标进一步划分成经营目标、财务报告目标和合规目标，这也就是风险管理框架中所提及的企业内部控制的控制目标。如图 8-2 所示，经营目标可以包括市场占有率、企业收益情况、人力资本所有者对企业收益的贡献情况等等；财务目标包括战略目标中出现的财务数据在财务报告中是否存在、报告披露信息真实性和准确性等等；合规目标包括管理者经营是否能保证股东利益、其他利益相关者的收益是否能保证以及管理者经营是否能保证股东利益等等。值得注意的是，并非所有企业的控制目标都是一致的，企业应根据企业的实际情况设定具体控制目标。

（3）控制环境。物质资本－人力资本型企业控制环境包括企业的经营方向、外部环境、企业的社会形象、与外界的联系等方面，具体划分为企业内部环境和企业外部环境（包括经营环境、社会关系网络等）。

首先，物质资本－人力资本型企业应关注董事会在企业内部环境中的地位。董事会是企业的核心管理层，对于管理者的独立性、其成员的经验和才能、对活动参与和审察的程度以及适当性都起着重要的作用。当物质资本－人力资本型企业的控制主体物质资本所有者不参与企业直接管理时，董事会是物质资本所有者的直接代理人，代替物质资本所有者对企业实施控制。由于物质资本－人力资本型企业的控制主体人力资本所有者与股东不同，他们直接参与企业直接管理，董事会有可能是其控制主体，也有可能是控制主体的代理人，在一定程度上负责管理控制主体（如员工）。因此，一个积极的和高度参与的董事会、托管委员会或者类似的代理机构，应具有适当程度的管理、技术和其他专长，以及履行监督职责所需要的思维方式，这时企业内部控制体系中控制环境至关重要。除此之外，也要关注合理的战略、胜任的员工、合理的经营流程、可靠的技术以及完善的控制机制等企业内部其他控制要素。

其次，物质资本－人力资本型企业也要关注外部环境对企业内部控制体系的影响。企业所处的行业及经营环境都对企业内部控制体系产生影响。关注社会关系网络是企业长期经营形成的战略性资源，但由于其所具有的异质性、稀缺性和不可模仿性而使企业的核心价值观变得难以改变。除此之外，物质资本－人力资本型企业的控制环境要特别注重企业经济环境、行业地位以及与投资者之间的平衡关系等等。物质资本－人力资本所有者通过其优势的物质资源和管理才能控制企业其他资源，维护好与其他利益相关者的关系是保证物质资本－人力资本型企业稳定发展的关键。

（4）风险识别。风险识别是企业管理当局认为会影响企业目标实现的潜在的负面影响事项的认定，风险识别是解决风险存在性的问题。物质资本－人力资本型企业内部控制体系的风险识别同样也是要与企业目标、控制目标以及企业文化联系起来发现企业潜在的负面影响事项。

首先，控制主体风险。风险识别包括企业层面的风险识别、治理层面的风险识别和管理层面的风险识别。其中，企业层面的风险识别就是要识别那些不能实现企业目标的风险，即那些不能实现物质资本所有者利益最大化和人力资本所有者利益最大；物质资本所有者和人力资本所有者之间关系最优化；以及物质资本所有者和人力资本所有者与其他利益相关者关系最优化的不确定事项和负面影响事项。治理层面的风险识别包括对战略目标的风险识别，即那些物质资本所有者获利能力指标、人力资本所有者收益与休闲平衡指标以及物质资本所有者、人力资本所有者与其他利益相关者合作指标不能实现的不确定事项和负面影响事项。

其次，风险因素识别。主要包括管理层面和业务层面的风险识别。企业风险识别同样要与企业战略目标、经营目标、报告目标和合规目标相联系，寻找那些与该目标可能存在偏差的事项。物质资本－人力资本型企业主要关注的外部因素是经济方面和技术方面，如经济方面的资本可用性、信贷发行及违约情形、货币资本的流动性问题、金融市场的准入机制以及技术方面的行业新兴技术、电子商务和外部数据等等。人力资本型企业主要关注的内部因素包括资产结构、人员和内部技术等，即资产的可利用性、资本的获取能力、员工的诚信和工作能力，是否存在欺诈行为、专业技术人才的知识储备和更新等等。

风险识别的技术方法如物质资本型企业讨论的首要风险指标和扩大风险识别方法实现日常风险和特别风险的区分，同样，具体分析可以采取定性和定量的方法计量，如表 8－2 所示。

表 8－2　物质资本－人力资本型企业风险识别——首要风险指标和扩大触发器

目标事项	计量方法	目标容限	潜在不确定性	首要指标	扩大触发器
战略目标事项					
股东股利发放情况	股利派发率	目标：今年应该达到的数值或者比去年增长的幅度；容限：设定范围	管理者将该部分不用来发放股利，而是挪作他用等	股东预期的股利派发率	股利派发率低于某个设定值
人力资本所有者收益情况	高管薪酬指标	目标：今年应该达到的数值或者比去年增长的幅度；容限：设定范围	企业未能完成当年的销售任务	预期销售增长额	销售增长额低于某个设定值
……					
经营目标事项					
……					
报告目标事项					

续表

目标事项	计量方法	目标容限	潜在不确定性	首要指标	扩大触发器
……					
合规目标事项					
……					

资料来源：作者整理

（5）风险评估。物质资本－人力资本型企业风险评估是在物质资本－人力资本型企业风险识别的基础上物质资本所有者和人力资本所有者对潜在风险事项影响目标实现的程度。风险评估是企业根据预期可能的结果和概率，结合企业物质资本所有者和人力资本所有者风险偏好和承受能力进行风险和收益组合选择的过程。风险评估对事项的评估主要从可能性和影响这两个方面开展，此过程是一个定量与定性相结合的过程。其中，风险评估的方法可参见第 5 章中战略目标风险的分析方法，其他目标层面的风险评估也可选择此方法确定风险影响程度和概率。物质资本－人力资本型企业的战略目标风险因素通过第 5 章的分析可确定，如图 8－3 所示。在战略资源中，物质资本－人力资本型企业风险评估的关键因素是人力资源、信息资源、技术资源、管理资源和物质资产共五个风险因素。

在业务层面上，影响有关具体业绩指标、经营指标等实现的风险，较容易对其定量分析，主要是通过与标准指标偏离的差距来确定风险的大小。物质资本所有者和人力资本所有者在判断与企业管理者合作的紧密度和顺畅度时，就没有经营指标可供比较，很难进行定量分析，只能通过定性分析或者是描述性分析来判断和评估企业风险。有关具体的经营业绩的固有风险评估和剩余风险评估分析方法参见第 7 章分析，本节不再累述。

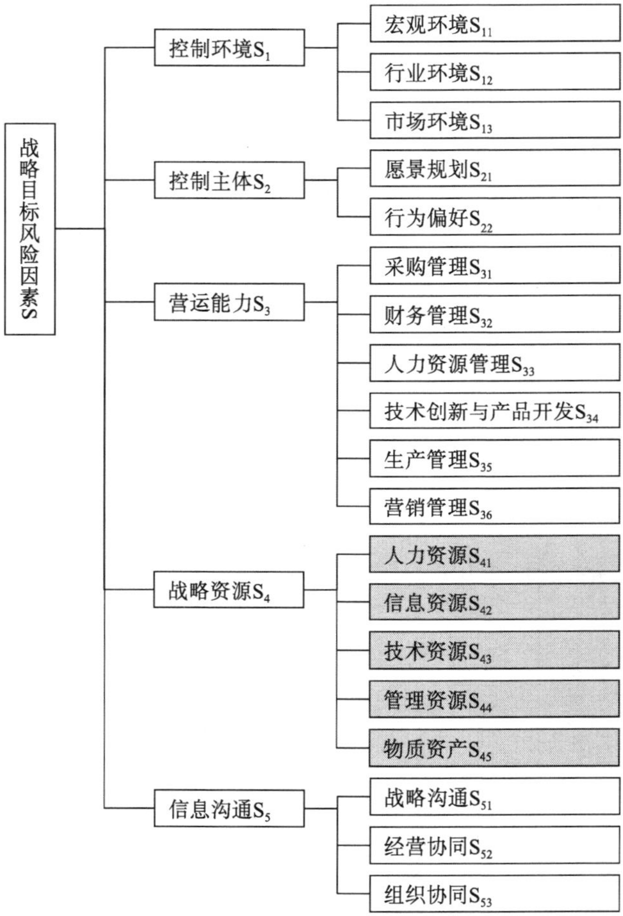

图 8－3　物质资本－人力资本型企业内部控帽体系风险评估战略目标风险因素图

（6）风险应对。风险应对是在风险偏好和风险承受度确定的基础上，根据风险评估结果，对级别较高的风险制定相应的风险应对策略，包括风险回避、风险降低、风险分担和风险承受等，使得风险控制在可接受的范围内。风险应对是实现风险控制中风险对策的计划性，也是综合风险识别和风险评价的结果，得出对风险控制的计划性对策。物质资本所有者和人力资本所有者利益最大化这是经过众多利益相关者集体选择的结果，在物质资本所有者和人力资本所有者脱颖而出时，那些违背物质资本所有者和人力资本所有者价值最大化的潜在事项，自然而然就会被屏蔽掉，无需风险应对采取任何措施。同时，若出现物质资本所有者和人力资本所有者价值不能实现的事项时，就要采取风险规避，退出有关不能实现物质资本所有者和人力资本所有者价值的潜在事项。这也就是企业根据控制权资本进行分类控制的根本所在，也就是从源头寻找问题，解决问题。在面临战术目标的风险应对时，要结合风险评估结果进一步确认固有风险经过风险应对后的剩余风险的情况是否需要进一步采取措施。

（7）控制活动。物质资本 - 人力资本型企业的控制活动是确保物质资本 - 人力资本型企业的风险应对得以实施的制度、政策和程序。控制活动在自上而下贯穿整个企业的同时，要实现各个层级和各个职能机构的全覆盖。控制活动一方面要实现与风险应对的对接；另一方面要与控制目标相联系。

首先，物质资本 - 人力资本型企业控制活动包括控制制度和控制程序。物质资本 - 人力资本型企业控制活动的控制制度是对物质资本 - 人力资本型企业风险应对的进一步解释和规范，控制程序是控制活动的具体实施过程，回答了控制活动应该怎么控制的问题。同样，控制活动也是要不违背或有利于物质资本 - 人力资本型企业的企业目标、战略目标、经营目标、报告目标和合规目标的实现。

其次，物质资本 - 人力资本型企业控制活动的实施。控制活动应按照企业目标体系自上而下逐级展开包括企业层面的控制活动、治理层面的控制活动、管理层面的控制活动和业务层面的控制活动。企业层面的控制活动已经通过按照控制权资本形态企业分类实现。治理层面的控制活动主要是针对企业战略目标设定的合理性进行高层复核，包括预算、预测等手段。管理层面的控制活动包括直接职能和活动管理的控制以及经营目标、报告目标和合规目标的具体控制活动。控制活动与具体控制目标并非一一对应，而是两者之间存在相互交叉，根据具体企业的具体问题设定合理的控制活动。

最后，控制活动的技术方法。企业控制活动的方法包括批准、授权、验证、调节、经营业绩审核、资产安全和职责分离。具体目标、识别、评估和控制活动分析表格与第 7 章控制活动的分析类似，本节不在赘述。

（8）信息沟通。物质资本 - 人力资本型企业信息沟通是指物质资本所有者和人力资本所有者通过对那些信息技术管理、信息技术基础结构、信息交流的控制，以及数据获取和处理的完整性、准确性、授权和有效性等方面的控制。物质资本 - 人力资本型企业组织的各个层次都需要信息，以便识别、评估和应对风险；信息是大量的，物质资本所有者和人力资本所有者应在众多的信息中寻找出对自己的决策起关键作用的信息；来自企业内部和外部的以定量或定性的形式出现，物质资本所有者和人力资本所有者更应该关注那些企业内部的、定性形式的信息。在大量的信息中如何处理和提炼数据以形成物质资本所有者和人力资本所有者可资行动的信息，这是对物质资本所有者和人力资本所有者的挑战也是企业内部控制体系信息沟通要素需要解决的问题。

（9）监督。物质资本 - 人力资本型企业监督是指要对企业内部控制体系进行全面的监控，对在各个控制要素执行过程中出现的问题及时修正。由于企业内部控制体系是一个开放式的管理活动，随着时间的更替，内部控制体系的相关风险应对或者控制活动已不再适用，仅靠前面八个控制要素来反馈管理当局某些控制要素的具体内容已不再适用，因此监督的作用就格外重要。物质资本型企业包括持续的日常监督和非正常情况下的个别评价。持续性的监督是企业内部控制体系中的自我监督，一般情况不需要控制主体过分关注。个别评价的范围和频率取决于对风险的评估和持续监控程序的有效性。持续监控的有效性程度越高，越不需要个别评价。非正常情况下的个别监督是物质资本所有者和人力资本所有者监督关注的重点，主要集中在那些优先程度较高的风险领域和应对，主要存在于战略制定及重大的活动中。

8.1.3　企业文化控制要素

企业文化控制要素是在企业结构控制要素构建完成后，在企业内部逐渐沉淀累积形成的。同样它也是自上而下的培养和自下而上的反馈不断磨合、不断提升最终成型的，是与企业结构控制要素这个“硬控制”相对应的“软控制”。物质资本－人力资本型企业是由物质资本所有者和人力资本所有者共同构成的企业控制主体，它既存在物质资本型企业文化的特性，也存在人力资本型企业文化的特性。一方面，物质资本型企业的核心价值观就是物质资本所有者利益最大化，即做任何事都是有回报的，都是以创造经济利益为目的的，更注重过去的成功经验。这种企业精神理念进一步体现在每个层次的管理者要为其下属指明他们的正确行为应该得到什么回报，坚持员工的努力与企业的奖酬相互交换的公平原则，监督员工不符合企业规范的行为并促使其改正，认为企业与员工间是一种契约关系，即交易型领导者的管理理念（Bass，1993）。另一方面，人力资本型企业包括创新型文化和支持型文化，创新型文化是以创新和挑战为导向，能够激发员工的主动性与积极性，并通过吸取新的知识与观念，促进人员素质的提高。支持型文化是以和谐关系为导向，能在企业内形成和谐、信任的工作氛围，因而有利于企业良好关系的建立。因此，物质资本-人力资本型企业的企业文化是以经济为导向和以人为本导向的企业文化格局，企业文化控制要素具体包括企业的核心价值观、企业精神、道德修养和心理契约。核心价值观决定企业精神，是企业文化的中心思想，而核心价值观和企业精神又指导着管理层的道德修养和个体层面的心理契约，四个具体要素是一个相互影响、互相反馈的不断提升的过程。

（1）核心价值观。物质资本-人力资本型企业的核心价值观，是物质资本所有者和人力资本所有者在内隐性和外显性方面对什么是好的、值得做的一种认知理念，是一种较持久的知觉架构，能塑造并影响个人行为。物质资本-人力资本型企业的价值观是人们向往的终极目标；也是人们认识判断事物是非的标准；同样也是人们行动的指南。物质资本-人力资本型企业的核心价值观就是物质资本所有者利益最大化和人力资本所有者利益最大化以及它们之间的关系最优化，即做任何事都是有回报的，都是以创造经济利益为目的的。价值观是企业文化的核心，统一的价值观使企业内成员在判断自己行为时具有统一的标准，并以此来选择自己的行为。企业的一切活动都应围绕着企业目标展开，企业目标通过企业控制目标会对企业的具体任务行为施加压力，企业的全体员工都会向着企业目标而努力，对具体业务而言是一种向心力，这种无形的向心力即为正向企业文化，能促进企业的发展；相反，如果没有有效的监管和控制，那么，这种向心力就会转变成一种离心力。企业文化控制要素中的核心价值观要素要与企业目标相对应，物质资本-人力资本型企业的企业目标是物质资本所有者利益最大化、人力资本所有者利益最大化和与其他利益相关者关系最优化，那么，物质资本-人力资本型企业的企业文化核心价值观就要使企业全体成员形成物质资本所有者利益最大化和人力资本所有者利益最大化为导向的价值观。同时，利益相关者理论倡导下的利益相关者之间的合作共赢思想也保证了他们与其他利益相关者关系的最优化。

（2）企业精神。企业精神是指企业基于自身特定的性质、任务、宗旨、时代要求和发展方向，由治理层发起的能够影响企业成员群体相互合作、相互信任的意识形态。企业精神以企业核心价值观为基础，以价值目标为动力，对企业经营哲学、管理制度、道德风尚、团体意识和企业形象起着决定性的作用。物质资本 – 人力资本型企业的企业精神应该体现物质资本所有者和人力资本所有者的管理理念和管理哲学，以及物质资本所有者和人力资本所有者在风险方面的偏好。物质资本所有者和人力资本所有者对风险偏好程度决定了企业的风险容量，对企业内部控制体系产生影响。这种特殊的企业资源，有价值、稀缺性、不可模仿性和不可替代的企业文化是企业战略的重要成份。

（3）道德修养。物质资本 – 人力资本型企业的道德修养主要体现在管理层对自我的道德人格和敬业精神的培养，对员工行为的道德激励以及对企业道德形象的塑造。其中，爱岗敬业是道德修养的基础，它影响着管理者或员工的主动性和贡献度。管理者或员工是否能尽职尽责，不仅需要规章制度的规定和职责的约束，更重要地取决于管理者或员工的价值追求。道德协调的“柔性”管理则可通过诉诸个体修养、舆论褒贬、沟通疏导、教育感化、价值观念等来协调管理层与企业间的目标差异。管理层道德修养的培养有助于增强物质资本所有者和人力资本所有者之间的合作以及物质资本所有者和人力资本所有者与其他利益相关者的合作，使企业在实现物质资本所有者和人力资本所有者利益最大化的同时，也能满足其他利益相关者的利益要求，优化物质资本所有者和人力资本所有者与其他利益相关者之间的关系。

（4）心理契约。心理契约是指企业员工与企业之间形成的物质奖赏、精神激励和愿望期待。心理契约的恰当与否能够使企业与员工之间感到满意和信任，这种信任和满意能使企业与员工之间的关系更加融洽，以提高组织业绩和增强企业核心竞争力。由此可知，企业需要尽量满足员工的要求和愿望，更加了解那些促使员工积极性提高的行为动机和情绪状况。物质资本－人力资本型企业中就是要使员工心理形成这种正能量的心理契约，即十分乐观的、对本职工作满意、工作环境互帮互助等等。这是企业文化通过积极的价值观，所要培养的员工实现的。物质资本－人力资本型企业为了克服心理契约出现违背情况要做到：提高员工的满意度，进而实现其对企业的归属感和工作的积极投入；增强员工之间相处融洽、合作亲密、沟通畅达、团结高效的凝聚力；发挥员工的能动性，提供良好的制度保证、有效的管理机制、宽松的氛围。

通过以上分析，物质资本－人力资本型企业的内部控制体系主要是由其控制主体物质资本所有者和人力资本所有者所决定的内部控制体系。拥有物质资本和人力资本的物质资本所有者和人力资本所有者成为了企业的控制主体，决定着企业目标和控制目标的制定，决定着企业内部控制体系的控制基本要素和具体要素的构成。现实中，如高科技企业、投资性银行等等，适用于以上企业内部控制体系。

8.2　物质资本-社会资本型企业的企业内部控制体系构建

以物质资本和社会资本为控制权资本的多方共享型企业（以下简称物质资本-社会资本型企业）是指拥有物质资本和社会资本利益相关者经过集体选择最终成为企业的所有者，也是企业剩余控制权的行使者。物质资本控制权的利益相关者可能是股东、客户、债权人和供应商中的任何一者，它们都是物质资本的所有者，凭借物质资本这项“关键性资源”来控制企业。社会资本控制权的利益相关者是政府，是社会资本的所有者，凭借社会资本这项“关键性资源”来控制企业。以物质资本和社会资本为控制权资本的企业，通过企业集体选择而确定的企业内部利益相关者是企业的物质资本所有者和社会资本所有者。企业内部控制体系的构建主要是沿着“企业所有者——企业目标——基本控制要素——具体控制要素”研究主线。

8.2.1　企业所有者和企业目标

物质资本所有者和社会资本所有者经过两次集体选择进入了企业，成为企业所有者，并掌握着企业的剩余分享权和剩余控制权。其中，物质资本所有者有可能是股东、客户、债权人和供应商中的任何一者，或者是任意几者的组合，由于在上一章论述过，本节的物质资本所有者就是那群拥有企业物质资本控制权的利益相关者。社会资本所有者拥有社会关系资源，与政府有着较为紧密的联系，通过该种资源掌握了社会关系资本能给企业带来实惠。物质资本所有者和社会资本所有者共同构成企业的所有者，共同成为企业控制主体。与单一形态的企业内部控制体系所不同的是，此时，企业的控制主体不再是单一的控制权资本所有者，而是由物质资本所有者和社会资本所有者共同参与。因此，企业的所有者就是物质资本所有者和社会资本所有者。

企业目标是由企业所有者的意愿所决定的，企业的所有者确定后，企业目标也就相应明确。在单一形态控制权资本企业形态下，企业目标就是实现企业所有者利益最大化，实现它们资本资源的价值增值。物质资本所有者和社会资本所有者各自都要实现其利益的最大化，它们之间必然存在利益冲突。为使企业价值最大化，企业的另一个目标就是要使物质资本所有者和社会资本所有者之间的关系最优化，在双方博弈的过程中实现其利益最大化。因此，物质资本－社会资本型企业的企业目标不单是保证物质资本所有者利益最大化和社会资本所有者利益最大化，还要保证物质资本所有者和社会资本所有者二者之间的关系最优化，以及物质资本所有者和社会资本所有者与其他利益相关者之间的关系最优化。

在构建企业内部控制体系时，从物质资本所有者和社会资本所有者入手，以物质资本所有者利益最大化和社会资本所有者利益最大化、物质资本所有者和社会资本所有者二者之间的关系最优化、物质资本所有者和社会资本所有者与其他利益相关者之间的关系最优化为企业目标，展开对企业结构控制要素和企业文化控制要素的 13 具体要素的分析。

8.2.2 企业结构控制要素

物质资本－社会资本型企业的企业结构控制要素是物质资本所有者和社会资本所有者导向的公司治理结构和内部控制结构整合的控制要素的组合。企业结构控制要素就是要明确企业内部控制体系中物质资本所有者和社会资本所有者的权、责、利关系，也就是物质资本所有者和社会资本所有者作为企业的所有者与企业、企业的其他利益相关者之间的权、责、利关系，以及在企业目标实现过程中所面临的风险和应对。企业结构控制要素是企业内部控制体系的“硬控制”。包含九个具体控制要素分别是：控制目标、控制主体、控制环境、风险识别、风险评估、风险应对、控制活动、信息沟通和监督。

（1）控制主体。物质资本－社会资本型企业内部控制体系的控制主体是物质资本所有者和社会资本所有者。物质资本所有者和社会资本所有者是企业所有者，它们通过自己掌握的物质资源和关系资本进入到企业，成为企业的内部利益相关者，拥有企业的剩余分享权和剩余控制权（如图 8－4 所示）。

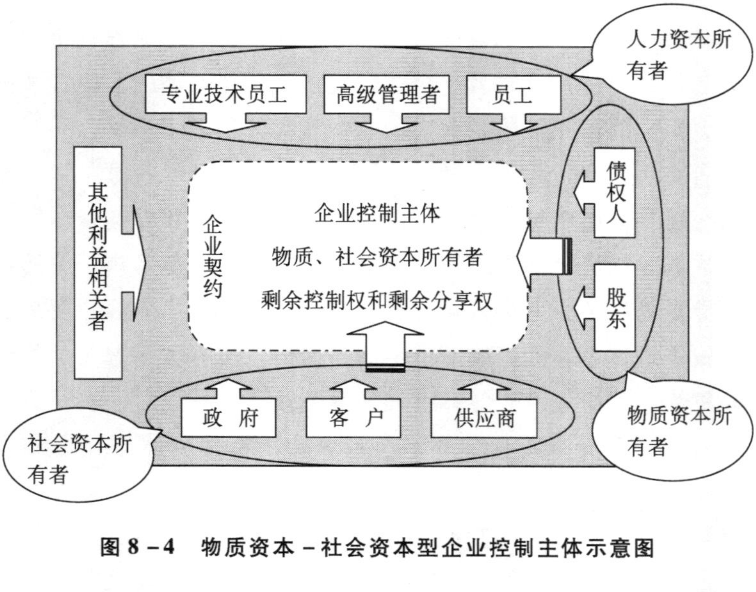

图 8－4　物质资本－社会资本型企业控制主体示意图

首先，物质资本所有者和社会资本所有者都是企业的参与者和企业目标的决定者。物质资本所有者和社会资本所有者，它们分别掌握着大量的货币资本和关系资本，与其他利益相关者一样都是企业的内部控制参与者，随着物质资本所有者和社会资本所有者一起签订了企业契约后，它们的身份不再仅仅只是参与者而成为企业的所有者，成为企业的共同控制主体；其他利益相关者与企业签订的是交易契约或是隐形契约，仍然是企业内部控制的参与者。因此，物质资本所有者和社会资本所有者决定着企业的生存和发展，它们最终成为企业目标的决定者，即企业目标就是实现物质资本所有者和社会资本所有者二者的利益最大化；物质资本所有者和社会资本所有者二者之间的关系最优化以及物质资本所有者和社会资本所有者与其他利益相关者关系最优化。

其次，物质资本所有者和社会资本所有者都不是企业内部控制体系的设计者、实施者、监督者和评价者。作为物质资本所有者和社会资本所有者不直接参与企业具体内部控制流程，企业内部控制体系目标的设计者、企业内部控制体系具体的实施者和操作者、企业内部控制体系有效的监督者和评价者都不是物质资本所有者或者社会资本所有者，他们是企业的管理者、员工以及其他监督机构。由于这类企业是由物质资本所有者和社会资本所有者组成的，或者是由于物质资源的紧缺、垄断或是客户资源的特殊性导致的该类企业进入较难，拥有短缺资源或优质客户资源的社会资本所有者和拥有雄厚资金的物质资本所有者掌握企业的生存和发展，如房地产企业、石油开发企业等等。此时，物质资本所有者和社会资本所有者都不参与企业内部控制体系目标的设计，而是由企业的管理者或者代理机构代替物质资本所有者和社会资本所有者管理。这并不影响物质资本所有者和社会资本所有者的控制主体地位，他们是真正的控制企业的利益相关者，从而实现了真正意义上实现收益与分配对等原则的企业内部控制。

物质资本所有者和社会资本所有者成为物质资本–社会资本型企业的控制主体，是参与企业契约的签订者，是企业的所有者，又是企业剩余分享权和剩余控制权的行使者。物质资本所有者在实现其自身财富最大化时，同样会面临各种各样的风险，如股东提供的物质资本保值的风险、分享剩余收益的风险等等。同样，社会资本所有者也会面临各种各样的风险，如关系资源的稳定性等等。二者作为企业的控制主体，一方面要实现其企业价值的增值；另一方面要尽量减少企业所面临的诸多风险。

（2）控制目标。物质资本–社会资本型企业控制目标是物质资本–社会资本型企业在确定企业目标和控制主体的基础上，如何实现物质资本所有者和社会资本所有者的利益最大化的企业目标的进一步细分（如图8–5所示）。企业控制目标是由战略目标、经营目标、财务目标和合规目标构成的。这些目标都是由物质资本–社会资本型企业的企业目标所决定的，即物质资本所有者和社会资本所有者二者的利益最大化；物质资本所有者和社会资本所有者二者之间的关系最优化以及物质资本所有者和社会资本所有者与其他利益相关者关系最优化。

首先，战略目标是治理层的目标，是与物质资本所有者和社会资本所有者的使命（愿景）相协调，并支持企业目标实现的目标。物质资本–社会资本型企业内部控制体系中战略目标主要是要符合物质资本所有者和社会资本所有者二者利益最大化，要求在企业目标的基础上进一步体现物质资本所有者和社会资本所有者愿景的目标，如物质资本所有者和社会资本所有者的长远规划，企业未来走向等等。因此，物质资本–社会资本型企业战略目标就是结合物质资本型企业和社会资本型企业有关物质资本所有者收益能力指标和社会资本所有者能力指标整合而成的。物质

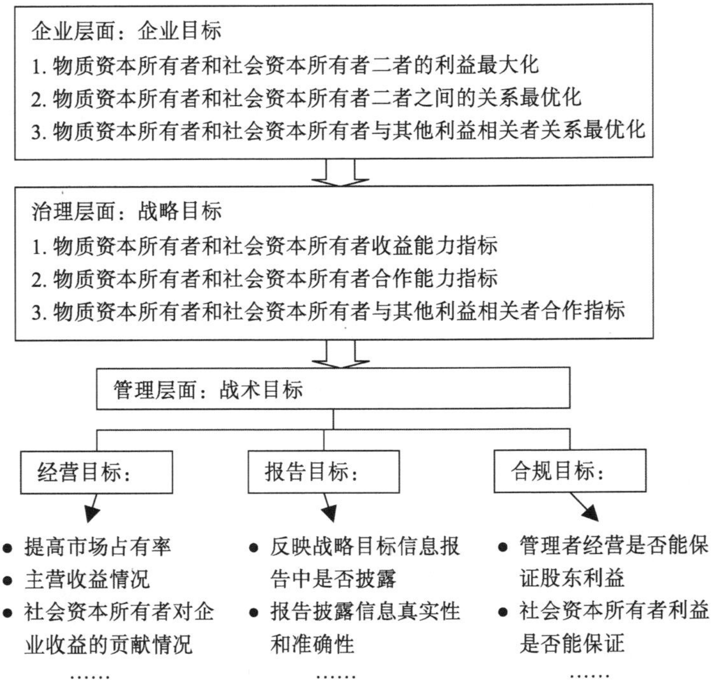

图 8-5　物质资本-社会资本型企业内部控制目标构成图

资料来源：作者整理

资本所有者和社会资本所有者收益能力指标的公式如下：

物质资本所有者的收益：

BRt = BVt - 1 + Rt - Dt

其中，BR——表示股东收益情况；

BV——表示账面净资产；

R——表示会计盈余；

D——表示股利的发放。

社会资本所有者关系资本收益指标设定为：

社会资本所有者关系资本收益 R

$= \sum$（直接收益 + 间接收益）

$= \sum (b_1 \times R_1 + b_2 \times R_2 + b_3 \times R_3 + b_4 \times R_4)$

其中，R_1——表示社会关系所有者花费在某种关系上的时间增加所带来的收益；

R_2——表示社会关系所有者之间感情增加所带来的收益；

R_3——表示社会关系所有者之间熟识或信任程度增加所带来的收益；

R_4——表示社会关系所有者之间互惠交换越多所带来的收益；

b_1，b_2，b_3，b_4——表示 R_1，R_2，R_3，R_4 在社会资本所有者关系资本收益中所占的比重。

物质资本所有者与社会资本所有者之间、物质资本所有者与其他利益相关者关系最优化的战略目标，都可以通过利益相关者之间的合作关系指标来测度（如表 8－3 所示）。其中，A_i 表示同一控制权资本形态内资本所有者之间的合作关系，通过集中度指标反映；B_{ij}（$i \neq j$）表示不同的控制权资本形态的控制主体之间的合作关系，通过稳定度指标反映；C_i 表示控制主体与其他利益相关者之间的合作关系；α_i 表示某种资本所有者在企业中的重要程度，通过依赖度指标反映。

表 8－3　　利益相关者之间合作关系指标汇总表

关系指标	物质资本所有者	社会资本所有者	人力资本所有者	……
物质资本所有者	A_1	B_{12}	——	——
社会资本所有者	——	A_2	——	——
控制主体与其他利益相关者的合作关系	——	——	C_1	

$A_1 = \alpha_1 \times \sum$ 排在该企业当年前五位大股东所持股份/当年发行股份数 $+ \alpha_2 \times$ 其他物质资本所有者的集中度

$A_2 = \sum$ 排在该企业当年前五位客户数/当年客户数 $+ \sum$ 排在该企业当年前五位供应商数/当年供应商数 $+ \sum$ 排在该企业当年前五位其他社会资本所有者人数/当年其他社会资本所有者人数

$B_{12} =$ 控制主体间的合作程度

= 物质资本所有者和社会资本所有者的稳定度

$= \sum$ 近五年内排在前十位保持稳定的人力资本所有者人数/人力资本所有者人数总额 $+ \sum$ 近五年内排在前十位保持稳定的社会资本所有者人数/社会资本所有者人数总额

$C_1 =$ 物质资本所有者和社会资本所有者与其他利益相关者关系依赖度

$= \sum$ 近五年内排在前十位保持稳定的人力资本所有者人数/人力资本所有者人数总额 $+ \sum$ 近五年内排在前十位保持稳定的其他利益相关者人数/其他利益相关者人数总额

其次，战术目标（经营目标、财务报告目标和合规目标）的确定。物质资本 - 社会资本型企业的战略目标进一步划分成经营目标、财务报告目标和合规目标，这也就是风险管理框架中所提及的企业内部控制的控制目标。如图 8 - 5 所示，经营目标可以包括市场占有率、企业收益情况、社会资本所有者对企业收益的贡献情况等等；财务目标包括战略目标中出现的财务数据在财务报告中是否存在、报告披露信息真实性和准确性等等；合规目标包括管理者经营是否能保证股东利益、其他利益相关者的收益是否能保证以及社会资本所有者利益是否能保证等等。值得注意的是，并非所有企业的控制目标都是一致的，企业应根据企业的实际情况设定具体控制目标。

(3) 控制环境。物质资本 - 社会资本型企业控制环境包括企业的经营方向、外部环境、企业的社会形象、与外界的联系等方面，具体划分为企业内部环境和企业外部环境（包括经营环境、社会关系网络等）。

首先，物质资本－社会资本型企业应关注董事会在企业内部环境中的地位。董事会是企业的核心管理层，对于管理者的独立性、其成员的经验和才能、对活动参与和审察的程度以及适当性都起着重要的作用。当物质资本－社会资本型企业的控制主体物质资本所有者和社会资本所有者不参与企业直接管理时，董事会是物质资本所有者和社会资本所有者的直接代理人，代替物质资本所有者和社会资本所有者对企业实施控制。因此，一个积极的和高度参与的董事会、托管委员会或者类似的代理机构，应具有适当程度的管理、技术和其他专长以及履行监督职责所需要的思维方式，这是企业内部控制体系中控制环境至关重要的。除此之外，也要关注合理的战略、胜任的员工，合理的经营流程、可靠的技术以及完善的控制机制等企业内部其他控制要素。

其次，物质资本－社会资本型企业也要关注外部环境对企业内部控制体系的影响。企业所处的行业及经营环境都对企业内部控制体系产生影响。关注社会关系网络是企业长期经营形成的战略性的资源，但由于其所具有的异质性、稀缺性和不可模仿性而使企业的核心价值观变得难以改变。除此之外，物质资本－社会资本型企业的控制环境要特别注重企业经济环境、行业地位以及与投资者之间的平衡关系等等。物质资本－社会资本所有者通过其优势的物质资源和关系资源控制企业其他资源，维护好与其他利益相关者的关系是保证物质资本－社会资本型企业稳定发展的关键。

（4）风险识别。风险识别是企业管理当局认为会影响企业目标实现的潜在的负面影响事项的认定，风险识别是解决风险存在性的问题。物质资本－社会资本型企业内部控制体系的风险识别同样也是要与企业目标、控制目标以及企业文化联系起来发现企业潜在的负面影响事项。

首先，控制主体风险。风险识别包括企业层面的风险识别、治理层面的风险识别和管理层面的风险识别。其中，企业层面的风险识别就是要识别那些不能实现企业目标的风险，即那些不能实现物质资本所有者利益最大化、社会资本所有者利益最大；物质资本所有者和社会资本所有者之间关系最优化以及物质资本所有者和社会资本所有者与其他利益相关者关系最优化的不确定事项和负面影响事项。治理层面的风险识别包括对战略目标的风险识别，即那些物质资本所有者获利能力指标、社会资本所有者关系资本稳定性指标以及物质资本所有者和社会资本所有者与其他利益相关者合作指标不能实现的不确定事项和负面影响事项。

其次，风险因素识别。主要包括管理层面和业务层面的风险识别。企业风险识别同样要与企业战略目标、经营目标、报告目标和合规目标相联系，寻找那些与该目标可能存在偏差的事项。物质资本－社会资本型企业主要关注的外部因素是经济方面和政治、社会、自然资源方面，如经济方面的资本的可用性、信贷发行及违约情形、货币资本的流动性问题、金融市场的准入机制；政治方面的国家法规、相关政策和管制；社会方面的消费者行为、人口统计以及自然资源方面的能源分布、原材料的取得等等。社会资本型企业主要关注的内部因素包括资产结构、人员等，即资产的可利用性、资本的获取能力、员工的诚信和工作能力，是否存欺诈行为等等。

风险识别的技术方法如物质资本型企业讨论的首要风险指标和扩大风险识别方法实现日常风险和特别风险的区分，同样，具体分析可以采取定性和定量的方法计量，如表 8－4 所示。

表 8－4　物质资本－社会资本型企业风险识别——首要风险指标和扩大触发器

目标事项	计量方法	目标容限	潜在不确定性	首要指标	扩大触发器
战略目标事项					
股东股利发放情况	股利派发率	目标：今年应该达到的数值或者比去年增长的幅度 容限：设定范围	管理者将该部分不用来发放股利，而是挪作他用等	股东预期的股利派发率	股利派发率低于某个设定值
社会资本所有者收益情况	关系资本收益	目标：今年应该达到的数值或者比去年增长的幅度 容限：设定范围	客户的流失或供应商哄抬物价	预期收益增长额	关系资本收益低于某个设定值
……					
经营目标事项					
……					
报告目标事项					
……					
合规目标事项					
……					

资料来源：作者整理

（5）风险评估。物质资本－社会资本型企业风险评估是在物质资本－社会资本型企业风险识别的基础上物质资本所有者和社会资本所有者对潜在风险事项影响目标实现的程度。风险评估是企业根据预期可能的结果和概率，结合企业物质资本所有者和社会资本所有者风险偏好和承受能力进行风险和收益组合选择的过程。风险评估对事项的评估主要从可能性和影响这两个方面开展，此过程是一个定量与定性相结合的过程。其中，风险评估的方法可参见第5章中战略目标风险的分析方法，其他目标层面的风险评估也可选择此方法确定风险影响程度和概率。物质资本－社会资本型企业的战略目标风险因素通过第5章的分析可确定，如图8－6所示。

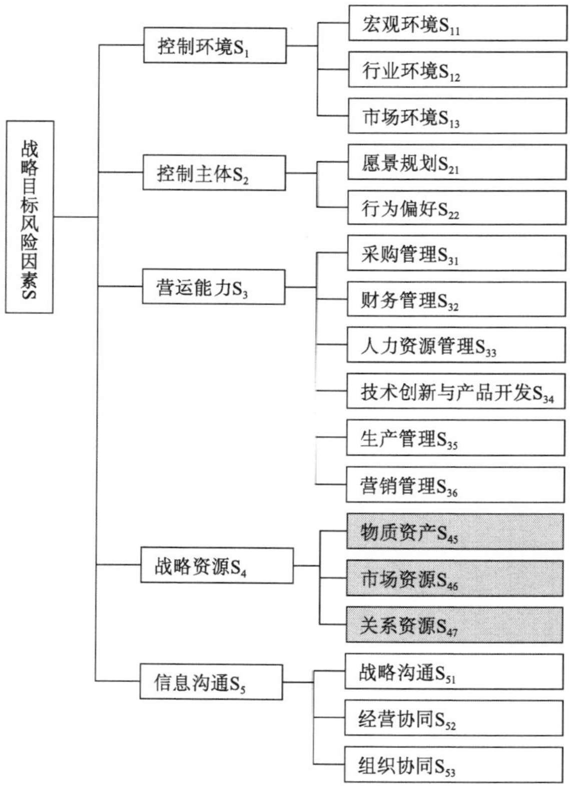

图8－6　物质资本－社会资本型企业内部控制体系风险评估战略目标风险因素图

资料来源：作者整理

在业务层面上，影响有关具体业绩指标、经营指标等实现的风险，较容易对其定量分析，主要是通过与标准指标偏离的差距来确定风险的大小。物质资本所有者和社会资本所有者在判断与企业管理者合作的紧密度和顺畅度时，就没有经营指标可供比较，很难进行定量分析，只能通过定性分析或者是描述性分析来判断和评估企业风险。有关具体的经营业绩的固有风险评估和剩余风险评估分析方法参见第 7 章分析，本节不再赘述。

（6）风险应对。风险应对是在风险偏好和风险承受度确定的基础上，根据风险评估结果，对级别较高的风险制定相应的风险应对策略，包括风险回避、风险降低、风险分担和风险承受等，使得风险控制在可接受的范围内。风险应对是实现风险控制中风险对策的计划性，也是综合风险识别和风险评价的结果，得出对风险控制的计划性对策。物质资本所有者和社会资本所有者利益最大化这是经过众多利益相关者集体选择的结果，在物质资本所有者和社会资本所有者脱颖而出时，那些违背物质资本所有者和社会资本所有者价值最大化的潜在事项，自然而然就会被屏蔽掉，无需风险应对采取任何措施。同时，若出现物质资本所有者和社会资本所有者价值不能实现的事项时，要采取风险规避，退出有关不能实现物质资本所有者和社会资本所有者价值的潜在事项。这也就是企业根据控制权资本进行分类控制的根本所在，也就是从源头寻找问题，解决问题。在面临战术目标的风险应对时，就要结合风险评估结果进一步确认固有风险经过风险应对后的剩余风险的情况是否需要进一步采取措施。

（7）控制活动。物质资本 - 社会资本型企业的控制活动是确保物质资本 - 社会资本型企业的风险应对得以实施的制度、政策和程序。控制活动在自上而下贯穿整个企业的同时，要实现各个层级和各个职能机构的全覆盖。控制活动一方面要实现与风险应对的对接；另一方面要与控制目标相联系。

首先，物质资本 - 社会资本型企业控制活动包括控制制度和控制程序。物质资本－社会资本型企业控制活动的控制制度是对物质资本－社会资本型企业风险应对的进一步解释和规范，控制程序是控制活动的具体实施过程，回答了控制活动应该怎么控制的问题。同样，控制活动也是要不违背或有利于物质资本－社会资本型企业的企业目标、战略目标、经营目标、报告目标和合规目标的实现。

其次，物质资本－社会资本型企业控制活动的实施。控制活动应按照企业目标体系自上而下逐级展开包括企业层面的控制活动、治理层面的控制活动、管理层面的控制活动和业务层面的控制活动。企业层面的控制活动已经通过按照控制权资本形态企业分类实现。治理层面的控制活动主要是针对企业战略目标设定的合理性进行高层复核，包括预算、预测等手段。管理层面的控制活动包括直接职能和活动管理的控制以及经营目标、报告目标和合规目标的具体控制活动。控制活动与具体控制目标并非一一对应，而是两者之间存在相互交叉，根据具体企业的具体问题设定合理的控制活动。

最后，控制活动的技术方法。企业控制活动的方法包括批准、授权、验证、调节、经营业绩审核、资产安全和职责分离。具体目标、识别、评估和控制活动分析表格与第 7 章控制活动的分析类似，本节不再赘述。

（8）信息沟通。物质资本－社会资本型企业信息沟通是指物质资本所有者和社会资本所有者通过对那些信息技术管理、信息技术基础结构、信息交流的控制，以及数据获取和处理的完整性、准确性、授权和有效性等方面的控制。物质资本－社会资本型企业组织的各个层次都需要信息，以便识别、评估和应对风险；信息是大量的，物质资本所有者和社会资本所有者应在众多的信息中寻找出对自己的决策起到关键作用的信息；来自企业内部和外部的以定量或定性的形式出现，物质资本所有者和社会资本所有者更应该关注那些企业内部的、定性形式的信息。在大量的信息中如何处理和提炼数据以形成物质资本所有者和社会资本所有者可资行动的信息，这是对物质资本所有者和社会资本所有者的挑战也是企业内部控制体系信息沟通要素需要解决的问题。

（9）监督。物质资本－社会资本型企业监督是指要对企业内部控制体系进行全面的监控，对在各个控制要素执行过程中出现的问题及时修正。由于企业内部控制体系是一个开放式的管理活动，会随着时间的更替，内部控制体系的相关风险应对或者控制活动已不再适用，仅靠前面八个控制要素来反馈管理当局某些控制要素的具体内容已不再适用，因此监督的作用就格外重要。物质资本型企业包括持续的日常监督和非正常情况下的个别评价。持续性的监督是企业内部控制体系中的自我监督，一般情况不需要控制主体过分关注。同样，个别评价的范围和频率取决于对风险的评估和持续监控程序的有效性。持续监控的有效性程度越高，越不需要个别评价。个别评价的方法包括核对清单、调查问卷和流程图技术等等。非正常情况下的个别监督是物质资本所有者和社会资本所有者监督关注的重点，主要集中在那些优先程度较高的风险领域和应对，主要存在于战略制定及重大的活动中。

8.2.3　企业文化控制要素

企业文化控制要素是在企业结构控制要素构建完成后，在企业内部逐渐沉淀累积形成的。同样它也是自上而下的培养和自下而上的反馈不断磨合、不断提升最终成型的，是与企业结构控制要素这个“硬控制”相对应的“软控制”。物质资本－社会资本型企业是由物质资本所有者和社会资本所有者共同构成的企业控制主体，它既存在物质资本型企业文化的特性，也存在社会资本型企业文化的特性。即物质资本型企业的核心价值观就是物质资本所有者利益最大化，即做任何事都是有回报的，都是以创造经济利益为目的的，更注重过去的成功经验。这种企业精神理念进一步体现在每个层次的管理者要为其下属指明他们的正确行为应该得到什么回报，坚持员工的努力与企业的奖酬相互交换的公平原则，监督员工不符合企业规范的行为并促使其改正，认为企业与员工间是一种契约关系，即交易型领导者的管理理念（Bass，1993）。另一方面，社会资本型企业的企业文化是通过强力的、交错纵横的组织间关系所形成的网络上建立起来的能够提供伙伴们信任、合作与集体行动的指南，该种企业文化必须经过持续的积累和学习而建立和培养自己的核心能力。信任和信用是社会资本型企业宝贵的无形资产和有力的竞争手段，企业应以诚信为自己的行为准则，主动遵守诚信，使得诚信变为内在性的企业理念。因此，物质资本－社会资本型企业的企业文化是以经济导向和诚信合作为导向的企业文化格局，企业文化控制要素具体包括企业的核心价值观、企业精神、道德修养和心理契约。核心价值观决定企业精神，是企业文化的中心思想，而核心价值观和企业精神又指导着管理层的道德修养和个体层面的心理契约，四个具体要素是一个相互影响、互相反馈不断提升的过程。

（1）核心价值观。物质资本－社会资本型企业的核心价值观，是物质资本所有者和社会资本所有者在内隐性和外显性方面对什么是好的、值得做的一种认知理念，是一种较持久的知觉架构，能塑造并影响个人行为。物质资本－社会资本型企业的价值观是人们向往的终极目标；也是人们认识判断事物是非的标准；同样也是人们行动的指南。物质资本－社会资本型企业的核心价值观就是物质资本所有者利益最大化和社会资本所有者利益最大化以及他们之间的关系最优化，即做任何事都是有回报的，都是以创造经济利益为目的的。价值观是企业文化的核心，统一的价值观使企业内成员在判断自己行为时具有统一的标准，并以此来选择自己的行为。企业的一切活动都应围绕着企业目标展开，企业目标通过企业控制目标会对企业的具体任务行为施加压力，企业的全体员工都会向着企业目标而努力，对具体业务而言是一种向心力，这种无形的向心力即为正向企业文化，能促进企业的发展；相反，如果没有有效的监管和控制，那么，这种向心力就会转变成一种离心力。企业文化控制要素中的核心价值观要素要与企业目标相对应，物质资本－社会资本型企业的企业目标是物质资本所有者利益最大化、社会资本所有者利益最大化和与其他利益相关者关系最优化，那么，物质资本－社会资本型企业的企业文化核心价值观就要使企业全体成员形成物质资本所有者利益最大化和人力资本所有者利益最大化为导向的价值观。同时，利益相关者理论倡导下的利益相关者之间的合作共赢思想也保证了他们与其他利益相关者关系的最优化。

(2) 企业精神。企业精神是指企业基于自身特定的性质、任务、宗旨、时代要求和发展方向，由治理层发起的能够影响企业成员群体相互合作、相互信任的意识形态。企业精神以企业核心价值观为基础，以价值目标为动力，对企业经营哲学、管理制度、道德风尚、团体意识和企业形象起着决定性的作用。物质资本－社会资本型企业的企业精神应该体现物质资本所有者和社会资本所有者的管理理念和管理哲学，以及物质资本所有者和社会资本所有者在风险方面的偏好。物质资本所有者和社会资本所有者对风险偏好程度决定了企业的风险容量，对企业内部控制体系产生影响。这种特殊的企业资源，有价值、稀缺性、不可模仿性和不可替代的企业文化是企业战略的重要成分。

（3）道德修养。物质资本－社会资本型企业的道德修养主要体现在管理层对自我的道德人格和敬业精神的培养，对员工行为的道德激励以及对企业道德形象的塑造。其中，爱岗敬业是道德修养的基础，它影响着管理者或员工的主动性和贡献度。管理者或员工是否能尽职尽责，不仅需要规章制度的规定和职责的约束，更重要地取决于管理者或员工的价值追求。道德协调的“柔性”管理则可通过诉诸个体修养、舆论褒贬、沟通疏导、教育感化、价值观念等来协调管理层与企业间的目标差异。管理层道德修养的培养有助于增强物质资本所有者和社会资本所有者之间的合作以及物质资本所有者和社会资本所有者与其他利益相关者的合作，使企业在实现物质资本所有者和社会资本所有者利益最大化的同时，也能满足其他利益相关者的利益要求，优化物质资本所有者和社会资本所有者与其他利益相关者之间的关系。

（4）心理契约。心理契约是指企业员工与企业之间形成的物质奖赏、精神激励和愿望期待。心理契约的恰当与否能够使企业与员工之间感到满意和信任，这种信任和满意能使得企业与员工之间的关系更加融洽，以提高组织业绩和增强企业核心竞争力。由此可知，企业需要尽量满足员工的要求和愿望，更加了解那些促使员工积极性提高的行为动机和情绪状况。物质资本－社会资本型企业中就是要使员工心理形成这种正能量的心理契约，即十分乐观的、对本职工作满意、工作环境互帮互助等等。这是企业文化通过积极的价值观，所要培养的员工实现的。物质资本－社会资本型企业为了克服心理契约出现违背情况要做到：提高员工的满意度，进而实现其对企业的归属感和工作的积极投入；增强员工之间相处融洽、合作亲密、沟通畅达、团结高效的凝聚力；发挥员工的能动性，提供良好的制度保证、有效的管理机制、宽松的氛围。

通过以上分析，物质资本－社会资本型企业的内部控制体系主要是由其控制主体物质资本所有者和人力资本所有者所决定的内部控制体系。拥有物质资本和社会资本的物质资本所有者和社会资本所有者成为了企业的控制主体，决定着企业目标和控制目标的制定，决定着企业内部控制体系的控制基本要素和具体要素的构成。现实中，如房地产企业、石油开采企业等等，适用于以上企业内部控制体系。

8.3　人力资本－社会资本型企业的企业内部控制体系构建

以人力资本和社会资本为控制权资本的多方共享型企业（以下简称人力资本－社会资本型企业）是指拥有人力资本和社会资本利益相关者经过集体选择最终成为企业的所有者，也是企业剩余控制权的行使者。人力资本控制权的利益相关者可能是管理者或者员工，他们都是人力资本的所有者，凭借人力资本这项“关键性资源”来控制企业。社会资本控制权的利益相关者是政府，是社会资本的所有者，凭借社会资本这项“关键性资源”来控制企业。因此，以人力资本和社会资本为控制权资本的企业，通过企业集体选择而确定的企业内部利益相关者是企业的人力资本所有者和社会资本所有者。企业内部控制体系的构建主要是沿着“企业所有者——企业目标——基本控制要素——具体控制要素”研究主线。

8.3.1 企业所有者和企业目标

人力资本所有者和社会资本所有者经过两次集体选择进入了企业，成为企业所有者，并掌握着企业的剩余分享权和剩余控制权。其中，人力资本所有者有可能是管理者也有可能是员工作为企业内部控制主体，但是本节并不仔细区分到利益相关者层面，他们都代表着人力资本所有者。社会资本所有者拥有着社会关系资源，与政府有着较为紧密的联系，通过该种资源掌握了社会关系资本能给企业带来实惠。人力资本所有者和社会资本所有者共同构成企业的所有者，共同成为企业控制主体。与单一形态的企业内部控制体系所不同的是，此时企业的控制主体不再是单一的控制权资本所有者，而是由人力资本所有者和社会资本所有者共同参与。因此，企业的所有者就是人力资本所有者和社会资本所有者。

企业目标是由企业所有者的意愿所决定的，企业的所有者确定后，企业目标也就相应明确。在单一形态控制权资本企业形态下，企业目标就是实现企业所有者利益最大化，实现他们的资本资源的价值增值。人力资本所有者和社会资本所有者各自都要实现其利益的最大化，他们之间必然存在利益冲突。为使企业价值最大化，企业的另一个目标就是要使人力资本所有者和社会资本所有者之间的关系最优化，在双方博弈的过程中实现其利益最大化。因此，人力资本－社会资本型企业的企业目标不单是保证人力资本所有者利益最大化和社会资本所有者利益最大化，还要保证人力资本所有者和社会资本所有者二者之间的关系最优化，以及人力资本所有者和社会资本所有者与其他利益相关者之间的关系最优化。

在构建企业内部控制体系时，就是从人力资本所有者和社会资本所有者入手，以人力资本所有者利益最大化和社会资本所有者利益最大化、人力资本所有者和社会资本所有者二者之间的关系最优化、人力资本所有者和社会资本所有者与其他利益相关者之间的关系最优化为企业目标，展开对企业结构控制要素和企业文化控制要素的 13 具体要素的分析。

8.3.2　企业结构控制要素

人力资本 - 社会资本型企业的企业结构控制要素是人力资本所有者和社会资本所有者导向的公司治理结构和内部控制结构整合的控制要素的组合。企业结构控制要素就是要明确企业内部控制体系中人力资本所有者和社会资本所有者的权、责、利关系，也就是人力资本所有者和社会资本所有者作为企业的所有者与企业、企业的其他利益相关者之间的权、责、利关系，以及在企业目标实现过程中所面临的风险和应对。企业结构控制要素是企业内部控制体系的“硬控制”。包含九个具体控制要素，分别是：控制目标、控制主体、控制环境、风险识别、风险评估、风险应对、控制活动、信息沟通和监督。

(1) 控制主体。人力资本 - 社会资本型企业内部控制体系的控制主体是人力资本所有者和社会资本所有者。人力资本所有者和社会资本所有者是企业所有者，他们通过自己掌握的人力资本和社会关系资源进入到企业，成为企业的内部利益相关者，拥有企业的剩余分享权和剩余控制权（如图 8 - 7 所示）。

首先，人力资本所有者和社会资本所有者都是企业的参与者和企业目标的决定者。人力资本所有者和社会资本所有者，他们分别掌握着大量的人力资本和社会关系资本，与其他利益相关者一样都是企业的内部控制参与者，随着物质资本所有者和人力资本所有者一起签订了企业契约后，他们的身份不再仅仅只是参与

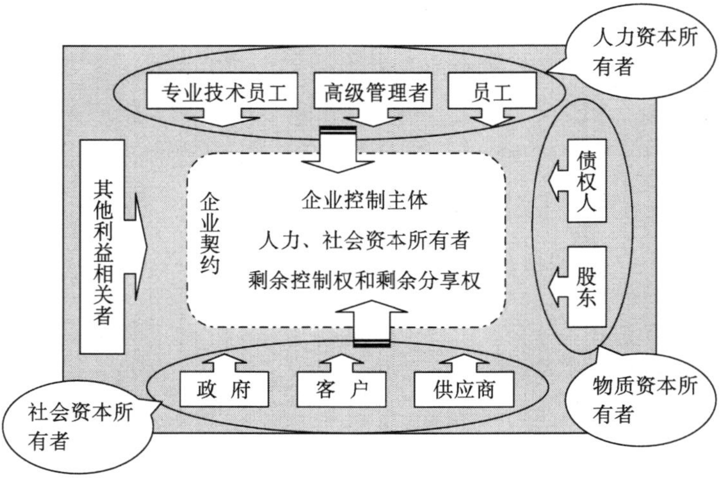

图 8－7 人力资本－社会资本型企业控制主体示意图

者而成为企业的所有者，成为企业的共同控制主体；其他利益相关者与企业签订的是交易契约或是隐形契约，仍然是企业内部控制的参与者。因此，人力资本所有者和社会资本所有者决定着企业的生存和发展，他们最终成为企业目标的决定者，即企业目标就是实现人力资本所有者和社会资本所有者二者的利益最大化；人力资本所有者和社会资本所有者二者之间的关系最优化以及人力资本所有者和社会资本所有者与其他利益相关者关系最优化。

其次，人力资本所有者和社会资本所有者与企业内部控制体系的设计者、实施者、监督者和评价者之间的关系。社会资本的所有者不直接参与企业具体内部控制流程，企业的内部控制体系目标的设计者、企业内部控制体系具体的实施者和操作者、企业内部控制体系有效的监督者和评价者都不是社会资本所有者，但是他们却可能是人力资本所有者的管理者、员工以及其他监督机构。由于社会资本所有者和人力资本所有者都是企业的控制主体，这种人力资本 - 社会资本型企业中物质资本和人力资本同样重要，因此，二者的组合实现了企业内部控制体系的设计者、实施者、监督者和评价者与企业控制主体的统一。如哑铃管理模式特殊管理团队或是技术研发团队等等（王秀华，2012）。该企业类型需要一些具有创新精神的管理者或专业技术知识人才和特殊的关系资本的有效运作。因此，社会资本所有者提供关系资本而不参与企业内部控制体系目标的设计，作为人力资本所有者则是具体参与企业经营运作，代替社会资本所有者管理企业的控制主体。这并不影响社会资本所有者和人力资本所有者共同作为企业控制主体的控制权，反而是相互监督、互帮互助。他们是真正的控制企业的利益相关者，从而实现了真正意义上实现收益与分配对等原则的企业内部控制。

人力资本所有者和社会资本所有者成为人力资本 - 社会资本型企业的控制主体，是参与企业契约的签订者，是企业的所有者，又是企业剩余分享权和剩余控制权的行使者。人力资本所有者也会面临各种各样的风险，如人力资本所有者要一直保持人力资本的价值，防止其由于环境的变化导致其自身价值的贬值等等。社会资本所有者在实现其自身财富最大化时，同样会面临各种各样的风险，如关系资源的稳定性等等。二者作为企业的控制主体，一方面要实现其企业价值的增值；另一方面要尽量减少企业所面临的诸多风险。

（2）控制目标。人力资本 - 社会资本型企业控制目标是人力资本 - 社会资本型企业在确定企业目标和控制主体的基础上，如何实现人力资本所有者和社会资本所有者的利益最大化的企业目标的进一步细分（如图 8 - 8 所示）。企业控制目标是由战略目标、经营目标、财务目标和合规目标构成的。这些目标都是由人力资本 - 社会资本型企业的企业目标所决定的，即人力资本所有者和社会资本所有者二者的利益最大化；人力资本所有者和社会资本所有者二者之间的关系最优化以及人力资本所有者和社会资本所有者与其他利益相关者关系最优化。

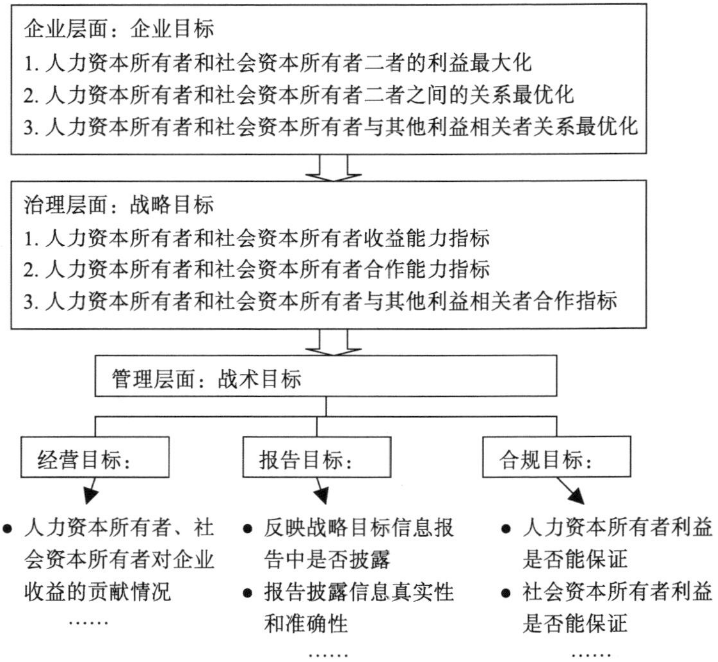

图 8－8　人力资本－社会资本型企业内部控制目标构成图

资料来源：作者整理

首先，战略目标是治理层的目标，是与人力资本所有者和社会资本所有者的使命（愿景）相协调，并支持企业目标实现的目标。人力资本－社会资本型企业内部控制体系中战略目标主要是在符合人力资本所有者和社会资本所有者二者利益最大化要求的企业目标的基础上进一步体现人力资本所有者和社会资本所有者愿景的目标，如人力资本所有者和社会资本所有者的长远规划，企业未来走向等等。因此，人力资本－社会资本型企业战略目标就是结合人力资本型企业和社会资本型企业有关人力资本所有者收益能力指标和社会资本所有者能力指标整合而成的。人力资本所有者和社会资本所有者收益能力指标公式如下：

人力资本所有者收益情况一个是企业人力资本所有者工资收益的总和，其中，企业人力资本所有者工资收益全集的公式为：

企业人力资本所有者工资收益 = $\sum$企业各个人力资本所有者工资

另一个是某个特殊的人力资本收益的衡量，即企业高管薪酬作为衡量企业人力资本收益状况，作为人力资本型企业的战略目标的收益目标：

人力资本所有者收益 = 高管薪酬

$= b_1 \times \sum$董事会成员排在前 5 位的当年高管年薪/5 $+ b_2 \times$ 销售收入 $+ b_3 \times$ 地区系数

社会资本所有者关系资本收益指标设定为：

社会资本所有者关系资本收益 R

$= \sum$（直接收益 + 间接收益）

$= \sum$（$b_1 \times R_1 + b_2 \times R_2 + b_3 \times R_3 + b_4 \times R_4$）

其中，R_1——表示社会关系所有者花费在某种关系上的时间增加所带来的收益；

R_2——表示社会关系所有者之间感情增加所带来的收益；

R_3——表示社会关系所有者之间熟识或信任程度增加所带来的收益；

R_4——表示社会关系所有者之间互惠交换越多所带来的收益；

b_1，b_2，b_3，b_4——表示 R_1，R_2，R_3，R_4 在社会资

本所有者关系资本收益中所占的比重。

人力资本所有者与社会资本所有者之间、人力资本所有者与其他利益相关者关系最优化的战略目标，都可以通过利益相关者之间合作关系指标来测度（如表 8－5 所示）。其中，A_i表示同一控制权资本形态内资本所有者之间的合作关系，通过集中度指标反映；B_{ij}（$i \neq j$）表示不同的控制权资本形态的控制主体之间的合作关系，通过稳定度指标反映；C_i表示控制主体与其他利益相关者之间的合作关系；α_i表示某种资本所有者在企业中的重要程度，通过依赖度指标反映。

表 8－5　　利益相关者之间合作关系指标汇总表

关系指标	人力资本所有者	社会资本所有者	物质资本所有者	……
人力资本所有者	A_1	B_{12}	—	—
社会资本所有者	—	A_2	—	—
控制主体与其他利益相关者的合作关系	—	—	C_1	

A_1 = Σ排在该企业当年前五位薪酬总额/当年企业全部薪酬

A_2 = Σ排在该企业当年前五位客户数/当年客户数 + Σ排在该企业当年前五位供应商数/当年供应商数 + Σ排在该企业当年前五位其他社会资本所有者人数/当年其他社会资本所有者人数

B_{12} = 控制主体间的合作程度

= 人力资本所有者和社会资本所有者的稳定度

= Σ近五年内排在前十位保持稳定的社会资本所有者人数/社会资本所有者人数总额 + Σ近五年内排在前十位保持稳定的人力资本所有者人数/人力资本所有者人数总额

C_1 = 人力资本所有者和社会资本所有者与其他利益相关者

关系依赖度

= ∑近五年内排在前十位保持稳定的物质资本资本所有者人数/物质资本所有者人数总额 + ∑近五年内排在前十位保持稳定的其他利益相关者人数/其他利益相关者人数总额

其次，战术目标（经营目标、财务报告目标和合规目标）的确定。人力资本—社会资本型企业的战略目标进一步划分成经营目标、财务报告目标和合规目标，这也就是风险管理框架中所提及的企业内部控制的控制目标。如图8-8所示，经营目标可以包括人力资本所有者对企业收益的贡献情况、社会资本所有者对企业收益的贡献情况等等；财务目标包括战略目标中出现的财务数据在财务报告中是否存在、报告披露信息真实性和准确性等等；合规目标包括人力资本所有者利益是否能保证、其他利益相关者的收益是否能保证以及社会资本所有者利益是否能保证等等。值得注意的是，并非所有企业的控制目标都是一致的，企业应根据企业的实际情况设定具体控制目标。

（3）控制环境。人力资本-社会资本型企业控制环境包括企业的经营方向、外部环境、企业的社会形象、与外界的联系等方面，具体划分为企业内部环境和企业外部环境（包括经营环境、社会关系网络等）。

首先，人力资本-社会资本型企业应关注董事会在企业内部环境中的地位。董事会是企业的核心管理层，对于管理者的独立性、其成员的经验和才能、对活动参与和审察的程度以及适当性都起着重要的作用。由于人力资本-社会资本企业的控制主体人力资本所有者与股东不同，他们直接参与企业直接管理，董事会有可能是其控制主体，也有可能是控制主体的代理人，在一定程度上负责管理控制主体（如员工）。当人力资本-社会资本型企业的控制主体社会资本所有者不参与企业直接管理时，董事会是社会资本所有者的直接代理人，代替社会资本所有者对企业实施控制。因此，一个积极的和高度参与的董事会、托管委员会或者类似的代理机构，应具有适当程度的管理、技术和其他专长以及履行监督职责所需要的思维方式，这是企业内部控制体系中控制环境至关重要的。除此之外，也要关注合理的战略、胜任的员工、合理的经营流程、可靠的技术以及完善的控制机制等企业内部其他控制要素。

其次，人力资本－社会资本型企业也要关注外部环境对企业内部控制体系的影响。企业所处的行业及经营环境都对企业内部控制体系产生影响。关注社会关系网络是企业长期经营形成的战略性资源，但由于其所具有的异质性、稀缺性和不可模仿性而使企业的核心价值观变得难以改变。除此之外，人力资本－社会资本型企业的控制环境要特别注重企业经济环境、行业地位以及与投资者之间的平衡关系等等。人力资本－社会资本所有者通过其优势的管理才能和关系资源能控制企业其他资源，维护好与其他利益相关者的关系是保证人力资本－社会资本型企业稳定发展的关键。

（4）风险识别。风险识别是企业管理当局认为会影响企业目标实现的潜在的负面影响事项的认定，风险识别是解决风险存在性的问题。人力资本－社会资本型企业内部控制体系的风险识别同样也是要与企业目标、控制目标以及企业文化联系起来发现企业潜在的负面影响事项。

首先，控制主体风险。风险识别包括企业层面的风险识别、治理层面的风险识别和管理层面的风险识别。其中，企业层面的风险识别就是要识别那些不能实现企业目标的风险，即那些不能实现人力资本所有者利益最大化、社会资本所有者利益最大；人力资本所有者和社会资本所有者之间关系最优化以及人力资本所有者和社会资本所有者与其他利益相关者关系最优化的不确定事项和负面影响事项。治理层面的风险识别包括对战略目标的风险识别，即那些人力资本所有者收益与休闲平衡指标和社会资本所有者关系资本稳定性指标；人力资本所有者和社会资本所有者与其他利益相关者合作指标不能实现的不确定事项和负面影响事项。

其次，风险因素识别。主要包括管理层面和业务层面的风险识别。企业风险识别同样要与企业战略目标、经营目标、报告目标和合规目标相联系，寻找那些与该目标可能存在偏差的事项。人力资本－社会资本型企业主要关注的外部因素是经济方面、技术方面和政治、社会、自然资源方面，如经济方面的资本的可用性、信贷发行及违约情形、货币资本的流动性问题、金融市场的准入机制；技术方面的行业新兴技术、电子商务和外部数据等；政治方面的国家法规、相关政策和管制；社会方面的消费者行为、人口统计以及自然资源方面的能源分布、原材料的取得等等。人力资本－社会资本型企业主要关注的内部因素包括资产结构等，即资产的可利用性、资本的获取能力等等。

风险识别的技术方法如物质资本型企业讨论的首要风险指标和扩大风险识别方法实现日常风险和特别风险的区分，同样，具体分析可以采取定性和定量的方法计量，如表 8－6 所示。

（5）风险评估。人力资本－社会资本型企业风险评估是在人力资本－社会资本型企业风险识别的基础上人力资本所有者和物质资本所有者对潜在风险事项影响目标实现的程度。风险评估是企业根据预期可能的结果和概率，结合企业人力资本所有者和物质资本所有者风险偏好和承受能力进行风险和收益组合选择的过程。风险评估对事项的评估主要从可能性和影响这两个方面开展，此过程是一个定量与定性相结合的过程。其中，风险评估的

表 8-6 人力资本-社会资本型企业风险识别——首要风险指标和扩大触发器

目标事项	计量方法	目标容限	潜在不确定性	首要指标	扩大触发器
战略目标事项					
人力资本所有者收益情况	高管薪酬指标	目标：今年应该达到的数值或者比去年增长的幅度 容限：设定范围	企业未能完成当年的销售任务	预期销售增长额	销售增长额低于某个设定值
社会资本所有者收益情况	关系资本收益	目标：今年应该达到的数值或者比去年增长的幅度 容限：设定范围	客户的流失或供应商哄抬物价	预期收益增长额	关系资本收益低于某个设定值
……					
经营目标事项					
……					
报告目标事项					
……					
合规目标事项					
……					

资料来源：作者整理

方法可参见第 5 章中战略目标风险的分析方法，其他目标层面的风险评估也可选择此方法确定风险影响程度和概率。人力资本-社会资本型企业的战略目标风险因素通过第 5 章的分析可确定，如图 8-9 所示。在战略资源中，人力资本-社会资本型企业风险评估的关键因素是物质资产、市场资源和关系资源共三个风险因素。

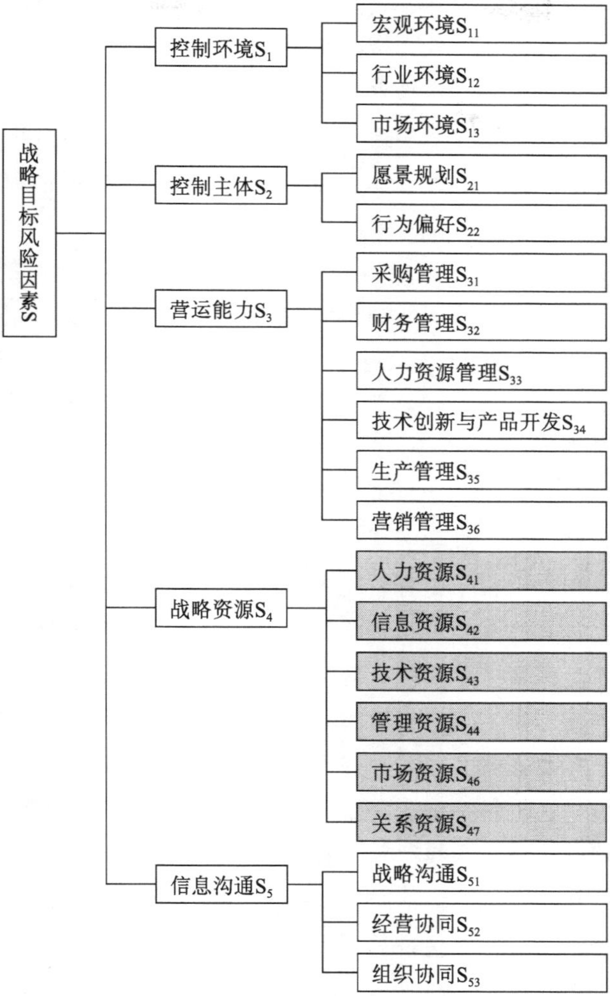

图 8-9　人力资本-社会资本型企业内部控制体系风险评估战略目标风险因素图

在业务层面上，影响有关具体业绩指标、经营指标等实现的风险，较容易对其定量分析，主要是通过与标准指标偏离的差距来确定风险的大小。人力资本所有者和社会资本所有者在判断与企业管理者合作的紧密度和顺畅度时，没有经营指标可供比较，很难进行定量分析，只能通过定性分析或者是描述性分析来判断和评估企业风险。有关具体的经营业绩的固有风险评估和剩余风险评估分析方法参见第7章分析，本节不再赘述。

（6）风险应对。风险应对是在风险偏好和风险承受度确定的基础上，根据风险评估结果，对级别较高的风险制定相应的风险应对策略，包括风险回避、风险降低、风险分担和风险承受等，使得风险控制在可接受的范围内。风险应对是实现风险控制中风险对策的计划性，也是综合风险识别和风险评价的结果，得出对风险控制的计划性对策。人力资本所有者和社会资本所有者利益最大化这是经过众多利益相关者集体选择的结果，在人力资本所有者和社会资本所有者脱颖而出时，那些违背人力资本所有者和社会资本所有者价值最大化的潜在事项，自然而然就会被屏蔽掉，无需风险应对采取任何措施。同时，若出现人力资本所有者和社会资本所有者价值不能实现的事项时，就要采取风险规避，退出有关不能实现人力资本所有者和社会资本所有者价值的潜在事项。这也就是企业根据控制权资本进行分类控制的根本所在，也就是从源头寻找问题，解决问题。在面临战术目标的风险应对时，要结合风险评估结果进一步确认固有风险经过风险应对后的剩余风险的情况是否需要进一步采取措施。

（7）控制活动。人力资本－社会资本型企业的控制活动是确保人力资本－社会资本型企业的风险应对得以实施的制度、政策和程序。控制活动在自上而下贯穿整个企业的同时，要实现各个层级和各个职能机构的全覆盖。控制活动一方面要实现与风险应对的对接，另一方面要与控制目标相联系。

首先，人力资本－社会资本型企业控制活动包括控制制度和控制程序。人力资本－社会资本型企业控制活动的控制制度是对人力资本－社会资本型企业风险应对的进一步解释和规范，控制程序是控制活动的具体实施过程，回答了控制活动应该怎么控制的问题。同样，控制活动也是要不违背或有利于人力资本－社会资本型企业的企业目标、战略目标、经营目标、报告目标和合规目标的实现。

其次，人力资本－社会资本型企业控制活动的实施。控制活动应按照企业目标体系自上而下逐级展开包括企业层面的控制活动、治理层面的控制活动、管理层面的控制活动和业务层面的控制活动。企业层面的控制活动已经通过按照控制权资本形态企业分类实现。治理层面的控制活动主要是针对企业战略目标设定的合理性进行高层复核，包括预算、预测等手段。管理层面的控制活动包括直接职能和活动管理的控制以及经营目标、报告目标和合规目标的具体控制活动。控制活动与具体控制目标并非一一对应，而是两者之间存在相互交叉，根据具体企业的具体问题设定合理的控制活动。

最后，控制活动的技术方法。企业控制活动的方法包括批准、授权、验证、调节、经营业绩审核、资产安全和职责分离。具体目标、识别、评估和控制活动分析表格与第 7 章控制活动的分析类似，本节不再赘述。

（8）信息沟通。人力资本－社会资本型企业信息沟通是指人力资本所有者和社会资本所有者通过对那些信息技术管理、信息技术基础结构、信息交流的控制以及数据获取和处理的完整性、准确性、授权和有效性等方面的控制。人力资本－社会资本型企业组织的各个层次都需要信息，以便识别、评估和应对风险；信息是大量的，人力资本所有者和社会资本所有者应在众多的信息中寻找出对自己的决策起到关键作用的信息；来自企业内部和外部的以定量或定性的形式出现，人力资本所有者和社会资本所有者更应该关注那些企业内部的、定性形式的信息。在大量的信息中如何处理和提炼数据以形成人力资本所有者和社会资本所有者可资行动的信息，这是对人力资本所有者和社会资本所有者的挑战也是企业内部控制体系信息沟通要素需要解决的问题。

(9) 监督。人力资本－社会资本型企业监督是指要对企业内部控制体系进行全面的监控，对在各个控制要素执行过程中出现的问题及时修正。由于企业内部控制体系是一个开放式的管理活动，会随着时间的更替，内部控制体系的相关风险应对或者控制活动已不再适用，仅靠前面八个控制要素来反馈管理当局某些控制要素的具体内容已不再适用，因此监督的作用就格外重要。物质资本型企业包括持续的日常监督和非正常情况下的个别评价。持续性的监督是企业内部控制体系中的自我监督，一般情况不需要控制主体过分关注。同样，个别评价的范围和频率取决于对风险的评估和持续监控程序的有效性。持续监控的有效性程度越高，越不需要个别评价。个别评价的方法包括核对清单、调查问卷和流程图技术等等。非正常情况下的个别监督是人力资本所有者和社会资本所有者监督关注的重点，主要集中在那些优先程度较高的风险领域和应对，主要存在于战略制定及重大的活动中。

8.3.3 企业文化控制要素

企业文化控制要素是在企业结构控制要素构建完成后，在企业内部逐渐沉淀累积形成的。同样它也是自上而下的培养和自下而上的反馈不断磨合、不断提升最终成型的，是与企业结构控制要素这个“硬控制”相对应的“软控制”。人力资本－社会资本型企业是由人力资本所有者和社会资本所有者共同构成的企业控制主体，它既存在人力资本型企业文化的特性，也存在社会资本型企业文化的特性。人力资本型企业是那些高科技企业，该企业需要的是创新型文化，也就是当企业文化以创新和挑战为导向时，能够激发员工的主动性与积极性，并通过吸取新的知识与观念，促进人员素质的提高。同时，当人力资本型企业是专业性的咨询公司时，该企业需要的是支持型文化，也就是当企业文化以和谐关系为导向时，能在企业内形成和谐、信任的工作氛围，因而有利于企业良好关系的建立（朱瑜等，2007）。另一方面，社会资本型企业的企业文化是通过强力的、交错纵横的组织间关系所形成的网络上建立起来的能够提供伙伴们信任、合作与集体行动的指南，该种企业文化必须经过持续的积累和学习而建立和培养自己的核心能力。信任和信用是社会资本型企业宝贵的无形资产和有力的竞争手段，企业应以诚信为自己的行为准则，主动遵守诚信，使得诚信变为内在性的企业理念。因此，人力资本－社会资本型企业的企业文化是以人为本导向和诚信合作为导向的企业文化格局，企业文化控制要素具体包括企业的核心价值观、企业精神、道德修养和心理契约。核心价值观决定企业精神，是企业文化的中心思想，而核心价值观和企业精神又指导着管理层的道德修养和个体层面的心理契约，四个具体要素是一个相互影响、互相反馈不断提升的过程。

（1）核心价值观。人力资本－社会资本型企业的核心价值观，是人力资本所有者和社会资本所有者在内隐性和外显性方面对什么是好的、值得做的一种认知理念，是一种较持久的知觉架构，能塑造并影响个人行为。人力资本－社会资本型企业的价值观是人们向往的终极目标；也是人们认识判断事物是非的标准；

同样也是人们行动的指南。人力资本－社会资本型企业的核心价值观就是人力资本所有者利益最大化和社会资本所有者利益最大化以及他们之间的关系最优化，即做任何事都是有回报的，都是以创造经济利益为目的的。价值观是企业文化的核心，统一的价值观使企业内成员在判断自己行为时具有统一的标准，并以此来选择自己的行为。企业的一切活动都应围绕着企业目标展开，企业目标通过企业控制目标会对企业的具体任务行为施加压力，企业的全体员工都会向着企业目标而努力，对具体业务而言是一种向心力，这种无形的向心力即为正向企业文化，能促进企业的发展；相反，如果没有有效的监管和控制，那么，这种向心力就会转变成一种离心力。企业文化控制要素中的核心价值观要素要与企业目标相对应，人力资本－社会资本型企业的企业目标是人力资本所有者利益最大化、社会资本所有者利益最大化和与其他利益相关者关系最优化，那么，人力资本－社会资本型企业的企业文化核心价值观就要使企业全体成员形成人力资本所有者利益最大化和人力资本所有者利益最大化为导向的价值观。同时，利益相关者理论倡导下的利益相关者之间的合作共赢思想也保证了他们与其他利益相关者关系的最优化。

（2）企业精神。企业精神是指企业基于自身特定的性质、任务、宗旨、时代要求和发展方向，由治理层发起的能够影响企业成员群体相互合作、相互信任的意识形态。企业精神以企业核心价值观为基础，以价值目标为动力，对企业经营哲学、管理制度、道德风尚、团体意识和企业形象起着决定性的作用。人力资本－社会资本型企业的企业精神应该体现人力资本所有者和社会资本所有者的管理理念和管理哲学，以及人力资本所有者和社会资本所有者在风险方面的偏好。人力资本所有者和社会资本所有者对风险偏好程度决定了企业的风险容量，对企业内部控制体系产生影响。这种特殊的企业资源，有价值、稀缺性、不可模仿性和不可替代的企业文化是企业战略的重要成份。

（3）道德修养。人力资本-社会资本型企业的道德修养主要体现在管理层对自我的道德人格和敬业精神的培养，对员工行为的道德激励以及对企业道德形象的塑造。其中，爱岗敬业是道德修养的基础，它影响着管理者或员工的主动性和贡献度。管理者或员工是否能尽职尽责，不仅需要规章制度的规定和职责的约束，更重要地取决于管理者或员工的价值追求。道德协调的“柔性”管理则可通过诉诸个体修养、舆论褒贬、沟通疏导、教育感化、价值观念等来协调管理层与企业间的目标差异。管理层道德修养的培养有助于增强人力资本所有者和社会资本所有者之间的合作以及人力资本所有者和社会资本所有者与其他利益相关者的合作，使企业在实现人力资本所有者和社会资本所有者利益最大化的同时，也能满足其他利益相关者的利益要求，优化人力资本所有者和社会资本所有者与其他利益相关者之间的关系。

（4）心理契约。心理契约是指企业员工与企业之间形成的物质奖赏、精神激励和愿望期待。心理契约的恰当与否能够使企业与员工之间感到满意和信任，这种信任和满意能使得企业与员工之间的关系更加融洽，以提高组织业绩和增强企业核心竞争力。由此可知，企业需要尽量满足员工的要求和愿望，更加了解那些促使员工积极性提高的行为动机和情绪状况。人力资本-社会资本型企业中要使员工心理形成这种正能量的心理契约，即十分乐观的、对本职工作满意、工作环境互帮互助等等。这是企业文化通过积极的价值观，所要培养的员工实现的。人力资本-社会资本型企业为了克服心理契约出现违背情况要做到：提高员工的满意度，进而实现其对企业的归属感和工作的积极投入；增强员工之间相处融洽、合作亲密、沟通畅达、团结高效的凝聚力；

发挥员工的能动性，提供良好的制度保证、有效的管理机制、宽松的氛围。

通过以上分析，人力资本－社会资本型企业的内部控制体系主要是由其控制主体人力资本所有者和社会资本所有者所决定的内部控制体系。拥有人力资本和社会资本的人力资本所有者和社会资本所有者成为了企业的控制主体，决定着企业目标和控制目标的制定，决定着企业内部控制体系的控制基本要素和具体要素的构成。现实中，如技术创新团队等等适用于以上企业内部控制体系。

8.4　物质资本－人力资本－社会资本型企业的企业内部控制体系构建

以物质资本、人力资本和社会资本为控制权资本的多方共享型企业（以下简称物质资本－人力资本－社会资本型企业）是指拥有物质资本、人力资本和社会资本的利益相关者经过集体选择最终成为企业的所有者，也是企业剩余控制权的行使者。物质资本控制权的利益相关者可能是股东、客户、债权人和供应商中的任何一者，它们都是物质资本的所有者，凭借物质资本这项“关键性资源”来控制企业。社会资本控制权的利益相关者是政府，是社会资本的所有者，凭借社会资本这项“关键性资源”来控制企业。人力资本控制权的利益相关者可能是管理者或者员工，他们都是人力资本的所有者，凭借人力资本这项“关键性资源”来控制企业。社会资本控制权的利益相关者是政府，是社会资本的所有者，凭借社会资本这项“关键性资源”来控制企业。因此，以物质资本、人力资本和社会资本为控制权资本的企业，通过企业集体选择而确定的企业内部利益相关者是企业的物质资本所有者、人力资本所有者和社会资本所有者。企业内部控制体系的构建主要是沿着“企业所有者——企业目标——基本控制要素——具体控制要素”研究主线。

8.4.1　企业所有者和企业目标

物质资本所有者、人力资本所有者和社会资本所有者经过两次集体选择进入企业，成为企业所有者，并掌握着企业的剩余分享权和剩余控制权。其中，物质资本所有者有可能是股东、客户、债权人和供应商中的任何一者，或者是任意几者的组合，由于在上一章论述过，本节的物质资本所有者就是那群拥有企业物质资本控制权的利益相关者。人力资本所有者有可能是管理者也有可能是员工，但是本节并不仔细区分到利益相关者层面，他们都代表着人力资本所有者。社会资本所有者拥有着社会关系资源，与政府有着较为紧密的联系，通过该种资源掌握了社会关系资本能给企业带来实惠。物质资本所有者、人力资本所有者和社会资本所有者共同构成企业的所有者，共同成为企业控制主体。与单一形态的企业内部控制体系所不同的是，此时，企业的控制主体不再是单一的控制权资本所有者，而是由物质资本所有者、人力资本所有者和社会资本所有者共同参与。因此，企业的所有者就是物质资本所有者、人力资本所有者和社会资本所有者。

企业目标是由企业所有者的意愿所决定的，企业的所有者确定后，企业目标也就相应明确。在单一形态控制权资本企业形态下，企业目标就是实现企业所有者利益最大化，实现它们资本资源的价值增值。物质资本所有者、人力资本所有者和社会资本所有者各自都要实现其利益的最大化，它们之间必然存在利益冲突。为使企业价值最大化，企业的另一个目标就是要使物质资本所有者、人力资本所有者和社会资本所有者之间的关系最优化，在三方博弈的过程中实现其利益最大化。因此，物质资本-人力资本-社会资本型企业的企业目标不单是保证物质资本所有者利益最大化、人力资本所有者利益最大化和社会资本所有者利益最大化，还要保证物质资本所有者、人力资本所有者和社会资本所有者三者之间的关系最优化，以及物质资本所有者、人力资本所有者和社会资本所有者与其他利益相关者之间的关系最优化。

在构建企业内部控制体系时，就是从物质资本所有者、人力资本所有者和社会资本所有者入手，以物质资本所有者利益最大化、人力资本所有者利益最大化和社会资本所有者利益最大化；物质资本所有者、人力资本所有者和社会资本所有者三者之间的关系最优化以及物质资本所有者、人力资本所有者和社会资本所有者与其他利益相关者之间的关系最优化为企业目标，展开对企业结构控制要素和企业文化控制要素的13具体控制要素的分析。

8.4.2 企业结构控制要素

物质资本-人力资本-社会资本型企业的企业结构控制要素是物质资本所有者、人力资本所有者和社会资本所有者导向的公司治理结构和内部控制结构整合的控制要素的组合。企业结构控制要素就是要明确企业内部控制体系中物质资本所有者、人力资本所有者和社会资本所有者的权、责、利关系也就是物质资本所有者、人力资本所有者和社会资本所有者作为企业的所有者与企业、企业的其他利益相关者之间的权、责、利关系以及在企业目标实现过程中所面临的风险和应对。企业结构控制要素是企业内部控制体系的“硬控制”。包含九个具体控制要素，分别是：控制目标、控制主体、控制环境、风险识别、风险评估、风险应对、控制活动、信息沟通和监督。

（1）控制主体。物质资本 - 人力资本 - 社会资本型企业内部控制体系的控制主体是物质资本所有者、人力资本所有者和社会资本所有者。物质资本所有者、人力资本所有者和社会资本所有者，它们通过自己掌握的物质资源、人力资本和关系资源进入企业，成为企业的内部利益相关者，拥有企业的剩余分享权和剩余控制权（如图 8 - 10 所示）。

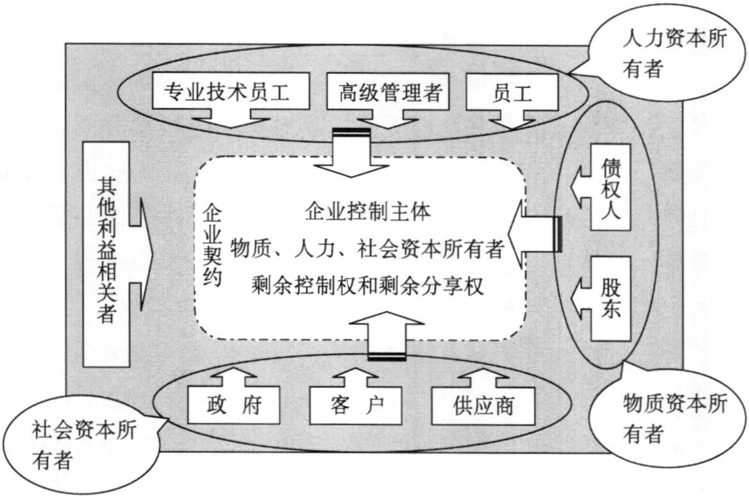

图 8 - 10　物质资本 - 人力资本 - 社会资本型企业控制主体示意图

首先，物质资本所有者、人力资本所有者和社会资本所有者都是企业的参与者和企业目标的决定者。物质资本所有者、人力资本所有者和社会资本所有者，它们分别掌握着大量的物质资源、人力资本和关系资源，与其他利益相关者一样都是企业的内部控制参与者，随着物质资本所有者、人力资本所有者和社会资本所有者共同签订了企业契约后，它们的身份不再仅仅只是参与者而成为企业的所有者，成为企业的共同控制主体；其他利益相关者与企业签订的是交易契约或是隐形契约，仍然是企业内部控制的参与者。因此，物质资本所有者、人力资本所有者和社会资本所有者决定着企业的生存和发展，他们最终成为企业目标的决定者，即企业目标就是实现物质资本所有者、人力资本所有者和社会资本所有者的利益最大化；物质资本所有者、人力资本所有者和社会资本所有者之间的关系最优化以及物质资本所有者、人力资本所有者和社会资本所有者与其他利益相关者关系最优化。

其次，物质资本所有者、人力资本所有者和社会资本所有者与企业内部控制体系的设计者、实施者、监督者和评价者之间的关系。物质资本所有者和社会资本的所有者不直接参与企业具体内部控制流程，企业内部控制体系目标的设计者、企业内部控制体系具体的实施者和操作者、企业内部控制体系有效的监督者和评价者都不是物质资本所有者和社会资本所有者，但是他们却可能是人力资本所有者的管理者、员工以及其他监督机构。由于物质资本所有者、人力资本所有者和社会资本所有者都是企业的控制主体，这在物质资本 - 人力资本 - 社会资本型企业中物质资本、人力资本和社会资本同样重要，因此，他们的组合实现了企业内部控制体系的设计者、监督者和评价者与企业控制主体的统一。物质资本所有者和社会资本所有者提供物质资本和关系资本不参与企业内部控制体系目标的设计，而作为人力资本所有者则是具体参与企业经营运作，代替物质资本所有者和社会资本所有者管理企业的控制主体。这并不影响他们共同作为企业控制主体的控制权，反而是相互监督、互帮互助。他们是真正的控制企业的利益相关者，从而实现了真正意义上实现收益与分配对等原则的企业内部控制。

物质资本所有者、人力资本所有者和社会资本所有者成为物质资本 - 人力资本 - 社会资本型企业的控制主体，是参与企业契约的签订者，是企业的所有者，又是企业剩余分享权和剩余控制权的行使者。物质资本所有者在实现其自身财富最大化时，同样会面临各种各样的风险，如股东提供的物质资本保值的风险、分享剩余收益的风险等等。人力资本所有者也会面临各种各样的风险，如人力资本所有者要一直保持人力资本的价值，防止其由于环境的变化导致其自身价值的贬值等等。社会资本所有者在实现其自身财富最大化时，同样会面临各种各样的风险，如关系资源的稳定性等等。他们作为企业的控制主体，一方面要实现其企业价值的增值；另一方面要尽量减少企业所面临的诸多风险。

（2）控制环境。物质资本－人力资本－社会资本型企业控制环境包括企业的经营方向、外部环境、企业的社会形象、与外界的联系等方面，具体划分为企业内部环境和企业外部环境（包括经营环境、社会关系网络等）。

首先，物质资本－人力资本－社会资本型企业应关注董事会在企业内部环境中的地位。董事会是企业的核心管理层，对于管理者的独立性、其成员的经验和才能、对活动参与和审察的程度以及适当性都起着重要的作用。由于物质资本－人力资本－社会资本企业的控制主体人力资本所有者与股东不同，他们直接参与企业直接管理，董事会有可能是其控制主体，也有可能是控制主体的代理人，在一定程度上负责管理控制主体（如员工）。当物质资本－人力资本－社会资本型企业的控制主体物质资本所有者和社会资本所有者不参与企业直接管理时，董事会是物质资本所有者和社会资本所有者的直接代理人，代替物质资本所有者和社会资本所有者对企业实施控制。因此，一个积极的和高度参与的董事会、托管委员会或者类似的代理机构，应具有适当程度的管理、技术和其他专长以及履行监督职责所需要的思维方式，这是企业内部控制体系中控制环境至关重要的。除此之外，也要关注合理的战略、胜任的员工，合理的经营流程、可靠的技术以及完善的控制机制等企业内部其他控制要素。

其次，物质资本－人力资本－社会资本型企业也要关注外部环境对企业内部控制体系的影响。企业所处的行业及经营环境都对企业内部控制体产生影响。关注社会关系网络是企业长期经营形成的战略性资源，但由于其所具有的异质性、稀缺性和不可模仿性而使企业的核心价值观变得难以改变。除此之外，物质资本－人力资本－社会资本型企业的控制环境要特别注重企业经济环境、行业地位以及与投资者之间的平衡关系等等。物质资本－人力资本－社会资本所有者通过其优势的物质资源、管理才能和关系资源能控制企业其他资源，维护好与其他利益相关者的关系是保证物质资本－人力资本－社会资本型企业稳定发展的关键。

（3）控制目标。物质资本－人力资本－社会资本型企业控制目标是物质资本－人力资本－社会资本型企业在确定企业目标和控制主体的基础上，如何实现物质资本所有者、人力资本所有者和社会资本所有者的利益最大化的企业目标的进一步细分（如图8－11所示）。企业控制目标是由战略目标、经营目标、财务目标和合规目标构成的。这些目标都是由物质资本－人力资本－社会资本型企业的企业目标所决定的，即物质资本所有者、人力资本所有者和社会资本所有者的利益最大化；物质资本所有者、人力资本所有者和社会资本所有者之间的关系最优化以及物质资本所有者、人力资本所有者和社会资本所有者与其他利益相关者关系最优化。

首先，战略目标是治理层的目标，是与物质资本所有者、人力资本所有者和社会资本所有者的使命（愿景）相协调，并支持企业目标实现的目标。物质资本－人力资本－社会资本型企业内部控制体系中战略目标主要是在符合物质资本所有者、人力资

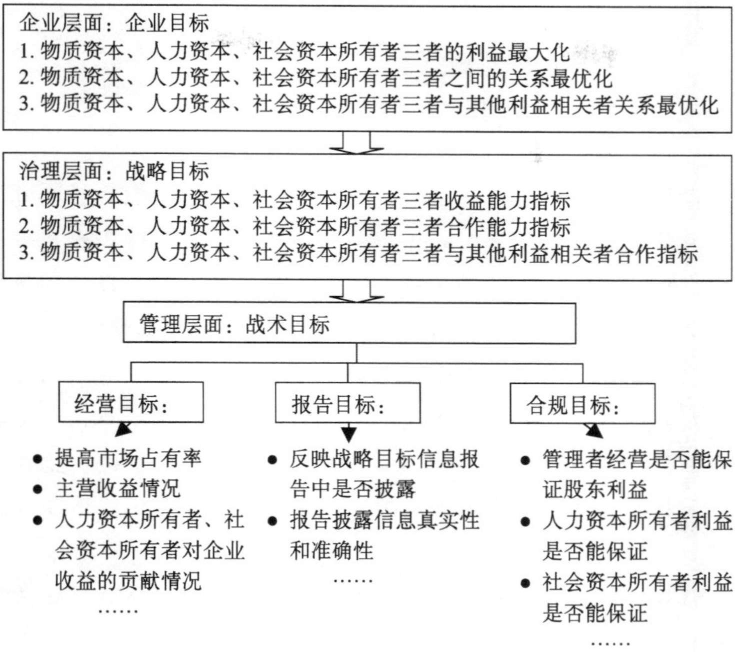

图8－11　物质资本－人力资本－社会资本型企业内部控制目标构成图

本所有者和社会资本所有者三者利益最大化要求的企业目标的基础上进一步体现物质资本所有者、人力资本所有者和社会资本所有者愿景的目标，如物质资本所有者、人力资本所有者和社会资本所有者的长远规划，企业未来走向等等。因此，物质资本－人力资本－社会资本型企业战略目标就是结合物质资本型企业、人力资本型企业和社会资本型企业有关物质资本所有者收益能力指标、人力资本所有者收益能力指标和社会资本所有者能力指标整合而成的。因此，物质资本所有者、人力资本所有者和社会资本所有者收益能力指标的公式如下：

物质资本所有者的收益：

$$BRt = BVt - 1 + Rt - Dt$$

其中，BR——表示股东收益情况；

BV——表示账面净资产；

R——表示会计盈余；

D——表示股利的发放。

除此之外，也可以使用一些股东获利能力的指标如股利分派率和市盈率，来衡量股东的收益能力。股利政策是股东最基本的保证，股价的变化也关系到股东实际收益率。可以选择股利分派率和市盈率这两个指标的实际值作为物质资本型企业的战略目标，也可以选择每年的增长率作为物质资本型企业的战略目标。

人力资本所有者收益情况一个是企业人力资本所有者工资收益的总和，其中，企业人力资本所有者工资收益全集的公式为：

企业人力资本所有者工资收益 = $\sum$企业各个人力资本所有者工资

另一个是某个特殊的人力资本收益的衡量，即企业高管薪酬作为衡量企业人力资本收益状况，作为人力资本型企业的战略目标的收益目标：

人力资本所有者收益 = 高管薪酬

$= b_1 \times \sum$董事会成员排在前五位的当年高管年薪/5 $+ b_2 \times$ 销售收入 $+ b_3 \times$ 地区系数；

社会资本所有者关系资本收益指标设定为：

社会资本所有者关系资本收益 R

$= \sum$（直接收益 + 间接收益）

$= \sum (b_1 \times R_1 + b_2 \times R_2 + b_3 \times R_3 + b_4 \times R_4)$

其中，R_1——表示社会关系所有者花费在某种关系上的时间增加所带来的收益；

R_2——表示社会关系所有者之间感情增加所带来的收益；

R_3——表示社会关系所有者之间熟识或信任程度增加所带来的收益；

R_4——表示社会关系所有者之间互惠交换越多所带来的收益；

b_1，b_2，b_3，b_4——表示 R_1，R_2，R_3，R_4 在社会资本所有者关系资本收益中所占的比重。

物质资本所有者、人力资本所有者和社会资本所有者之间；物质资本所有者、人力资本所有者和社会资本所有者与其他利益相关者关系最优化的战略目标，都可以通过利益相关者之间合作关系指标来测度（如表 8－7 所示）。其中，A_i 表示同一控制权资本形态内资本所有者之间的合作关系，通过集中度指标反映；C_i 表示控制主体与其他利益相关者之间合作关系；α_i 表示某种资本所有者在企业中的重要程度，通过依赖度指标反映。

表 8－7　　利益相关者之间合作关系指标汇总表

关系指标	物质资本所有者	人力资本所有者	社会资本所有者	……
物质资本所有者	A_1	—	—	—
人力资本所有者		A_2	—	—
社会资本所有者	—	—	A_3	—
控制主体与其他利益相关者的合作关系	—	—	B_1	C_1

$A_1 = \alpha_1 \times \Sigma$ 排在该企业当年前五位大股东所持股份/当年发行股份数 $+ \alpha_2 \times$ 其他物质资本所有者的集中度

$A_2 = \Sigma$ 排在该企业当年前五位薪酬总额/当年企业全部薪酬

$A_3 = \Sigma$ 排在该企业当年前五位客户数/当年客户数 $+ \Sigma$ 排在该企业当年前五位供应商数/当年供应商数 $+ \Sigma$ 排在该企业当年

前五位其他社会资本所有者人数/当年其他社会资本所有者人数

B_1 = 控制主体间的合作程度

= 物质资本所有者、人力资本所有者和社会资本所有者的稳定度

= ∑近五年内排在前十位保持稳定的物质资本所有者人数/物质资本所有者人数总额 + ∑近五年内排在前十位保持稳定的人力资本所有者人数/人力资本所有者人数总额 + ∑近五年内排在前十位保持稳定的社会资本所有者人数/社会资本所有者人数总额

C_1 = 物质资本所有者、人力资本所有者和社会资本所有者与其他利益相关者关系依赖度

= ∑近五年内排在前十位保持稳定的其他利益相关者人数/其他利益相关者人数总额

其次，战术目标（经营目标、财务报告目标和合规目标）的确定。物质资本 – 人力资本 – 社会资本型企业的战略目标进一步划分成经营目标、财务报告目标和合规目标，这也就是风险管理框架中所提及的企业内部控制的控制目标。如图 8 – 11 所示，经营目标可以包括提高市场占有率、经营收益指标、人力资本所有者对企业收益的贡献情况、社会资本所有者对企业收益的贡献情况等等；财务目标包括战略目标中出现的财务数据在财务报告中是否存在、报告披露信息真实性和准确性等等；合规目标包括管理者经营是否能保证股东利益、人力资本所有者利益是否能保证、其他利益相关者的收益是否能保证以及社会资本所有者利益是否能保证等等。值得注意的是，并非所有企业的控制目标都是一致的，企业应根据企业的实际情况设定具体控制目标。

（4）风险识别。风险识别是企业管理当局认为会影响企业目标实现的潜在的负面影响事项的认定，风险识别是解决风险存

在性的问题。物质资本 - 人力资本 - 社会资本型企业内部控制体系的风险识别同样也是要与企业目标、控制目标以及企业文化联系起来发现企业潜在的负面影响事项。

首先，控制主体风险。风险识别包括企业层面的风险识别、治理层面的风险识别和管理层面的风险识别。其中，企业层面的风险识别就是要识别那些不能实现物质资本所有者利益最大化、人力资本所有者利益最大化、社会资本所有者利益最大；物质资本所有者、人力资本所有者和社会资本所有者之间关系最优化；以及物质资本所有者、人力资本所有者和社会资本所有者与其他利益相关者关系最优化的不确定事项和负面影响事项。治理层面的风险识别包括对战略目标的风险识别，即那些物质资本所有者获利能力指标、人力资本所有者收益与休闲平衡指标和社会资本所有者关系资本稳定性指标；物质资本所有者、人力资本所有者和社会资本所有者与其他利益相关者合作指标不能实现的不确定事项和负面影响事项。

其次，风险因素识别。主要包括管理层面和业务层面的风险识别。企业风险识别同样要与企业战略目标、经营目标、报告目标和合规目标相联系，寻找那些与该目标可能存在偏差的事项。物质资本 - 人力资本 - 社会资本型企业主要关注的外部因素是经济方面、技术方面和政治、社会、自然资源方面，如经济方面的资本的可用性、信贷发行及违约情形、货币资本的流动性问题、金融市场的准入机制；技术方面的行业新兴技术、电子商务和外部数据等；政治方面的国家法规、相关政策和管制；社会方面的消费者行为、人口统计以及自然资源方面的能源分布、原材料的取得等等。物质资本 - 人力资本 - 社会资本型企业主要关注的内部因素包括资产结构等，即资产的可利用性、资本的获取能力等等。

风险识别的技术方法如物质资本型企业讨论的首要风险指标和扩大风险识别方法实现日常风险和特别风险的区分，同样，具体分析可以采取定性和定量的方法计量，如表 8－8 所示。

表 8－8　物质资本－人力资本－社会资本型企业风险识别——首要风险指标和扩大触发器

目标事项	计量方法	目标容限	潜在不确定性	首要指标	扩大触发器
战略目标事项					
股东股利发放情况	股利派发率	目标：今年应该达到的数值或者比去年增长的幅度 容限：设定范围	管理者将该部分不用来发放股利，而是挪作他用等	股东预期的股利派发率	股利派发率低于某个设定值
人力资本所有者收益情况	高管薪酬指标	目标：今年应该达到的数值或者比去年增长的幅度 容限：设定范围	企业未能完成当年的销售任务	预期销售增长额	销售增长额低于某个设定值
社会资本所有者收益情况	关系资本收益	目标：今年应该达到的数值或者比去年增长的幅度 容限：设定范围	客户的流失或供应商哄抬物价	预期收益增长额	关系资本收益低于某个设定值
……					
经营目标事项					
……					
报告目标事项					
……					
合规目标事项					
……					

资料来源：作者整理

（5）风险评估。物质资本－人力资本－社会资本型企业风险评估是在物质资本－人力资本－社会资本型企业风险识别的基础上物质资本所有者、人力资本所有者和社会资本所有者对潜在风险事项影响目标实现的程度。风险评估是企业根据预期可能的结果和概率，结合企业物质资本所有者、人力资本所有者和社会资本所有者风险偏好和承受能力进行风险和收益组合选择的过程。风险评估对事项的评估主要从可能性和影响这两个方面开展，此过程是一个定量与定性相结合的过程。其中，风险评估的方法可参见第5章中战略目标风险的分析方法，其他目标层面的风险评估也可选择此方法确定风险影响程度和概率。物质资本－人力资本－社会资本型企业的战略目标风险因素通过第5章的分析可确定，如图8－12所示。在战略资源中，物质资本－人力资本－社会资本型企业风险评估的关键因素是人力资源、信息资源、技术资源、管理资源、物质资产、市场资源和关系资源共七个风险因素。

在业务层面上，影响有关具体业绩指标、经营指标等实现的风险，较容易对其定量分析，主要是通过与标准指标偏离的差距来确定风险的大小。物质资本所有者、人力资本所有者和社会资本所有者在判断与企业管理者合作的紧密度和顺畅度时，没有经营指标可供比较，很难进行定量分析，只能通过定性分析或者是描述性分析来判断和评估企业风险。有关具体的经营业绩的固有风险评估和剩余风险评估分析方法参见第7章分析，本节不再赘述。

（6）风险应对。风险应对是在风险偏好和风险承受度确定的基础上，根据风险评估结果，对级别较高的风险制定相应的风险应对策略，包括风险回避、风险降低、风险分担和风险承受等，使得风险控制在可接受的范围内。风险应对是实现风险控制

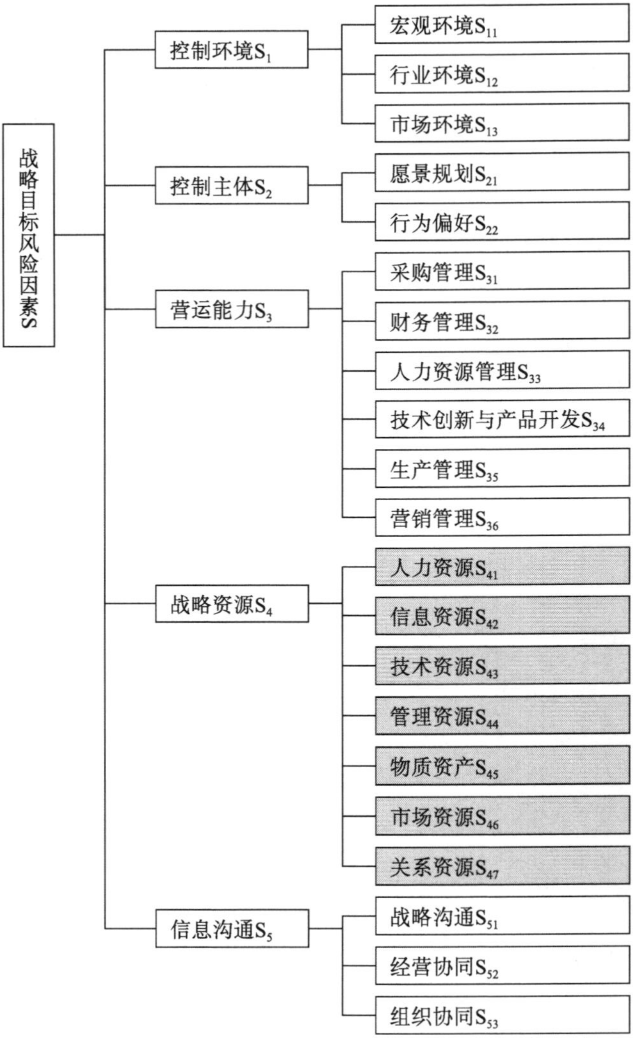

图 8－12　物质资本－人力资本－社会资本型企业风险评估战略目标风险因素图

中风险对策的计划性，也是综合风险识别和风险评价的结果，得出对风险控制的计划性对策。物质资本所有者、人力资本所有者和社会资本所有者利益最大化是经过众多利益相关者集体选择的结果，在物质资本所有者、人力资本所有者和社会资本所有者脱颖而出时，那些违背物质资本所有者、人力资本所有者和社会资本所有者价值最大化的潜在事项，自然而然就会被屏蔽掉，无需风险应对采取任何措施。同时，若出现物质资本所有者、人力资本所有者和社会资本所有者价值不能实现的事项时，就要采取风险规避，退出有关不能实现物质资本所有者、人力资本所有者和社会资本所有者价值的潜在事项。这也就是企业根据控制权资本进行分类控制的根本所在，也就是从源头寻找问题，解决问题。在面临战术目标的风险应对时，要结合风险评估结果进一步确认固有风险经过风险应对后的剩余风险的情况是否需要进一步采取措施。

（7）控制活动。物质资本－人力资本－社会资本型企业的控制活动是确保物质资本－人力资本－社会资本型企业的风险应对得以实施的制度、政策和程序。控制活动在自上而下贯穿整个企业的同时，要实现各个层级和各个职能机构的全覆盖。控制活动一方面要实现与风险应对的对接；另一方面要与控制目标相联系。

首先，物质资本－人力资本－社会资本型企业控制活动包括控制制度和控制程序。物质资本－人力资本－社会资本型企业控制活动的控制制度是对物质资本－人力资本－社会资本型企业风险应对的进一步解释和规范，控制程序是控制活动的具体实施过程，回答了控制活动应该怎么控制的问题。同样，控制活动也是要不违背或有利于物质资本－人力资本－社会资本型企业的企业目标、战略目标、经营目标、报告目标和合规目标的实现。

其次，物质资本－人力资本－社会资本型企业控制活动的实施。控制活动应按照企业目标体系自上而下逐级展开包括企业层面的控制活动、治理层面的控制活动、管理层面的控制活动和业务层面的控制活动。企业层面的控制活动已经通过按照控制权资本形态企业分类实现。治理层面的控制活动主要是针对企业战略目标设定的合理性进行高层复核，包括预算、预测等手段。管理层面的控制活动包括直接职能和活动管理的控制以及经营目标、报告目标和合规目标的具体控制活动。控制活动与具体控制目标并非一一对应，而是两者之间存在相互交叉，根据具体企业的具体问题设定合理的控制活动。

最后，控制活动的技术方法。企业控制活动的方法包括批准、授权、验证、调节、经营业绩审核、资产安全和职责分离。具体目标、识别、评估和控制活动分析表格与第 7 章控制活动的分析类似，本节不再赘述。

（8）信息沟通。物质资本 - 人力资本 - 社会资本型企业信息沟通是指物质资本所有者、人力资本所有者和社会资本所有者通过对那些信息技术管理、信息技术基础结构、信息交流的控制以及数据获取和处理的完整性、准确性、授权和有效性等方面的控制。人力资本 - 社会资本型企业组织的各个层次都需要信息，以便识别、评估和应对风险；信息是大量的，物质资本所有者、人力资本所有者和社会资本所有者应在众多的信息中寻找出对自己的决策起到关键作用的信息；来自企业内部和外部的以定量或定性的形式出现，物质资本所有者、人力资本所有者和人力资本所有者更应该关注那些企业内部的、定性形式的信息。在大量的信息中如何处理和提炼大量以形成物质资本所有者、人力资本所有者和社会资本所有者可资行动的信息，这是对物质资本所有者、人力资本所有者和社会资本所有者的挑战也是企业内部控制体系信息沟通要素需要解决的问题。

（9）监督。物质资本－人力资本－社会资本型企业监督是指要对企业内部控制体系进行全面的监控，对在各个控制要素执行过程中出现的问题及时修正。由于企业内部控制体系是一个开放式的管理活动，会随着时间的更替，内部控制体系的相关风险应对或者控制活动已不再适用，仅靠前面八个控制要素来反馈管理当局某些控制要素的具体内容已不再适用，因此监督的作用就格外重要。物质资本型企业包括持续的日常监督和非正常情况下的个别评价。持续性的监督是企业内部控制体系中的自我监督，一般情况不需要控制主体过分关注。同样，个别评价的范围和频率取决于对风险的评估和持续监控程序的有效性。持续监控的有效性程度越高，就越不需要个别评价。个别评价的方法包括核对清单、调查问卷和流程图技术等等。非正常情况下的个别监督是物质资本所有者、人力资本所有者和社会资本所有者监督关注的重点，主要集中在那些优先程度较高的风险领域和应对，主要存在于战略制定及重大的活动中。

8.4.3　企业文化控制要素

企业文化控制要素是在企业结构控制要素构建完成后，在企业内部逐渐沉淀累积形成的。同样它也是自上而下的培养和自下而上的反馈不断磨合、不断提升最终成型的，是与企业结构控制要素这个“硬控制”相对应的“软控制”。物质资本－人力资本－社会资本型企业是由物质资本所有者、人力资本所有者和社会资本所有者共同构成的企业控制主体，它既存在物质资本型企业文化的特性、人力资本型企业文化的特性，也存在社会资本型企业文化的特性。物质资本型企业的核心价值观就是物质资本所有者利益最大化，即做任何事情都是有回报的，都是以创造经济利益为目的的，更注重过去的成功经验。这种企业精神理念进一步体现在每个层次的管理者要为其下属指明他们的正确行为，应该得到什么回报，坚持员工的努力与企业的奖酬相互交换的公平原则，监督员工不符合企业规范的行为并促使其改正，认为企业与员工间是一种契约关系，即交易型领导者的管理理念（Bass，1993）。人力资本型企业是那些高科技企业，该企业需要的是创新型文化，也就是当企业文化以创新和挑战为导向时，能够激发员工的主动性与积极性，并通过吸取新的知识与观念，促进人员素质的提高。同时，当人力资本型企业是专业性的咨询公司时，该企业需要的是支持型文化，也就是当企业文化以和谐关系为导向时，能在企业内形成和谐、信任的工作氛围，因而有利于企业良好关系的建立（朱瑜等，2007）。另一方面，社会资本型企业的企业文化是通过强力的、交错纵横的组织间关系所形成的网络上建立起来的能够提供伙伴们信任、合作与集体行动的指南，该种企业文化必须经过持续的积累和学习而建立和培养自己的核心能力。信任和信用是社会资本型企业宝贵的无形资产和有力的竞争手段，企业应以诚信为自己的行为准则，主动遵守诚信，使得诚信变为内在性的企业理念。因此，物质资本－人力资本－社会资本型企业的企业文化是以经济、人和诚信合作为导向的企业文化格局，企业文化控制要素具体包括企业的核心价值观、企业精神、道德修养和心理契约。核心价值观决定企业精神，是企业文化的中心思想，而核心价值观和企业精神又指导着管理层的道德修养和个体层面的心理契约，四个具体要素是一个相互影响、互相反馈不断提升的过程。

（1）核心价值观。物质资本－人力资本－社会资本型企业的核心价值观，是物质资本所有者、人力资本所有者和社会资本所有者在内隐性和外显性方面对什么是好的、值得做的一种认知理念，是一种较持久的知觉架构，能塑造并影响个人行为。物质资本－人力资本－社会资本型企业的价值观是人们向往的终极目标；也是人们认识判断事物是非的标准；同样也是人们行动的指南。物质资本－人力资本－社会资本型企业的核心价值观就是物质资本所有者利益最大化、人力资本所有者利益最大化和社会资本所有者利益最大化以及他们之间的关系最优化，即做任何事都是有回报的，都是以创造经济利益为目的的。价值观是企业文化的核心，统一的价值观使企业内成员在判断自己行为时具有统一的标准，并以此来选择自己的行为。企业的一切活动都应围绕着企业目标展开，企业目标通过企业控制目标会对企业的具体任务行为施加压力，企业的全体员工都会向着企业目标而努力，对具体业务而言是一种向心力，这种无形的向心力即为正向企业文化，能促进企业的发展；相反，如果没有有效的监管和控制，那么，这种向心力就会转变成一种离心力。企业文化控制要素中的核心价值观要素要与企业目标相对应，物质资本－人力资本－社会资本型企业的企业目标是物质资本所有者利益最大化、人力资本所有者利益最大化、社会资本所有者利益最大化和与其他利益相关者关系最优化，那么，物质资本－人力资本－社会资本型企业的企业文化核心价值观就要使企业全体成员形成物质资本所有者利益最大化、人力资本所有者利益最大化和社会资本所有者利益最大化为导向的价值观。同时，利益相关者理论倡导下的利益相关者之间的合作共赢思想也保证了他们与其他利益相关者关系的最优化。

（2）企业精神。企业精神是指企业基于自身特定的性质、任务、宗旨、时代要求和发展方向，由治理层发起的能够影响企业成员群体相互合作、相互信任的意识形态。企业精神以企业核心价值观为基础，以价值目标为动力，对企业经营哲学、管理制度、道德风尚、团体意识和企业形象起着决定性的作用。物质资本－人力资本－社会资本型企业的企业精神应该体现物质资本所有者、人力资本所有者和社会资本所有者的管理理念和管理哲学，以及物质资本所有者、人力资本所有者和社会资本所有者在风险方面的偏好。物质资本所有者、人力资本所有者和社会资本所有者对风险偏好程度决定了企业的风险容量，对企业内部控制体系产生影响。这种特殊的企业资源，有价值、稀缺性、不可模仿性和不可替代的企业文化是企业战略的重要成份。

（3）道德修养。物质资本－人力资本－社会资本型企业的道德修养主要体现在管理层对自我的道德人格和敬业精神的培养，对员工行为的道德激励以及对企业道德形象的塑造。其中，爱岗敬业是道德修养的基础，它影响着管理者或员工的主动性和贡献度。管理者或员工是否能尽职尽责，不仅需要规章制度的规定和职责的约束，更重要地取决于管理者或员工的价值追求。道德协调的“柔性”管理则可通过诉诸个体修养、舆论褒贬、沟通疏导、教育感化、价值观念等来协调管理层与企业间的目标差异。管理层道德修养的培养有助于增强物质资本所有者、人力资本所有者和社会资本所有者之间的合作以及物质资本所有者、人力资本所有者和社会资本所有者与其他利益相关者的合作，使企业在实现物质资本所有者、人力资本所有者和社会资本所有者利益最大化的同时，也能满足其他利益相关者的利益要求，优化物质资本所有者、人力资本所有者和社会资本所有者与其他利益相关者之间的关系。

（4）心理契约。心理契约是指企业员工与企业之间形成的物质奖赏、精神激励和愿望期待。心理契约的恰当与否能够使企业与员工之间感到满意和信任，这种信任和满意能使得企业与员工之间的关系更加融洽，以提高组织业绩和增强企业核心竞争力。由此可知，企业需要尽量满足员工的要求和愿望，更加了解那些促使员工积极性提高的行为动机和情绪状况。物质资本－人力资本－社会资本型企业中就是要使员工心理形成这种正能量的心理契约，即十分乐观的、对本职工作满意、工作环境互帮互助等等。这是企业文化通过积极的价值观，所要培养的员工实现的。物质资本－人力资本－社会资本型企业为了克服心理契约出现违背情况要做到：提高员工的满意度，进而实现其对企业的归属感和工作的积极投入；增强员工之间相处融洽、合作亲密、沟通畅达、团结高效的凝聚力；发挥员工的能动性，提供良好的制度保证、有效的管理机制、宽松的氛围。

通过以上分析，物质资本－人力资本－社会资本型企业的内部控制体系主要是由其控制主体物质资本所有者、人力资本所有者和社会资本所有者所决定的内部控制体系。拥有物质资本、人力资本和社会资本的物质资本所有者、人力资本所有者和社会资本所有者成为了企业的控制主体，决定着企业目标和控制目标的制定，决定着企业内部控制体系的控制基本要素和具体要素的构成。现实中，如大型综合性企业，适用于以上企业内部控制体系。

8.5　案例分析：万科内部控制体系构建

根据以上企业内部控制体系的构建框架，现通过房地产企业万科案例进行分析说明以评价物质资本－社会资本型企业内部控制体系构建的可行性。物质资本－社会资本型企业内部控制体系构建，包括企业所有者、企业目标、基本控制要素和具体控制要素这四个部分。其中，基本控制要素包括企业结构控制要素和企业文化控制要素，具体控制要素是由企业结构控制要素和企业文化控制要素延伸出来的。

8.5.1 公司情况简介

万科集团（以下简称万科），成立于1984年5月，是目前中国最大的专业住宅开发企业，是第一个年销售额超千亿元的房地产公司，相当于美国四大住宅公司高峰时的总和。2016年公司首次跻身《财富》“世界500强”，位列榜单第356位；2017年再度上榜，位列榜单第307位。万科通过专注于住宅开发行业，建立起内部完善的制度体系，组建专业化团队，树立专业品牌，即所谓“万科化”的企业文化（简单不复杂、规范不权谋、透明不黑箱、责任不放任）。2016年万科集团实现销售金额3647.7亿元，同比增长39.5%，销售回款位居行业首位；实现归属于上市公司股东的净利润210.2亿元，同比增长16.0%；年底净负债率25.9%，持有现金870.3亿元。每股基本盈利1.90元，同比增长16.0%；全面摊薄的净资产收益率为18.5%，较2015年增加0.44个百分点。2016年全国商品住宅销售面积13.8亿平方米，销售金额9.9万亿元，较2015年分别增长22.4%和36.2%，销售规模创历史新高。截至2016年底，本集团进入中国大陆65个城市，分布在以珠三角为核心的广深区域、以长三角为核心的上海区域、以环渤海为核心的北京区域，以及由中西部中心城市组成的中西部区域。同时，万科以国际化为长期发展战略，截至2016年底，已进入旧金山、香港、新加坡、纽约、伦敦、西雅图等6个海外城市。海外项目在2016年贡献销售面积3.6万平方米，销售收入人民币33.0亿元。

自2012年以来，万科参照财政部、中国证监会等五部委联合发布的《企业内部控制基本规范》及《企业内部控制应用指引》、《企业内部控制评价指引》、深圳证券交易所《上市公司内部控制指引》等相关规定，坚持以风险导向为原则，结合企业的经营管理实际状况，对企业内部控制体系进行持续的改进及优化，以适应不断变化的外部环境及内部管理的要求。万科进一步加强覆盖总部、各子公司及各业务部门的三级自我评估体系建设，持续组织总部各专业部门及各子公司对内控设计及执行情况进行系统的自我评价，评价内容涵盖内部环境、风险评估、控制活动、信息与沟通、内部监督等要素的具体要求，同时通过风险检查、内部审计、监事巡查等方式对公司内部控制的设计及运行的效率、效果进行独立评价。

万科是以物质资本和社会资本作为企业所必需的关键性资源，即物质资本和人力资本在企业中最为重要。一方面，房地产属于资金密集型行业，这是无不可非议的，即房地产企业需要雄厚的物质资本，或来自股东，或来自债权人；另一方面企业建造房屋所需要的原材料供应商和产品服务者客户之间的关系成为了企业另一种不可或缺的社会资本。万科符合本节作为物质资本－社会资本型企业的各项条件，根据万科现有的内部控制现状，结合本节物质资本－社会资本型企业的内部控制体系构建框架展开分析。

8.5.2　企业所有者和企业目标

万科作为物质资本－社会资本型企业，企业的所有者是物质资本所有者和人力资本所有者。其中，物质资本所有者是货币资本或者实物资本的提供者，它主要包括股东或债权人。股东是主要的物质资本提供者；而债权人在企业中的表现形式繁多，如银行机构、国家政府等都可向企业提供物质资本形成借贷行为。社会资本所有者是关系资本的提供者，它主要包括企业的客户、供应商和政府。本案例将从万科的物质资本所有者（股东）与社会资本所有者（客户、供应商和政府）的角度来构建企业内部控制体系。本书主要针对2016年万科物质资本所有者（股东）与社会资本所有者（客户）的相关数据分析如下：

（1）股东。2016年万科排在前五位的股东持股情况如表8-9所示。由此可见，万科的物质资本所有者股东的持股情况较为平均，没有出现一股独大的国有垄断局面。因此，华润集团等股东就是万科真正的企业所有者，它们不直接参与企业内部的管理和决策，但是它们是万科物质资本的提供者，它拥有企业的控制权以及企业的剩余分享权。表8-9中列示的只是持股比例较高的股东，是股东的代表，虽然它们持股数额较少且控制企业的能力相较于华润集团等大股东要弱，但是它们依旧是企业所有者，此点不可否认。

表8-9　2016年万科前五位股东持股情况　单位：万股

股东名称	股东性质	持股比例	持股总数	年内变动
华润股份有限公司	国有法人	15.24%	168275.92	——
HKSCC NOMINEES LIMITED	其他	8.39%	131493.23	20.88
深圳市钜盛华股份有限公司	其他	1.22%	92607.05	——
广州市欣盛投资有限公司	其他	4.77%	53638.96	新进
国信证券（002736）—工商银行（601398）—国信金鹏分级1号集合资产管理计划	其他	4.14%	45699.32	——

注：数据根据万科（000002）2016年度报告整理得到。

（2）客户。企业的主要产品为商品住宅，个人购房者为主力客户群，客户多而且分散。仅部分政府代建项目或少数团购现象产生较高营业额。根据万科2012年报披露，2012年前五名客户的营业额约为19.0亿元，占公司全年营业收入的比例为

1.85%。除此之外，从企业的商品房开发和建设项目的统计中，万科到 2012 年末为止，50 多个城市开发项目高达 300 项之多，已竣工的有 100 多个项目。由此，也可发现企业客户分布之广、客户人群之多。

企业所有者是物质资本所有者与社会资本所有者，企业目标就是实现物质资本所有者和社会资本所有者利益的最大化；物质资本所有者和社会资本所有者关系最优化以及物质资本所有者和社会资本所有者与其他利益相关者关系最优化。具体而言，即为股东和客户利益最大化；股东和客户关系最优化以及股东和客户与其他利益相关者关系最优化。企业存在的目的也是为股东和客户服务，其收益的最终控制权和剩余分享权也归股东和客户所有。

8.5.3　企业内部控制体系构建

企业内部控制体系构建是一个动态的过程，它是由一个或多个控制主体即企业所有者或其代理人实施的，将企业结构控制和企业文化控制应用于企业内部控制边界内，旨在识别可能会影响控制主体的潜在风险事项，使得风险控制在该控制主体的风险容量之内，并为以下控制主体目标的实现提供合理保证：企业所有者利益最大化和企业所有者与其他利益相关者关系最优化。企业内部控制体系包括企业结构控制要素和企业文化控制要素，其中，企业结构控制要素是企业内部控制体系的“硬控制”，包含九个具体控制要素，分别是：控制目标、控制主体、控制环境、风险识别、风险评估、风险应对、控制活动、信息沟通和监督。企业文化控制要素是企业内部控制体系的“软控制”，包括核心价值观、企业精神、道德修养和心理契约。

（1）控制主体。万科的股东和客户成为物质资本－社会资本型企业的控制主体，是参与企业契约的签订者，是企业所有者，又是企业剩余分享权和剩余控制权的行使者。股东和客户不直接参与企业内部控制的具体实施，但是，他们仍然是企业的控制主体，企业的代理者要尽可能地实现股东和客户经济利益的增值以及减少风险降低损失。

（2）控制环境。房地产行业及市场环境。房地产作为一种稀缺性的资源，在社会与经济发展、城市建设和人居环境的改善等各个方面占据着举足轻重的地位。从房地产行业的发展来看，国家政策一直把房价作为房地产调控的主要指标，随着 2013 年以“二手房个税按差额 20% 征收”为主要内容的“国五条”颁布之后，整个房地产交易市场一片哗然，关于新房价格预期上涨、二手房交易量飙升等信息不断涌现。2013 年 3 月 12 日统计数据显示，2013 年 1 - 2 月整个房地产行业市场运行情况，开发投资 6670 亿元，同比增长 22.8%，新开工面积 2.3 亿平方米，同比上升 14.7%；商品房销售面积 10471 万平方米，同比增长 49.5%，销售额 7361 亿元，同比增长 77.6%。一方面是国家对房价不断宏观调控，以控制房价的过分增长；另一方面显示的是房地产市场的蓬勃发展，投资、建设面积和销售额都节节攀高。房产需求者的刚性需求仍是房地产行业潜在客户的主力军，万科 2012 年交付的 10 套房屋中，首次置业和改善型客户占了其客户总比例的 87%。还应注意到的是，随着国家房价政策调控的长远化和未来地价的高成本化，都会导致房地产行业利润空间的压缩，使利润率回到合适的水平也是行业大势所趋。

万科经营环境分析如表 8 - 10 所示。万科属于物质资本 - 社会资本型企业，经营环境主要关注其经营能力、股东的获利能力以及客户规模情况。

表 8－10　　万科近五年股东获利能力分析表　单位：亿元人民币

万科	2012	2013	2014	2015	2016
营业总收入	1031.16	409.92	1463.88	195.55	2404.77
净利润	156.63	46.4	15.45	18.11	21.02
已流通股份（A 股、B 股）	109.77 亿股	109.05 亿股	110.03 亿股	100.18 亿股	110.39 亿股
基本每股收益	1.14	0.48	1.43	1.64	1.90
每股净资产	5.8	3.4	7.99	9.08	10.28
留存收益率	0.91	0.91	0.91	0.91	0.91

注：数据根据万科（000002）2012—2016 年度报告整理并计算得到。

有关资料显示万科近六年股利分派率基本保持稳定不变，说明一直保持着稳健的股利分配政策，2016 年以分红派息股权登记日股份为基数，每 10 股派送人民币 1.8 元（含税）现金股息，企业共支付现金股利计人民币 198090.4 万元。分红派息出现逐年增加的情况（2012 年每 10 股 0.7 元；2013 年每 10 股 1.0 元；2014 年每 10 股 1.3 元）。2012 年，万科营业总收入 1031.16 亿元，同比增长 43.65%，公司净利润 156.63 亿元，同比增长 35.03%。万科近五年内呈现经营业绩稳定增长，但是受到国家房价政策宏观调控的影响，房地产行业的利润增长水平也逐渐放缓，由于受到通货膨胀等因素的影响，从净利润数据呈现来看企业净利润还是保持较高的增长势头（如图 8－13 所示）。万科的其他经济参考指标（市盈率、每股净资产、留存收益率等）都呈现了类似的变化规律。

（3）控制目标。基于上述控制主体和环境的分析，万科的控制目标是万科在确定企业目标和控制主体的基础上，如何实现股东和客户利益最大化；股东和客户之间关系最优化以及股东和

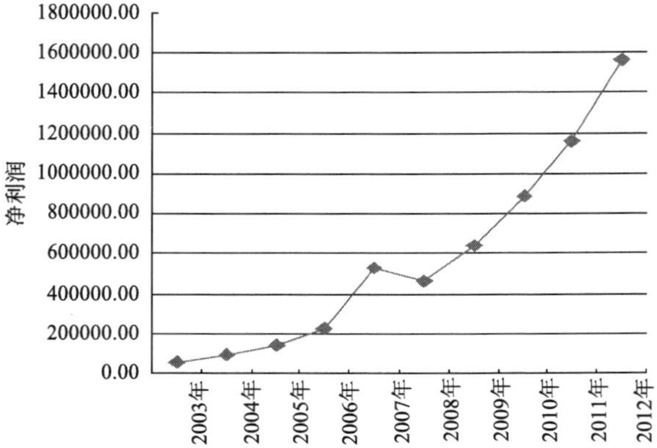

图 8－13　万科近十年净利润变化趋势图

客户与其他利益相关者关系最优化的企业目标的进一步细分（如图 8－14 所示）。因此，万科内部控制体系的控制目标是由战略目标、经营目标、财务目标和合规目标构成的，这些目标是由企业目标所决定的，即股东和客户利益最大化；股东和客户之间关系最优化以及股东和客户与其他利益相关者关系最优化。

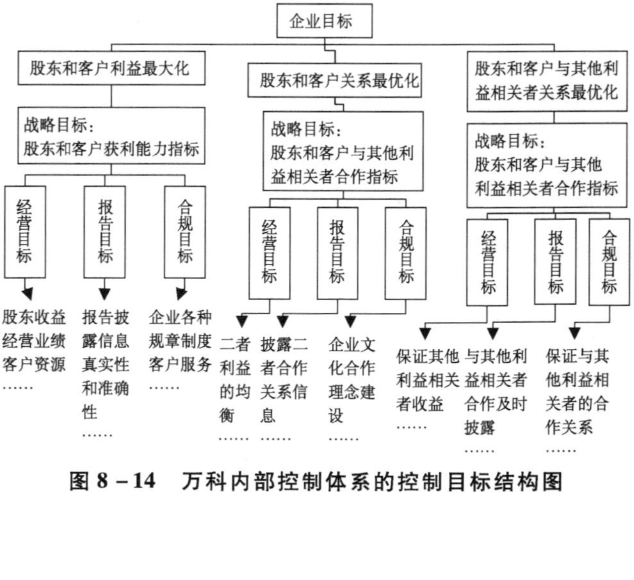

图 8－14　万科内部控制体系的控制目标结构图

如图 8－14 所示，在万科战略目标层面，为了设定股东和客户未来获利能力指标，可以选择股利派发率指标衡量或者是根据企业股东创造的价值来衡量；客户的获利能力指标可以通过关系资本价值模型来衡量。在设定股东与客户的合作关系指标时，可以用股东与客户二者之间的稳定度来衡量。同时，股东和客户与其他利益相关者合作指标也可以用股东与其他利益相关者合作稳定度指标衡量。此外，万科是一个以市场、客户、股东为导向的以商品房为主要产品的企业，其产品质量和服务问题，是保持良好的客户关系资源以及充足的货币资金最为重要的关键点之一。所以在战略目标中也应体现产品质量的目标和相关的规定。

此外，万科在管理层面战术目标的设定，分别包括经营目标、报表目标和合规目标，由于战略目标的差异，导致不同的战略目标将对应不同的经营目标、报表目标和合规目标。其中，经营目标较容易转化成量化指标，如表 8－10 中所提供的相关企业经济业绩指标都可以有选择地作为企业未来一年或未来长期的控制目标，但是报告目标和合规目标更多是通过一些描述性指标给其赋予目标值。如根据国家标准及客户对工程质量的认知习惯，建立一套独特的产品质量评价体系，就其取样、测量、数据处理等具体步骤进行细致而可量化的规定等等。

（4）风险识别、风险评估、风险应对和控制活动。作为物质资本－社会资本型企业的万科在明确物质资本所有者和社会资本所有者的企业目标和控制目标的基础上，就要针对影响目标实现的事项开展风险识别、风险评估、风险应对和控制活动，以保证实现“控制目标——风险分析——控制活动”的联动机制。结合物质资本型企业风险分析和万科的实际情况，将万科实现企业战略目标的风险因素分析如下，如图 8－15 所示。

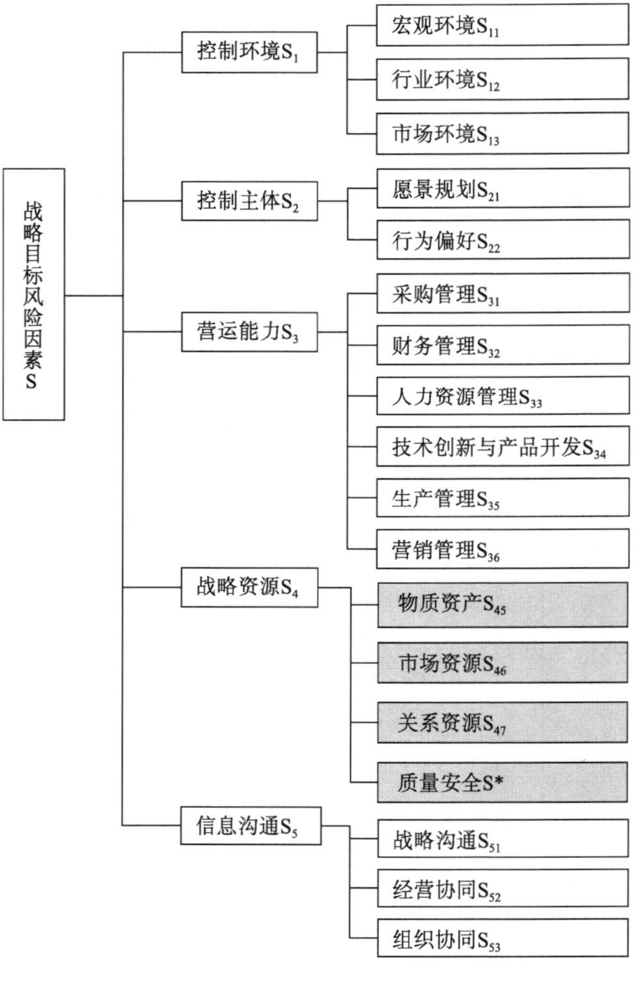

图 8－15　万科内部控制体系风险评估战略目标风险因素图

由图 8－15 可知，万科在实现企业战略目标时需要面临的一级风险因素为控制环境、控制主体、营运能力、战略资源和信息沟通五个方面。根据一级风险的内含进一步拓展到二级风险。首先，控制环境包括企业宏观环境、行业环境和市场环境，需要关注影响该行业的社会地位、行业的未来发展前景、国家对房地产行业的监督和控制政策、企业在该领域中的定位等等风险因素。其次，控制主体包括愿景规划和行为偏好，万科应定位在物质资本－社会资本型股份有限企业，其控制主体即为企业物质资本所有者和社会资本所有者。它是一个典型的资金密集型企业，没有一股独大的控股股东，排在前十位的股东持股水平较为平均。再次，营运能力包括采购管理、财务管理、人力资源管理、技术创新与产品开发、生产管理和营销管理。这是企业基本经营所面临的风险问题，需要在每个环节进行风险控制。再其次，战略资源风险是利益相关者视角所要着重关注的关键点，也是各个企业类型区别的主要方面。万科作为物质资本－社会资本型企业，一方面它要考虑物质资本型企业有关物质资产的风险控制问题，还要考虑社会资本型企业有关关系资源和市场资源的风险控制问题。除此之外，要特别注意在房地产行业中，房屋质量问题应提升到与物质资本、社会资本同样重要的高度。最后，信息沟通包括战略沟通、经营协同和组织协同，这也是保证企业信息畅通性不可缺少的一个方面。

因此，在确认风险的同时要注意对其评估，采用定量和定性的手段尽量准确地评价企业存在的每个层次、每个类别的风险，采用适当的风险应对和控制活动，将风险控制在控制主体可接受的范围内，以达到企业内部控制体系控制目标的要求。

（5）信息沟通与监督。信息沟通是将企业控制目标、控制客体与内部控制实施者联系在一起，是内部控制有效性实现的保证。信息的搜集和选择一方面要关注财务经济类定量数据；另一方面要关注企业内部未公开的定量和定性信息。特别是那些在企业内部形成的没有书面化的意识形态信息，如房屋工程质量内部控制的制度和程序等等。使得万科能够在大量的信息中处理和提炼数据以形成股东和客户决策行为的信息，这是对股东和客户的挑战，也是企业内部控制体系信息沟通要素需要解决的问题。由于企业内部控制体系是一个开放式的管理活动，会随着时间的更替，内部控制体系的相关风险应对或者控制活动已不再适用，仅靠前面八个控制要素来实现反馈管理当局某些控制要素的具体内容已不再适用，因此监督就显得非常必要。

（6）企业文化控制要素。万科的企业文化控制要素是在企业结构控制要素构建完成后，在企业内部逐渐沉淀累积形成的。它是一种对企业了解和认识的意识形态，是通过自上而下的培养和自下而上的反馈，经过不断磨合、不断提升最终成型的，是与企业结构控制要素这个“硬控制”相对应的“软控制”。物质资本－社会资本型企业文化是以物质资本所有者和社会资本所有者为中心的核心价值观，一方面，应该使员工明确自己的职责以及完成任务能实现的回报，坚持员工的努力与企业的奖酬相互交换的公平原则，监督员工不符合企业规范的行为并促使其改正；另一方面要以客户作为自己的服务对象，要以提高客户服务质量为努力的方向。万科在企业文化方面的建设，起步较早，也有不少优良成果。在客户服务方面，万科秉承“创造健康丰盛的人生”的核心价值观，倡导“客户是我们永远的伙伴”、“人才是万科的资本”、“阳光照亮的体制”及“持续的增长和领跑”等价值理念。在质量方面，万科一贯认为，质量是万科的生命线。当进度与质量发生矛盾时质量第一，当成本与质量发生矛盾时质量第一，这是万科的基本行为准则。为业主提供行业最高质量的产品和服务是万科的目标。

8.5.4　万科内部控制体系构建的启示

本书立足于全面提升企业内部控制和管理水平，以突破传统内部控制范畴，对内部控制体系构建的实践进行了有益尝试。通过以上对万科内部控制的分析和构建可以发现，万科已经有了自己的内部控制理念，并在今年 2 月份率先发布了《内部控制自我评价报告》。将万科现有的内部控制与本书的内部控制体系相结合，从利益相关者视角对企业内部控制提出了新见解，包括控制主体重新界定、控制目标体系以及内部控制构成要素的重新构架，以期解决内部控制在现实应用中存在的局限性。

（1）万科是以市场、客户、股东为导向。万科有明确的市场定位和对企业所有者的正确认识，它属于资金密集型行业。报告期内，公司充分利用资本市场各类工具，在传统融资方式基础上，创新合作模式，扩大资金来源，降低资金成本，确保了企业发展的需要。另一方面，持续提升效率，优化管理，推进住宅产业化战略。在销售和开发稳步增长的同时，公司的专业能力得到巩固和提升，产品服务内容也日趋丰富。

（2）明确的战略选择是控制风险最有效的方式。战略选择的正确与否，一方面是企业控制主体对企业目标正确把握的程度；另一方面是企业控制主体风险偏好和对市场预测的战略定位。企业战略选择是以市场为主导的；技术逻辑是以科技发展为主导的，而万科是资金密集的物质资本－社会资本型企业，相对技术方面，市场的正确定位是企业面临战略选择的主要机遇和挑战。万科指出自身是依靠专业能力赚钱，而不是依靠投资的胆量或者获取资源的“门路”，从而减少了投资风险，进而减少了投资风险的内部控制成本。万科的长期战略是住宅产业化，包括装修房、工厂化和绿色建筑；不囤地，不捂盘，不当地王；盖有人住的好房子。充分体现了万科正确的市场定位，使得万科将自己的主要力量投注在客户的身上，客户的需求是万科真正的需求。

(3) 企业文化是企业内部控制有力的辅助。企业基本控制要素包括结构控制要素和文化控制要素，二者是“硬控制”和“软控制”的有机结合。特别不能忽视内部控制中企业文化的柔性辅助作用。万科对企业文化的构建起步较早，提出“创造健康丰盛的人生”的核心价值观，倡导“客户是我们永远的伙伴”、“人才是万科的资本”、“阳光照亮的体制”及“持续的增长和领跑”等文化理念。企业文化对良好企业形象塑造有着积极的促进作用，对企业未来的发展至关重要，反过来说，要实现良好的企业形象，也必须要有优质的企业文化作为依托，企业文化是不可能在短时间内实现的，它是与企业长期的战略目标分不开的。因此，企业文化、战略目标和内部控制三者是互为补充、相互促进的关系。

8.6 本章小结

本章主要研究的是多种形态控制权资本企业的企业内部控制体系构建。包括物质资本 - 人力资本型企业的企业内部控制体系构建、物质资本 - 社会资本型企业的企业内部控制体系构建、人力资本 - 社会资本型企业的企业内部控制体系构建和物质资本 - 人力资本 - 社会资本型企业的企业内部控制体系构建。按照“企业所有者——企业目标——基本控制要素——具体控制要素”的研究思路构建多种形态控制权资本企业的企业内部控制体系。

物质资本 - 人力资本型企业的内部控制体系主要是由其控制

主体物质资本所有者和人力资本所有者所决定的内部控制体系。拥有物质资本和人力资本的物质资本所有者和人力资本所有者成为了企业的控制主体，决定着企业目标和控制目标的制定，决定着企业内部控制体系的控制基本要素和具体要素的构成。现实中，如高科技企业、投资性银行等等，适用于以上企业内部控制体系。

物质资本－社会资本型企业的内部控制体系主要是由其控制主体物质资本所有者和人力资本所有者所决定的内部控制体系。拥有物质资本和社会资本的物质资本所有者和社会资本所有者成为了企业的控制主体，决定着企业目标和控制目标的制定，决定着企业内部控制体系的控制基本要素和具体要素的构成。现实中，如房地产企业、石油开采企业等等，适用于以上企业内部控制体系。

人力资本－社会资本型企业的内部控制体系主要是由其控制主体人力资本所有者和社会资本所有者所决定的内部控制体系。拥有人力资本和社会资本的人力资本所有者和社会资本所有者成为了企业的控制主体，决定着企业目标和控制目标的制定，决定着企业内部控制体系的控制基本要素和具体要素的构成。现实中，如技术创新团队等等，适用于以上企业内部控制体系。

物质资本－人力资本－社会资本型企业的内部控制体系主要是由其控制主体物质资本所有者、人力资本所有者和社会资本所有者所决定的内部控制体系。拥有物质资本、人力资本和社会资本的物质资本所有者、人力资本所有者和社会资本所有者成为了企业的控制主体，决定着企业目标和控制目标的制定，决定着企业内部控制体系的控制基本要素和具体要素的构成。现实中，如大型综合性企业，适用于以上企业内部控制体系。

最后，本章选择万科房地产公司进行案例分析，为本书的论点提供佐证，也为企业打算从利益相关者视角构建企业内部控制体系提供一定参考。

第9章 结论与展望

9.1 研究结论

本书在对国内外有关内部控制、风险管理、公司治理、管理控制和企业文化研究最新研究成果的基础上，从利益相关者视角，融合了企业集体选择理论，运用规范分析为主、案例分析为辅的方法，结合控制权资本形态划分的企业分类形式，构建了一套利益相关者视角的企业内部控制体系。

本书沿着“国内外文献综述——企业内部控制体系概念——企业内部控制体系的控制边界——企业内部控制体系基本框架构成——控制权资本企业分类——单一形态企业内部控制体系构建——多种形态企业内部控制体系构建”这一路线展开研究。首先，在借鉴利益相关者理论和集体选择理论有关企业边界的理论基础上，从利益相关者视角对企业内部控制体系概念进行了科学的重构，明确了企业内部控制体系的研究范围和功能定位。其次，将公司治理、管理控制、内部控制和风险管理框架进行整合，提出企业内部控制体系的基本框架是由基本控制要素和具体控制要素构成。再次，按照控制权资本形态对企业进行分类研究，使之为企业内部控制体系企业分类构建提供理论基础。最后，在企业分类的基础上分别构建单一形态的企业内部控制体系和多种形态的企业内部控制体系，最终形成以物质资本为控制权资本的企业、以人力资本为控制权资本的企业和以社会资本为控制权资本的企业的内部控制体系构建；以及三种资本形态的两者组合和全员参与的多种形态的企业内部控制体系构建。本研究结论如下：

第一，公司治理、管理控制、内部控制和风险管理四者的统一整合。公司治理是内部控制的治理结构，是最根本的内部控制，公司治理结构的本质是企业所有权的制度安排，为内部控制和管理控制提供管理的模式。管理控制是公司治理和内部控制基础上的日常运行机制和具体实现形式。风险管理是在公司治理、管理控制和内部控制三者互为补充、互相争论中形成的集管理学、经济学、会计审计学以及风险理念于一身的风险控制框架。由此可见，风险管理是公司治理、管理控制和内部控制的继承和发展，在内部控制的基础上加入了公司治理结构思想、风险控制理念和管理技术方法等。因此，无论是公司治理、管理控制还是内部控制或风险管理，它们内在的本质和本性是一致的，都是为实现企业目标而存在的企业管理研究。具体而言，都是由企业控制主体实施的，为完成企业既定的各项目标（战略目标、经营目标、报告目标和合规目标等等），而采取的一系列防范风险的方法和措施。因此，本书将公司治理、管理控制、内部控制和风险管理四者进行整合统一为实现企业风险控制的企业内部控制体系，以实现公司治理是基础灵魂，管理控制是具体操作，内部控制是穿插保证以及风险管理是整合框架的目标。

第二，从利益相关者视角重构企业内部控制概念体系。将利益相关者理论思想融入到企业内部控制和风险管理之中，基于内部控制概念的六个要件、内部控制和风险管理整合与利益相关者理论结合，并借鉴以前的研究成果，进一步完善企业内部控制体系的概念。将企业内部控制体系概念描述为“企业内部控制体系是一个动态管理过程，它是由一个或多个控制主体即企业所有者或其代理人实施的，将企业结构控制和企业文化控制应用于企业内部控制边界内，旨在识别可能会影响控制主体的潜在风险事项，将风险控制在该控制主体的风险容量之内，并为以下控制主体目标的实现提供合理保证：企业所有者利益最大化和企业所有者与其他利益相关者关系最优化。”并将企业内部控制体系功能定位在一个动态的、由控制主体实施的、控制要素构成的、贯穿于整个企业的、在风险容量范围内的、实现控制目标的、提供合理保证的一般原则和基本框架。

第三，将企业内部控制体系的内部控制边界拓展到利益相关者范围。分别从企业边界、企业内部控制边界以及二者的相互关系入手，对原有的内部控制范围进行了纵向延伸和横向拓展：纵向延伸是将内部控制结构整合到公司治理结构的股东层面，形成内部控制治理结构即“股东→董事会→总经理（高级管理级别）→职能经理（中层管理级别）→员工”。此时，内部控制结构与公司治理结构的整合不是简单模块的相加，而是系统的融合。横向拓展不是企业全体的利益相关者，也不是企业所有签订企业契约的利益相关者，而是经历企业两次集体选择使企业处于一种均衡状态下的利益相关者，有可能是股东、债权人、客户、管理者等任何一人，也可能是任何两者或多者的组合。

第四，在风险管理框架基础上重新整合企业内部控制体系的基本框架构成要素。从传统理论的内部控制框架剖析展开，在充分研究美国 COSO 报告（内部控制框架和风险管理框架）的构成体系和构成要素基础上，为构建本研究的企业内部控制体系框架提供理论支持。本书的企业内部控制体系不同于内部控制制度、内部控制模式和内部控制框架，内部控制体系并不是内部控制制度的简单罗列；也不是企业内部控制具体模式的具体应用；也非内部控制框架中控制要素的简单构成；而是由基本控制要素和具体控制要素按照相互的逻辑关系有结构、有层次地架构而成的。为使企业内部控制体系在利益相关者理论指导下实现企业控制结构和企业控制要素的有机结合，企业内部控制体系分为基本控制要素和具体控制要素两个部分。其中，基本控制要素包括企业结构控制要素和企业文化控制要素，两个要素的构成体现了内部控制“硬控制”与“软控制”的有机结合。具体控制要素是在各个基本控制要素的基础上进行具体细分。

第五，根据控制权资本形态的企业分类形式构建单一形态和多种形态的企业内部控制体系。按照控制权资本形态的企业分类实现了“人－控制权－对象”的有效对接。随着利益相关者参与企业集体选择使得企业利益相关者结构发生了变化，即由交易契约签订者的利益相关者转变为企业契约的签订者。进一步研究利益相关者之间的共性，就会发现这些内部利益相关者都掌握着相同的控制权资本。基于企业内部控制体系的企业分类研究就是对控制权资本形态的分类，将控制权资本进一步与利益相关者有效地对接，最终形成在利益相关者基础上的企业分类研究。单一形态和多种形态的企业内部控制体系分别按照“企业所有者——企业目标——基本控制要素——具体控制要素”的研究思路，最终实现每种企业类型下的企业内部控制体系构建。

9.2 研究贡献、不足与展望

(1) 研究贡献。本研究的主要贡献体现在以下几个方面：第一，本书将公司治理、管理控制、内部控制和风险管理四者进行整合统一为企业风险控制的企业内部控制体系，使之实现公司治理是基础灵魂，管理控制是具体操作，内部控制是穿插保证以及风险管理是整合框架，并使其四者应用于企业内部控制体系中。第二，将利益相关者理论与集体选择理论共同决定的企业边界理论运用到企业内部控制的研究之中。使得内部控制不再局限在"股东至上"层面，而是从利益相关者视角讨论企业目标、控制主体和企业内部控制体系的构建。第三，从利益相关者视角将企业文化作为企业内部控制体系的基本控制要素，是内部控制的"软控制"，对企业内部控制体系的结构控制要素"硬控制"起到很好的辅助作用。第四，按照控制权资本形态的企业分类实现了"人－控制权－对象"的有效对接。实现了"企业所有者——企业目标——基本控制要素——具体控制要素"单一形态和多种形态的企业内部控制体系的构建。

(2) 研究不足。本研究是利益相关者视角的企业内部控制体系的构建研究，难免存在诸多遗憾。本研究不足之处主要体现在：第一，本书利益相关者视角的企业内部控制体系的构建分类研究的深度和广度有待加强。对物质资本型、人力资本型、社会资本型以及两者或三者组合型企业的认识和了解还不够全面，特别是对社会资本的理解和确认还无法得出满意的指标应用到企业内部控制目标体系中。第二，获取案例研究相关资料不够完善。

由于受到内部控制相关资料获取的限制，本书对大同煤业和万科的内部控制体系案例分析处理还不够全面，仅能从现有的信息渠道（如年报、年度内部控制自我评价报告、网络等）获取有限的资料，不能实现真正意义上对企业内部控制的把握。这也是内部控制的研究不能像财务报表分析那样，有充分的数据作为理论研究的支持。第三，未能实现大样本的实证研究。尽管从案例研究中能对企业内部控制体系有所了解，但是相对于大样本的实证分析来说，案例分析的说服力明显逊色很多。由于大样本的实证分析需要控制目标的具体指标支持数据分析，但相关信息数据的获得较为困难，替代变量的说服力不佳，导致未能实现实证研究也是本书最大的遗憾。

（3）研究展望。从利益相关者视角对企业内部控制进行研究是一种趋势，本书有关企业内部控制体系的构建只是起步阶段，有关操作性不足的问题有待以后进一步研究。利益相关者视角的企业内部控制体系研究的展望主要体现在以下方面：第一，内部控制信息化。未来研究在关注企业分类研究的内部控制体系构建时，将企业在控制权资本形态的基础上进一步细分企业类型，使得现实世界的企业都能找到适合自己的企业内部控制体系模型。由此，企业仅需通过内部控制信息系统就可以实现对企业内部控制有效性的实时监测。第二，企业内部控制目标体系的指标化。进一步深入研究内部控制的控制目标建设，将内部控制目标尽可能量化，转化为与财务指标相对接的内部控制决策指标。第三，风险分析更加科学化。从风险识别到风险评估，再到风险应对尽量标准化，使得企业的决策者在面临风险时能有凭有据地实施风险控制，减少风险评价的主观性，增强风险防控能力。以上是对未来企业内部控制体系研究的预期和展望，本人也将继续在该领域中前行。

参考文献 References

[1] 李维安、戴文涛．公司治理—内部控制—风险管理的关系框架——基于战略管理视角，审计与经济研究，2013。

[2] 张萍、葛玉洁、曹 洋、施卫英．公司治理和财务报告内部控制：监管制度的比较——西方内部控制研究文献导读及中国制度背景下的展望（三），会计研究，2015。

[3] 周美华、林 斌、林东杰．管理层权力、内部控制与腐败治理，会计研究，2016。

[4] 赵爽．基于利益相关者理论的企业控制体系研究：[硕士学位论文]．中国海洋大学，2010。

[5] 郭道扬．会计史研究．北京：中国财政经济出版社，2004。

[6] COSO 委员会，方红星、王宏译．企业风险管理——整合框架．大连：东北财经大学出版社，2008。

[7] COSO 委员会．方红星主译．内部控制——整合框架．

东北财经大学出版社，2008。

［8］迈克尔·查特菲尔德．文硕等译．会计思想史．北京：中国商业出版社，1989 。

［9］［美］泰勒（F. W. Taylor）著．黄榛译．科学管理原理．北京：北京理工大学出版社，2012。

［10］［法］法约尔（H. Fayol）著．迟力耕、张璇译．工业管理与一般管理．北京：机械工业出版社，2007。

［11］CIMA. A framework for internal control. Corporate Governance. April 1994. 109 ~ 110。

［12］CoCo. Guidance on Control . 1995。

［13］财政部、审计署、证监会、银监会、保监会等．企业内部控制基本规范，2008。

［14］财政部、审计署、证监会、银监会、保监会等．企业内部控制配套指引，2010。

［15］陈丽．利益相关者集体选择与会计监督研究：［硕士学位论文］．中国海洋大学．2008。

［16］周其仁．市场里的企业：一个人力资本与非人力资本的特别合约．经济研究，1996（6）：71 ~ 80。

［17］张维迎．所有制、治理结构及委托代理关系——代理关系．经济研究，1996（9）：43 ~ 53 。

［18］吴水澎、陈汉文、邵贤弟．企业内部控制理论的发展与启示．会计研究，2000（6）：1 ~ 8。

［19］熊道伟．现代企业控制权研究．成都：西南财经大学出版社，2004。

［20］杨瑞龙、周业安．论利益相关者合作逻辑下的企业共同治理机制．中国工业经济，1998（1）：38 ~ 45。

［21］袁振兴．财务目标最大化还是均衡利益．会计研究，

2004 。

［22］杨瑞龙、周业安．企业的利益相关者理论及其应用．经济科学出版社，2000。

［23］阎达五、杨有红．内部控制框架的构建．会计研究，2001（2）：9～14。

［24］杨庆、周文凯．公司治理结构与内部控制的链接与互动．经济师，2011（2）：20～21。

［25］杨瑞龙、周业安．一个关于企业所有权安排的规范性分析框架及其理论涵义．经济研究，1997（1）：12～21 。

［26］Maijoor S. The internal control explosion，international Journal of Auditing，2000（4）：101～109。

［27］戴媛媛．核心利益相关者对上市公司内部控制信息披露的影响研究：［博士学位论文］．湖南大学，2015 。

［28］杨雄胜．内部控制理论研究新视野．会计研究，2005（7）：49～54。

［29］于尔根、韦贝尔、乌茨．舍费尔．王煦逸等译．管理控制引论．上海：上海人民出版社，2011。

［30］赵鸿雁．基于管理视角的内部控制问题研究．科学社会主义，2009（6）：130～132。

［31］谢志华．内部控制、公司治理、风险管理：关系与整合．会计研究，2007（10）：37～45。

［32］杨有红、胡燕．试论公司治理与内部控制的对接．会计研究，2004（10）：14～18。

［33］李连华．公司治理结构与内部控制的链接与互动．会计研究，2005（2）：64～94。

［34］李维安等．公司治理．天津：南开大学出版社，2001。

［35］张先治．内部管理控制论．北京：中国财政经济出版

社，2004。

[36] 王蕾．内部控制与公司治理．四川会计，2001（6）：17～18。

[37] 张砚、杨雄胜．内部控制理论研究的回顾与展望．审计研究，2007（1）：37～42。

[38] 刘明辉、张宜霞．内部控制的经济学思考．会计研究，2004（8）：54～56。

[39] 德姆塞茨．所有权、控制与企业（第一版）．北京：经济科学出版社，1999。

[40] 程新生．公司治理、内部控制、组织结构互动关系研究．会计研究，2004（4）：14～18。

[41] 李维安．中国公司治理原则与国际比较．北京：中国财政经济出版社，2001。

[42] 杜莹、刘立国．股权结构与公司治理效率：中国上市公司的实证分析．管理世界，2002（11）：124～133。

[43] 王竹泉．利益相关者会计．上海立信会计学院学报（双月刊），2008（6）：8～15。

[44] 石伟．组织文化．上海：复旦大学出版社，2004。

[45] Deal T. E.，Kennedy A. A. Corporate Cultures：The Right and Rituals of Corporate Life. Reading MA：Addison－Wesley，1982。

[46] Martin J.，Feldman M.，Hatch M. et al. The Unqueness Paradox in Orgnaizational Stories. Administrative Science Quarterly，1983（28）：438～452。

[47] 郭纪金．企业文化．广州：中山大学出版社，1995。

[48] 刘光明．企业文化．北京：经济管理出版社，1999。

[49] 李建升．企业文化与企业绩效关联机制研究：企业社

会责任视角：[博士学位论文]．杭州：浙江大学，2008。

[50] 陈静．企业文化提升企业核心竞争力的机制与路径研究：[博士学位论文]．武汉：武汉理工大学，2007。

[51] 彭柏林．道德需要的含义及其二重性．海南大学学报（人文社科版），2000（2）：90～93。

[52] 程晓陵、王怀明．公司治理结构对内部控制有效性的影响．审计研究，2008（4）：53～61。

[53] 杨雄胜．内部控制的性质与目标：来自演化经济学的观点．会计研究，2006（11）：45～52。

[54] 陈俊、王曙光．企业内部控制体系的构建——基于对COSO和COCO内部控制体系的整合性探析．审计与经济研究，2008（5）。

[55] 陈小悦、徐晓东．股权结构、企业绩效与投资者利益保护．经济研究，2001（11）：3～11。

[56] 亨利、I. 沃尔克等著．陈艳、孙丽霞等译．会计理论．大连：东北财经大学出版社，2005。

[57] 李育红．公司治理结构与内部控制有效性——基于中国沪市上市公司的实证研究．财经科学，2011（2）：69～75。

[58] Dechow Niels，Mouritsen Jan. Enterprise resource planning systems，management control and the quest for integration. Accounting Organizations &Society，2005（10）。

[59] Beasley Mark. S. An Empirical Analysis of the Relation Between Board of Director Composition and Financial Statement Fruad. The Accounting Review，1996，71（4）：443～466。

[60] R Molz. Managerial domination of boards of directors and financial performance. Journal of Business Research，1998，16（3）：235～249。

[61] 杨薇、姚涛．公司治理与财务舞弊的关系——来自中国上市公司的经验证据．重庆大学学报（社会科学版），2006（12）：24～30。

[62] 钱颖一．企业的治理结构改革和融资结构改革．经济研究，1995（1）：20～29。

[63] Lynn Pi，G. Titnme. Corporate Control and Bank Efficiency. Journal of Banking & Finance，1993，17（2－3）：515～530。

[64] 李嘉明、黎富兵．企业人力资本与企业绩效的实证分析．市场与人口分析，2005（11）：29～35。

[65] 顾慈阳．社会资本理论及其应用研究：中国知网中国优秀博硕士论文数据库，2004。

[66] 加里、贝克尔．人力资本．北京：北京大学出版社，1987。

[67] 佟爱琴．知识型企业人力资本介入治理及其制度创新研究．中国知网中国优秀博硕士论文数据库，2008。

[68] 池国华、吴晓巍．管理控制的理论演变及其与内部控制关系．审计研究，2003（5）：53～57。

[69] 罗彪、郑姗姗．国外管理控制理论研究脉络梳理与模型评介．外国经济与管理，2011（4）：26～34。

[70] 杨雄胜．内部控制范畴定义探索．会计研究，2011（8）：46～52。

[71] 李心合．内部控制：从财务报告导向到价值创造导向．会计研究，2007（4）：54～60。

[72] 陈留平、刘通、黄娇娇．基于全面预算管理的企业内部控制研究．会计之友，2011（3）：96～97。

[73] 池国华．内部控制学．北京：北京大学出版社，2010。

[74] 岳玲．管理控制和绩效管理关系的文献综述．改革与

战略，2010（3）：183～185。

［75］Otley D. T. management control in contemporary organizations：towards a wider framework［J］. Management Accounting Research，Vol. 5，1995。

［76］Scott T. W.，Tiessen. P. Performance measurement and managerial teams. Accounting，Organizations and Society，1999，24（3）。

［77］Clinton B. D. Antecedents of Budgetary Participation：The Effects of Organizational，Situational，and Individual Factors Advances in Management Accounting，1999。

［78］张海妹、张相洲．管理控制中的行为因素研究——基于预算参与的视角．财经问题研究，2009（6）：110～117。

［79］陈传明．企业战略调整的路径依赖特征及其超越．管理世界，2002（6）：94～101。

［80］张相洲．管理控制论：［博士学位论文］．大连：东北财经大学，2003。

［81］Peters T.，Waterman R. In Search of Excellence. New York：Harper and Row，1982。

［82］O' Reilly C. A.，Chatman J. A. Culture as Social Control in B. M. Staw and L. L. Commings（eds）. Research in Organizational Behavior，1996（18）：157～200。

［83］Merchant Kenneth A.，Chee W. Chow，Anne Wu. Kenneth A. Mesurement Evaluation and Reward of Profit Center Manager：A Cross－Culture Field Study. Accounting，Organizations &Society，1995，20（7/8）。

［84］王竹泉、隋敏．控制结构——企业文化——内部控制要素新二元论．会计研究，2010（3）：28～35。

[85] Tushman M., Charles A., O' Reilly C. A. 创新制胜. 北京：清华大学出版社，1998。

[86] [美] 迈天. 大转变——企业构建工程的七项原则. 北京：清华大学出版社，1999 。

[87] 陈传明、张敏. 企业文化的刚性特征：分析与测度. 管理世界，2005（6）：101～106。

[88] Donaldson, Thomas and Lee E. Preston, The Stakeholder Theory of the Corporation: Concepts, Evidence, and Implication [J], Academy of Management Review, 1995。

[89] Mitchell. A. and Wood. Toward a Theory of Stakeholder Identification and Salience: Defining the Principle of Who and What Really Counts [J] . The Academy of Management Review, 1997, 22 (4)。

[90] 罗伯特·N. 安东尼等. 管理控制系统. 北京：人民邮电出版社，2010。

[91] 汪平等. 价值最大化与利益相关者理论的融合——兼论企业价值最大化目标的生命力. 财会通讯，2005 。

[92] 郑石桥. 内部控制实证研究. 北京：经济科学出版社，2006。

[93] 李维安、王世权. 利益相关者治理理论研究脉络及其进展探析. 外国经济与管理，2007（4）：10～17。

[94] 王辉. 企业利益相关者治理研究——从资本结构到资源结构. 北京：高等教育出版社，2005。

[95] 王竹泉. 利益相关者会计行为的分析. 会计研究，2003（10）：3～10。

[96] 贾生华、陈宏辉. 利益相关者的界定方法述评. 外国经济与管理，2002（5）。

[97] 邓汉慧．企业核心利益相关者利益要求与利益取向研究：[博士学位论文]．武汉：华中科技大学，2005。

[98] 陈宏辉、贾生华．企业利益相关者的利益协调与公司治理的平衡原理．中国工业经济，2005（8）：114~121。

[99] 吴　玲，陈维政．企业对利益相关者实施分类管理的定量模式研究．中国工业经济，2003（6）：70~76 。

[100] [美] R. 爱德华．弗里曼著．王彦华、梁豪译．战略管理——利益相关者方法．上海：上海译文出版社，2006。

[101] Freeman. R. E. Divergent stakeholder theory [J]. Academy of Management Review. 1999 。

[102] Ansoff H. I. Corporate Strategy：An Analytic Approach to Business Policy for Growth and Expansion. New York：Mc Graw - Hill，1965。

[103] Clarkson M. A risk - based model of stakeholder theory. Proeeeding of the Toronto Conference on Stakeholder Theory. Center for Corporate Social performance and Ethies. University of Toronto，Toronto，Canada. 1994。

[104] Clarkson M. A Stakeholder Framework for Analyzing and Evaluating Corporate Social Performance. Academy of Management Review，1995，20（1）。

[105] Carroll A. B. Pyramid of Corporate Social Responsibility：Toward the Moral Management of Organizational Stakeholders. Business Horizona，1991（4）：26~37;。

[106] 陈宏辉．利益相关者管理：企业伦理管理的时代要求．经济问题探索，2003（2）：68~71。

[107] Charkham J. Corporate Governance：Lessons from Abroad. European Business Journal，1992，4（2）：8~16。

［108］ Wheeler D.，Sillanpaa M. Including the Stakeholder: The Business Case. Long Range Planning，1998，31（2）。

［109］陈宏辉．企业利益相关者的利益要求理论与实证研究．北京：北京经济管理出版社，2004。

［110］温素彬、方苑．企业社会责任与财务绩效关系的实证研究——利益相关者视角的面板数据分析．中国工业经济，2008（10）：150～159。

［111］万建华．重视和加强我国商业银行流动性管理．中国金融，1998（6）：16～17。

［112］李心合．利益相关者与公司财务控制．财经研究，2001（9）：57～63。

［113］温素彬、王洁、方苑．绩效三棱镜：利益相关者价值导向的绩效评价体系．财务与会计，2008（4）：70～72。

［114］王启亮．利益相关者导向与企业绩效的关系研究：［博士学位论文］．厦门大学，2009。

［115］李伟．公司治理的制约、制衡与平衡——从物质资本、人力资本到利益相关者．中南财经政法大学学报，2008（5）：92～97。

［116］刘实．企业内部审计论——基于管理学视角的理论思考．北京：中国时代经济出版社，2005。

［117］杨雄胜．内部控制的管理渊源解析：管理学的视角．中国注册会计师，2006（4）：71～74。

［118］黎文靖、张帆．利益相关者导向内部控制设计．中国金融，2005（22）：42～43。

［119］王海兵、伍中信、李文君、田冠军．企业内部控制的人本解读与框架重构．会计研究，2011（7）：59～65。

［120］杨雄胜．内部控制范畴定义探索．会计研究，2011

(8)：46～52。

[121] 郝云宏．公司治理内在逻辑关系冲突：董事会行为的视角．2012（9）：96～108。

[122] 陈关亭、李蓓．华夏证券公司的免疫缺陷综合症：内部控制严重失效．财务与会计，2009（3）：30～31。

[123] 白华．内部控制——公司治理与风险管理——一个职能论的视角．经济学家，2012（3）：46～54。

[124] 董月超．从 COSO 框架报告看内部控制与风险管理的异同．审计研究，2009（4）：94～96。

[125] 刘霄仑．风险控制理论的再思考——基于对 COSO 内部控制理念的分析．会计研究，2010（3）：36～43。

[126] 毛新述、杨有红．内部控制与风险管理——中国会计学会 2009 内部控制专题学术研讨会综述．会计研究，2009（5）：93～95。

[127] 周兆生．内部控制与风险管理．审计与经济研究，2004（7）：46～49。

[128] 张曙光．90 年代的中国改革和宏观经济．经济研究，1996（6）：21～30;。

[129] 葛家澍．财务会计理论研究．厦门：厦门大学出版社，2006. 127～138。

[130] 王化成．财务管理理论结构．北京：中国人民大学出版社，2006。

[131] 杨清香．试论内部控制概念框架的构建．会计研究．2010，(11)：29～32。

[132] Simons Robert, A Noteon. Identifying Strategic Risk. HBS Case Services. Boston, MA: Harvard Business School Press, 1999。

[133] 杨雄胜．内部控制发展问题研究：[博士学位论文]．大连：东北财经大学，2004。

[134] 李鸣凤．内部控制学．北京：中国商业出版社，1992。

[135] 朱荣恩．建立和完善内部控制的思考．会计研究，2001 (1)：24～31。

[136] 林钟高、徐虹．分工、控制权配置与内部控制效率研究．会计研究，2009 (3)：64～71。

[137] 王竹泉、杜媛．利益相关者视角的企业形成逻辑与企业边界分析．中国工业经济，2012 (3)：108～120。

[138] 潘爱玲、吴有红．企业集团内部控制框架的构建及其应用．中国工业经济，2005 (8)：105～113。

[139] 刘凤芹、谢适汀．论企业的边界与规模：近期文献的一个评述．社会科学战线，2005 (2)：262～270。

[140] 曾楚宏、林丹明．论企业边界的两重性．中国工业经济，2005 (10)：73～80。

[141] Coase Ronald. The Natrue of the Firm. Economics，1937 (4)：368～405。

[142] 罗纳德、科斯等．财产权力与制度变迁——产权学派和新制度经济学派译文集．上海人民出版社，2000。

[143] A. 阿尔钦、H. 德姆赛茨著．生产、信息成本和组织 (1976)．北京：北京大学出版社，2003 (5)。

[144] A. 阿尔钦．盛洪主编．公司管理与产权 (1978)．北京：北京大学出版社，2003 (5)。

[145] Williamson A.，Dobson，P.，Walters M. Changing Culture. Institute of Personal Management，1989 (5)：43～57。

[146] Williamson O. The Economic Institutions of Capitalism

[M]. New York: Free Press, 1985。

[147] E. Fama. Agency problem and the theory of the firm. Journal of Political Economy, 1980 (88): 287~306。

[148] 李海舰、原磊. 论无边界企业. 中国工业经济, 2005 (4): 94~102。

[149] 王洋. 企业边界理论的研究——基于科斯思想的演变与发展: [博士学位论文]. 长春: 吉林大学, 2009. 56~63。

[150] [美] 迈克尔·波特著. 竞争战略. 北京: 华夏出版社, 2005。

[151] [美] 迈克尔·波特著. 陈小悦译. 竞争战略——分析产业和竞争者的技巧. 北京: 华夏出版社, 1997。

[152] 威廉 R. 斯科特著. 陈汉文、夏文贤、陈靖等译. 财务会计理论 [M]. 机械工业出版社, 2006。

[153] 威廉姆森. 从选择到契约: 作为治理结构的企业理论. 经济社会体制比较, 2003 (3): 79~94。

[154] 李志能、尹晨. 从知识的角度回顾企业能力理论. 经济管理, 2001 (4): 44~48。

[155] Grant T. Savage, Timothy W Nix, Carlton J. Whitehead and John D Blair. Strategy for Assessing and Managing Organizational Stakeholders. Academy of Management Executive, 1991, 5 (2)。

[156] 郭金山、芮明杰. 论企业的心理边界. 中国工业经济, 2004 (3): 67~73。

[157] 杨瑞龙、冯健. 企业间网络效率边界经济组织逻辑审视. 中国工业经济, 2003 (11): 5~12。

[158] 曾楚宏、林丹明. 信息技术应用与企业边界的变动. 中国工业经济, 2004 (10)。

[159] 罗珉. 企业内部市场: 理论、要素与变革趋势. 中

国工业经济，2004（10）：59～67。

［160］吴炯、胡培、任志安．人力资本定价的逆向选择问题研究．中国工业经济，2002（4）：74～85。

［161］吴敬琏．现代公司与企业改革．天津：天津人民出版社，1994。

［162］张维迎．企业的企业家：契约理论．上海人民出版社，1995。

［163］Blair Margaret M.，Ownership and control：Rethinking corporate governance for the 21st century［M］，Washington D. C.：Brookings institute，1995。

［164］李维安、武立东．企业集团的公司治理——规模起点、治理边界及子公司治理．南开管理评论，1999（4）：4～8。

［165］Michael A.，Hitt. S. trategic Management：Competitiveness and Globalization（4th Edition）［M］．Washington：Division of Thomson Learning，2000。

［166］Coleman J. S. Social Capital in the Creation of Human Capital. American Journal of Sociology，1988（94）。

［167］Kenneth N. Dayton. Corporate Governance：the Other Side of the Coin. Harvard Business Review，1997（162）：1～10。

［168］周新军．企业管理与公司治理：边界确定及实践意义．中南财经政法大学学报，2007（5）107～112。

［169］王斌．跨职能团队的管理控制问题：一个理论思考．会计研究，2011（7）：38～44。

［170］张文魁．大型企业集团管理体制研究：组织结构、管理控制与公司治理．改革，2003（1）：23～32。

［171］Andrei Shleifer，Robert W. Vishney. A Survey of Corporate Governance. Journal of Finance，1997（52）：737～787。

[172] 王安明．内部控制与公司治理研究：[博士学位论文]．厦门：厦门大学．2002。

[173] 王竹泉．企业内部控制的目标定位——基于利益相关者和集体选择理论的思考．会计之友，2008（3）：4～8。

[174] 史蒂文·F. 沃克著．赵宝华等译．利益相关者权力．北京：经济管理出版社，2003。

[175] 李连华．内部控制理论结构．厦门：厦门大学出版社，2007. 104～113。

[176] 阎达五、宋建波．双元控制主体架构下现代企业会计控制的新思考．会计研究，2000。

[177] 杨继国．完全合约理论的逻辑悖论与企业理论的创新．中国工业经济，2003（3）：72～77。

[178] 李维安．公司治理问题的研究现状评述——现代公司的治理机制与经营行为的探讨．南开大学学报，1996（3）：39～44。

[179] Grossman Sanford, Oliver Hart. Takerover Bid, the Free - Rider Problem and the Theory of the Corporation. Bell Journal of Economics, 1980（11）。

[180] Aghion Philippe, Patrick Bolton. An Incomplete Contracts Approach to Financial Contracting. Review of Economics Studies, 1992, 59（3）。

[181] 杨小凯、黄有光等．专业化与经济组织——一种新兴古典微观经济学框架．北京：经济科学出版社，1999。

[182] 罗伯特．安东尼等．管理控制系统（第十一版）．北京：机械工业出版社，2004。

[183] 刘东．企业边界的多种变化及其原因．中国工业经济，2005（3）。

［184］多纳德逊，邓非．赵月瑟译．有约束力的关系——对企业伦理学的一种社会契约论的研究．上海：上海社会科学院出版社，2001。

［185］Jensen M. C.，Meckling W. H. Theory of the Firm：Managerial Behavior，Agency Costs and Ownership Structrue. Journal of Financial Economics，1976（3）。

［186］张宜霞、舒惠好．内部控制国际比较研究．北京：中国财政经济出版社，2006。

［187］亚当．斯密著，郭大力、王亚南译．国民财富的性质和原因的研究（下卷）．北京：商务印书馆，1983。

［188］Rajan Raghuram G.，Zingales Luigi. What Do We Know About Capital Structure? Some Evidence From International Data. NBER Working Paper 1994（10）。

［189］黄少安．公司治理与共同治理理论评析．山东社会科学，2003（3）12～13。

［190］王竹泉．利益相关者与企业价值创造与分享．中国会计研究与教育，2006 。

［191］朱荣恩．内部控制发展20年回顾．中国审计，2003，28。

［192］冯均科．关于COSO报告内部控制框架的一种理论修正．中国软科学，2002（8）114～117。

［193］刘明辉、张宜霞．企业内部控制探讨．2001（4）7～10。

［194］于增彪．现代企业内控制度：概念研究与设计思路．会计研究，2001（11）：19～28。

［195］谷祺、张相洲．内部控制的三维系统观．会计研究，2003（11）：10～13。

[196] 刘金文．内部控制基本理论研究．北京：中国财政经济出版社，2005 。

[197] 刘金文．三要素：内部控制理论框架的最佳组合．审计研究，2004（2）：83～85。

[198] 张宜霞．企业内部控制：内涵与框架体系．东北财经大学学报，2004（1）：74～76。

[199] 蔡吉甫．内部控制框架构建的产权理论研究．审计与经济研究，2006（11：85～89。

[200] [英] 艾森克．心理学——一条整合的途径．上海：华东师范大学出版社，2000。

[201] 冷继波、汪建钦．企业风险管理——基于全面风险评估与对策视角．商场现代化，2009（2）：89～90。

[202] COSO 委员会．张宜霞译．企业风险管理——应用技术 [M]．东北财经大学出版社，2008。

[203] Paul R, Garvey P. R, Lansdowne Z. F. Risk matrix ：an approach for identifying, assessing, and ranking program risks. Air Force Journal of Logistics, 1998（25）16～19。

[204] 商迎秋．企业战略风险识别、评估与应对研究：[博士学位论文]．北京：首都经贸大学，2011. 124～130。

[205] 李海凌、熊伟、项勇．风险矩阵的工程项目投标决策．商场现代化，2008（2）：531。

[206] Roberts B. B. The benefits of integrated quantitative risk management. The 12th Annual International Symposium of the International Council on Systems Engineering, Melbourne, Australia, July 2001。

[207] Burns J, Noonan J, Kichak L et al. NASA risk assessment and management road map. Systems Engineering Capstone Cox-

lferenee, Hampton, 2001。

[208] 常虹、高云莉. 风险矩阵方法在工程项目风险管理中的应用. 工业技术经济, 2007, 26 (11): 134 ~ 137。

[209] 刘俊娥、张洪亮、李少波、刘永亮. 风险矩阵的供应链风险评价. 统计与决策, 2007 (4): 151 ~ 152。

[210] 陈健、李忠民、汤淑春、赵革. 基于改进风险矩阵方法的武器装备采办风险评估. 系统工程与电子技术, 2008, 30 (10): 1918 ~ 1923。

[211] 谢洪明、葛志良、王成. 社会资本、企业文化、知识整合与核心能力: 机制与路径——华南地区企业的实证研究. 研究与发展管理, 2008 (4): 71 ~ 80。

[212] 杜春颖. 基于利益相关者理论的企业文化的作用机制研究: [硕士学位论文]. 黑龙江八一农垦大学. 2012。

[213] 安蓉泉. 国企经营者激励约束机制研究. 北京: 经济科学出版社, 1999. 175 ~ 178。

[214] Moorman, Blakely, Niehoff. Does perceived organizational support mediate the relationship between procedural justice and organizational behavior? 1998. 37 ~ 41。

[215] Eisenberger et al. Perceived organizational support. Journal of Applied Psychology, 2000 (71): 500 ~ 507。

[216] 帅萍、孟宪忠. 企业文化利益相关者论. 商业研究, 2004 (6): 24 – 28。

[217] Louis M. Organization as Culture – bearing Milieus. In L. Pondy et al. Organizational Symbolism, 1983. 37 ~ 54。

[218] 程静茹. 构建以企业文化为基础的内部控制体系. 现代商业, 2011 (18): 162。

[219] Neuhauser P. R. , Stromsberg K. L. Culture Com: Build-

ing Corporate Culture in the Connected Workplace [M] . John wiley & Sons Canada. Ltd. , 2000。

[220] Lewis P. S. , Goodman S. H. , Fandt P. M. Management Challenges in 21st Century. west Publishing Company, 1995。

[221] Schein E. H. Organizational Culture and Leadership [M] . San Franeisco: Jessey - Bass, 1985, 41 (4): 588 ~ 596。

[222] Kluekhohn C. The study of cluture, In Lerner, D. and Lasswell, H. D. (Eds), The Poliey Seienees. Califonia: Stanford University Press, 1951. 129 ~ 183。

[223] Nahapiet J. , Ghoshal S. Social capital, intellectual capital, and the organizational advantage [J] . The Academy of Management Review, 1998, 23 (2): 242 ~ 266。

[224] Robinson S. L. Trust and breach of the psychological contract. Administrative (1996)。

[225] Jay Bamey. Firm Resouree and Sustained Com Petitive Advantage. Joumal of Management, 1991. 199 ~ 220。

[226] 李建升. 企业文化与企业绩效关联机制研究: 企业社会责任视角: [硕士学位论文]. 杭州: 浙江大学, 2008。

[227] 朱　瑜、王雁飞、蓝海林. 企业文化、智力资本与组织绩效关系研究. 科学学研究, 2007 (10): 952 ~ 958。

[228] 中国企业文化测评的研究方法: http: //www. dianliang. com/hr/cho/gz/200607/hr_122118_5. html。

[229] 王秀华. 利益相关者企业价值管理研究: [博士学位论文]. 青岛: 中国海洋大学, 2012. 70 ~ 81。

[230] Bamey J. B. Strategie Factor Markets: Expeetations Luek and Business Strategy. Management Seienee, 1986 (31): 1231 ~ 1241. 。

[231] Parsons. The Social System. Glencoe Ⅲ: The Free Press, 1951。

[232] Coleman J. S. Foundations of Social Theory. Cambridge, MA and London: The Belknap Press of Harvard University Press, 1990。

[233] Coleman J. S. Social Capital in the Creation of Human Capital. American Journal of Sociology 94 Supplement, 1988。

[234] 李伟．公司治理的制约、制衡与平衡——从物质资本人力资本到利益相关者．中南财经政法大学学报，2008 (9)。

[235] 甘培忠．有限责任公司小股东利益保护的法学思考——从诉讼视角考察．法商研究，2002 (6)：35～45。

[236] 郑若云．企业法律形态与企业社会责任．法制与经济，2008。

[237] 孙长坪．论国有企业的企业法主体概念之选择．社会科学，2008 (1)：93～103。

[238] 孙长坪．论企业形态与企业分类．学术研究，2008 (12)。

[239] 李伟．基于资本治理理论的企业所有权安排——股东至上理论与利益相关者理论的逻辑统一．中国工业经济，2005 (8)。

[240] 郝桂敏．企业需求、企业实力对利益相关者分类的影响研究：[硕士学位论文]．吉林：吉林大学，2007。

[241] 费方域．企业的产权分析 [M]，上海人民出版社，1998。

[242] 杨瑞龙、杨其静．专用性、专有性与企业制度．经济研究，2001 (3)：3～11。

[243] 西奥多·W. 舒尔茨．论人力资本投资．北京：经济

科学出版社，1990。

［244］曹振杰、周冉．现代企业的社会资本、人力资本与物质资本——一个关于企业成长新解释范式的探讨．内蒙古财经学院学报，2004（3）：64～66。

［245］方竹兰．人力资本所有者拥有企业所有权是一个趋势——兼与张维迎博士商榷［J］，经济研究，1997。

［246］［美］马克·格兰诺维特著，罗家德译．镶嵌：社会网与经济行动．北京：社会科学文献出版社，2007。

［247］赵晶、关鑫、高闯．社会资本控制链替代了股权控制链吗？——上市公司终极股东双重隐形控制链的构建与动用．管理世界，2010（3）：127～138。

［248］Putnam Robert D. Making Democracy work Princeton University Press，1993。

［249］李文钊、蔡长昆．政治制度结构、社会资本与公共治理制度选择．管理世界，2012（8）：43～51。

［250］Uphoff Noman. Understanding Social Capital：Leading from the Analysis and Experience of Participation. In Partha Dasgupta and Ismail Serageldin ed.，Soail Capital：A Multifaceted Perspective Washington D. C.：The International Bank for Reconstruction and Development，2000。

［251］Peng M. W.，Y. D. Luo. Managerial Ties and Firm Performance in a Transition Economy：The Nature of a Micro－macro Link. Academy of Management Journal，2000，43（3）：486～501。

［252］边燕杰、丘海熊．企业的社会资本及其功效．中国社会科学，2000（2）：。

［253］陈冬华．地方政府、公司治理与补贴收入．财经研究，2003（9）。

[254] Khwaja A. I., A. Mian. Do Lenders Favor Politically Connected Firms? Rent Provision in an Emerging Financial Market. The Quarterly Journal of Economics, 2005, 120 (4): 1371 ~1411。

[255] Faccio M. Political Connected Firms. The American Economic Review, 2006 (96): 369 ~386。

[256] 刘婷、李瑶．社会关系资本对渠道关系绩效影响的实证研究．科学学与科学技术管理，2013 (2): 95 ~101。

[257] 赵静、陈玲、薛澜．地方政府的角色原型、利益选择和行为差异——一项基于政策过程研究的地方政府理论．管理世界，2013 (2): 90 ~106。

[258] 吴文峰、吴冲锋、芮萌．中国上市公司高管的政府背景与税收优惠．管理世界，2009 (3)。

[259] 罗党论、刘晓龙．政治关系、进入壁垒与企业绩效——来自中国民营上市公司的经验数据．管理世界，2009 (5)。

[260] 余明桂、潘红波．政治关系、制度环境与民营企业银行贷款．管理世界，2008 (8):。

[261] 余明桂、回雅甫、潘红波．政治关系、寻租与地方政府财政补贴有效性．经济研究，2010 (3)。

[262] 李敏才、刘峰．社会资本、产权性质与上市资格——来自中小板块 IPO 的实证数据．管理世界，2012 (11): 110 ~121。

[263] Fisman R. Estimating the Value of Political Connections. American Economic Review, 2001 (91): 1095 ~1102。

[264] Jonhnson S., T. Mitton. Cronyism and Capital Controls: Evidence from Malaysia Journal of Financial Economics, 2003

(67)：351 ~382。

[265] Goldman E., J. Rocholl, J. So. Do Political Connected Boards Affect firm Value. Review of Financial Studies, 2009, 22 (6)：2331 ~2360。

[266] 林南．社会资本——关于社会结构与行动的理论．上海：上海人民出版社，2004。

[267] 周建波、孙菊生．经营者股权激励的治理效应研究——来自中国上市公司的经验证据．经济研究，2003（5）：74 ~82。

[268] [美] 马克·格兰诺维特著，罗家德 译．镶嵌：社会网与经济行动．北京：社会科学文献出版社，2007。

[269] 王小明．社会资本的经济分析：[博士学位论文]．上海：复旦大学，2008。

[270] 阮迪利、张薛梅．企业社会资本的经济学分析．现代管理科学，2003（9）。

[271] 张腾文、黄友．经营利润率、股东收益与股票价格的价值相关性研究．会计研究，2008（4）：78 ~94。

[272] 李增泉．激励机制与企业绩效——一项基于上市公司的实证研究．会计研究，2000（1）。

[273] 魏刚．高级管理层激励与上市公司经营绩效．经济研究，2000。

[274] 辛清泉、林斌、王彦超．政府控制、经理薪酬与资本投资．经济研究，2007（8）。

[275] 王兵、辛清泉．寻租动机与审计市场需求：基于民营 IPO 公司的证据．审计研究，2009（3）。

[276] 王清刚．论企业内部控制的灵魂——从制度建设到道德与文化建设，中南财经政法大学学报，2014 。

[277] 吴秋生．企业文化对内部控制有效性影响的实证研究——基于丹尼森企业文化模型的问卷调查，经济问题，2015。

[278] 方军雄．我国上市公司高管的薪酬存在粘性吗？．经济研究，2009（3）。

[279] 方军雄．高管超高薪酬与公司治理决策．管理世界，2012（11）：144～155。

[280] 廖义刚．环境不确定性——内部控制质量与权益资本成本，审计与经济研究，2015。

[281] Firth M.，P. Fung，O. Rui. Corporate Performance and CEO Compensation in China，Journal of Corporate Finance，2006（12）：693～714。

[282] Ke B.，O. Rui，W. Yu. The Effects Cross Listing on the Sensitivity of Managerial Compensation to Firm Performance. Working Paper，2010。

[283] 万科谋"绿"．石狮日报：http：//www. ssrb. com. cn/house/fcxw/2011/0421/218239. html。

[284] 中国银行业监督管理委员会 http：//www. cbrc. gov. cn。

[285] 中国证券监督管理委员会 http：//www. csrc. gov. cn。

[286] 中华人民共和国财政部网站 http：//www. mof. gov. cn。